Alimentation vivante
pour une
santé optimale

Alimentation vivante *pour une* santé optimale

Un programme efficace pour chasser les toxines et se remettre en forme

Brian R. Clement
et Theresa Foy DiGeronimo
de l'Institut de santé Hippocrate

Préfaces de Coretta Scott King
(veuve du pasteur Martin Luther King)
et de Marie-Denise Pelletier

Traduit de l'américain
par Jean-Marie Ménard

MARCEL BROQUET
La nouvelle édition

Catalogage avant publication de Bibliothèque et Archives nationales du Québec et Bibliothèque et Archives Canada

Clement, Brian R., 1951-

    Alimentation vivante pour une santé optimale

    Nouv. éd. rev.

    (Collection Santé bien-être)

    Traduction de : Living foods for optimum health.
    Publ. à l'origine dans la coll. : Collection Santé. Montréal : Éditions Trustar, 1997.

    ISBN 978-2-923715-36-0

    1. Végétalisme. 2. Crudivorisme. 3. Cuisine végétalienne. I. Titre.

RM236.C56514 2010   613.2'622   C2010-940429-7

Pour l'aide à la réalisation de son programme éditorial, l'éditeur remercie la Société de Développement des Entreprises Culturelles (SODEC).

Marcel Broquet Éditeur
55A, rue de l'Église, Saint-Sauveur (Québec) Canada J0R 1R0
Téléphone : 450 744-1236 • marcel@marcelbroquet.com • www.marcelbroquet.com

Traduction : Jean-Marie Ménard
Couverture : Page Design

Renseignements en français pour Hippocrates Health Institute :
Monica Péloquin, Montréal, Canada, tél. : (514) 288-0449

© Brian Clements, 1996
L'édition originale de cet ouvrage a été publiée sous le titre *Living Foods for Optimum Health*, par Primal Publishing.

Distribution :
PROLOGUE

1650, boulevard Lionel-Bertrand
Boisbriand (Québec) Canada J7H 1N7
Tél. : 450 434-0306
Sans frais : 1 800 363-2864
Service à la clientèle : sac@prologue.ca

Diffusion – Promotion :

Phoenix alliance
r.pipar@phoenix3alliance.com

Distribution pour l'Europe francophone :
DNM Distribution du Nouveau Monde
30, rue Gay-Lussac, 75005, Paris
Tél. : 01.42.54.50.24
Fax : 01.43.54.39.15

Librairie du Québec
30, rue Gay-Lussac, 75005, Paris
Tél. : 01.43.54.49.02
www.librairieduquebec.fr

Dépôt légal : 1er trimestre 2010
Bibliothèque et Archives nationales du Québec
Bibliothèque et Archives Canada
Bibliothèque nationale de France

© Marcel Broquet Éditeur, 2010

TABLE DES MATIÈRES

PRÉFACE
Par
CORETTA SCOTT KING

U ne vie pleine et réussie possède plusieurs facettes, mais après, plus d'un demi siècle consacré aux questions du développement humain et de l'égalité m'a démontré de façon éclatante que, quel que soit le chemin que nous avons choisi de suivre, nous avons d'abord et avant tout besoin d'une excellente santé personnelle.

On aura tous les outils nécessaires pour profiter d'une vie saine et harmonieuse, si l'on se donne un corps sain par la nutrition et l'exercice, un esprit sain par la pensée positive, et la sérénité ainsi qu'une âme saine par l'engagement et la foi. Tout cela permet d'atteindre une forme d'humanité symbiotique qui nous donne la liberté de réaliser tout notre potentiel.

Nous pouvons améliorer notre avenir d'une multitude de façons, mais il n'en est pas de plus fondamentale que de s'assurer un mode de vie sain. Il y a quelques années j'ai eu le bonheur de faire la connaissance de Brian R. Clement et de l'Institut de santé Hippocrate et de me familiariser avec le travail qu'ils poursuivent depuis maintenant plusieurs dizaines d'années. Pour tous ceux qui répondent à l'appel de Brian, et décident d'assumer la responsabilité de leur vie, s'ouvre un champ de possibilités infinies grâce à l'acquisition d'une parfaite santé. Au cours de ce cheminement plein de défis et de changements, l'harmonie et la paix prennent la place de la confusion et de la hargne. Et l'on ressent alors une dévotion de plus en plus profonde envers Dieu et envers la nature.

Des centaines de milliers de personnes de par le monde ont maintenant adhéré au style de vie de l'Institut Hippocrate. Ce-livre, *Alimentation vivante pour une santé optimale*, est un remarquable guide des principes d'une vie saine. Il ne fait aucun doute que le livre de Brian est présenté au bon moment pour toute l'humanité. Ouvrez votre cœur et votre esprit à la lecture de ce message pratique et simple et vous pourrez aborder le nouveau millénaire avec un corps, un esprit et une âme en parfaite santé.

PRÉFACE

par
MARIE-DENISE PELLETIER

Dans la vie, on se retrouve parfois à la croisée de chemins où l'on doit faire des choix qui vont influencer tout le reste de notre existence. Ce fut le cas pour moi quand je suis allée à l'Institut Hippocrate. Sans le savoir, je m'y préparais depuis quelque temps. Je prenais conscience de l'importance de l'alimentation et de ses effets directs sur mon équilibre, en tant qu'être humain. Cet équilibre fragile qui demande que l'on nourrisse sans cesse les divers aspects de notre être : les aspects physique, émotionnel, mental et spirituel.

L'Institut Hippocrate m'a permis de me retrouver, de créer l'espace où m'arrêter et de prendre conscience de tout cela. En plus d'être situé dans un endroit paradisiaque, le centre nous offre la chance d'apprendre davantage sur les lois qui régissent la santé de tout être humain.

Brian et Anna Maria sont des hôtes formidables qui ont eux mêmes eu un cheminement extraordinaire, pour réussir ce qu'ils font : guider et offrir des moyens concrets à des gens ayant soif de mieux-être. Hippocrate n'est pas qu'un souvenir, c'est ce qui fait sa force. J'en suis revenue transformée, pleine d'une vitalité que je ne me souviens pas d'avoir goûtée auparavant : une envie de sourire dès mon réveil, pour rejoindre le sommeil en fin de journée, exaltée de toutes ces heures d'enthousiasme et de plénitude...

Merci et longue vie à l'Institut Hippocrate.

INTRODUCTION

Toutes les trois semaines, l'Institut de santé Hippocrate reçoit un nouveau groupe d'invités dans ses locaux de West Palm Beach, en Floride. De nombreuses personnes s'y présentent avec de sérieux problèmes de santé... tumeurs, diabète, arthrite ou troubles de digestion. D'autres sont en pleine santé et bien déterminés à continuer à jouir de ce précieux don. Dans tous les cas, le programme de santé Hippocrate les aide à nettoyer et à désintoxiquer leur système, ainsi qu'à prendre le contrôle de leur santé et de leur bien-être.

Il y a vingt-cinq ans, l'Institut a été pour moi comme un phare qui m'a permis d'échapper à un mode de vie désordonné et malsain. L'Institut de santé Hippocrate avait acquis une renommée internationale, en défendant le principe de « responsabilité personnelle » en matière de santé et de vie, et je voulais participer à ce mouvement en pleine croissance. Depuis lors, j'ai gravi les échelons jusqu'au poste de directeur que j'occupe maintenant et j'ai pu voir des dizaines de milliers de personnes, venues de partout dans le monde, apprendre comment mieux vivre, être plus productives et en meilleure santé, grâce à l'enseignement offert par notre « Centre de changement de style de vie » *(Lifestyle Change Center)* et aux nombreux livres, vidéos et cassettes que nous distribuons à travers le monde.

Mon travail est chaque jour de plus en plus enthousiasmant, et je suis particulièrement enchanté de pouvoir exposer dans ce livre les principes essentiels de cet enseignement. Les premiers chapitres démontrent la validité du programme de santé Hippocrate sur la base d'un examen minutieux de l'évolution de la malnutrition toxique au vingtième siècle. Vous y observerez l'émergence de la malnutrition caractéristique de notre société à la suite du développement accéléré des technologies agricoles, de la prolifération des substances chimiques et pharmaceutiques dans la chaîne alimentaire, des attentes des consommateurs et de l'implication gouvernementale dans l'industrie alimentaire. Vous y examinerez les différents types d'aliments qui se sont retrouvés sur nos tables au cours du siècle dernier et les découvertes technologiques ainsi que les attitudes sociales qui les ont rendus populaires. Vous y découvrirez des percées technologiques capitales, comme le traitement du blé, qui a permis la conservation prolongée du pain blanc, l'utilisation d'additifs qui ont augmenté la durée de vie sur les rayonnages de produits de boulangerie, et le recours aux pesticides, qui ont permis de sauver des milliers d'acres de récoltes. Vous y apprendrez aussi comment les espoirs mis dans ces technologies ont eu en réalité pour résultat d'affecter notre santé.

Dans les chapitres qui suivent, vous trouverez une analyse critique des mythes alimentaires avec lesquels nous avons tous grandi. Vous pourrez examiner ces repas « équilibrés » qui contiennent des éléments chimiquement incompatibles et provoquent une véritable épidémie d'affections gastro-intestinales. Vous comprendrez le caractère trompeur des régimes amaigrissants populaires et le danger de « la bonne nourriture de chez nous ».

Le programme de santé Hippocrate étudie les erreurs du vingtième siècle pour nous orienter dans une nouvelle direction, utilisant ce que l'on connaît sur l'incontestable pouvoir de guérison et de restauration des aliments vivants pour guider les hommes du vingt et unième siècle vers une meilleure santé physique et mentale. J'ai écrit ce livre afin que vous puissiez disposer d'un guide pratique, commode et détaillé, sur le végétarisme aux aliments vivants. Il s'agit d'un mode de vie qui restaure l'harmonie corporelle grâce à l'usage d'aliments frais, crus et vivants, qui nourrissent et nettoient le corps et en augmentent l'alcalinité, par l'action combinée de leurs éléments nutritifs : vitamines, minéraux, acides aminés, liquides, hydrates de carbone complexes, fibres, et plus spécialement oxygène et enzymes. Vous apprendrez comment vous procurer des aliments vivants et comment les préparer. Vous apprendrez comment faire vous-même germer des fèves et des graines, et comment les cultiver.

Vous apprendrez à cuisiner en évitant la chaleur qui détruit l'oxygène et les enzymes. Vous apprendrez aussi à tirer le maximum de votre nouveau régime, en changeant de mode de vie pour y inclure, outre une attitude positive, exercices, nettoyage du côlon, relaxation, jeûne, brossage à sec de la peau, aromathérapie, saunas, bains de vapeur, bains à remous, massages, et la thérapie à base de fréquences électriques.

À la fin de ce livre vous trouverez une collection des recettes préférées de ma famille. Elles vous fourniront des bases solides pour créer des repas quotidiens savoureux et attrayants, qui vous aideront à atteindre l'objectif du programme de santé Hippocrate : un nettoyage du corps et de l'esprit combiné à un régime alimentaire totalement exempt de toxines. Avec ce régime, votre corps peut utiliser ses propres mécanismes de guérison sans aucune interférence provenant de toxines extérieures. Ce livre vous servira de guide pour vivre sainement dans un monde pollué et mal nourri. De plus, si vous trouvez le courage de vous engager dans cette nouvelle direction, vous en récolterez un profond bien-être.

Pour plus de renseignements sur l'Institut de santé Hippocrate, écrivez à :

Hippocrates Health Institute
1443 Palmdale Court
West Palm Beach, Florida
USA 33411
www.hippocratesinstitute.com
561-471-8876

REMERCIEMENTS

Pour l'aide et le soutien qu'ils m'ont accordés, je tiens à remercier mes prédécesseurs Ann Wigmore et Victor Kulvinskas, mon épouse et codirectrice Anna Maria, mes enfants Daly, Danielle et Gail, mes parents, et le personnel de l'Institut de santé Hippocrate, de même que Theresa.

B. C.

1

CE QUE NOUS SAVONS MAINTENANT ET QUE NOUS NE SAVIONS PAS AUTREFOIS

Quel siècle! Les percées scientifiques et technologiques effectuées dans la compréhension des besoins biologiques du corps humain tout au long du XXe siècle ont été proprement ahurissantes. Et l'Institut de santé Hippocrate de West Palm Beach, en Floride, s'est souvent retrouvé au cœur de l'action. Depuis plus de quarante ans, des gens y viennent du monde entier pour en apprendre davantage sur la santé et la longévité. Dès ses débuts en 1957, l'Institut Hippocrate a défendu le principe selon lequel l'organisme humain possédait en lui-même ses propres capacités d'auto-guérison et d'auto-régénération à condition qu'on lui fournisse de bons outils et un environnement approprié. Ses fondateurs, Ann Wigmore et Viktor as Kulvinskas, lui ont fixé comme objectif de recueillir et de mettre en pratique tous les résultats de recherche concernant la possibilité d'atteindre un état de santé optimal par la consommation d'aliments vivants, riches en enzymes et capables de désintoxiquer le corps comme de stimuler la formation et le renouvellement des cellules.

D'abord considéré comme excentrique, l'Institut Hippocrate jouit maintenant de la réputation d'être un établissement de santé de premier ordre. Nous assistons actuellement à une transformation radicale de l'attitude du public vis-à-vis du rôle joué par l'alimentation et le style de vie dans la santé en général et dans la longévité en particulier. De plus en plus de gens se rendent compte qu'en nous éloignant de l'ordre naturel, nous perdons quelque chose d'inestimable, une source de vie. On ne considère plus du tout comme « naturel » le fait de se nourrir d'aliments surcuits, surtransformés, dénaturés, traités chimiquement, voire irradiés avant d'être mis en conserve et emballés. Ce changement d'attitude a ouvert la voie à ce livre.

COUP D'ŒIL EN ARRIÈRE

Comment avons-nous pu en arriver là ? Jetons un rapide coup d'œil en arrière.

Plus qu'à toute autre époque de notre histoire, la véritable révolution qui s'est produite dans la fabrication et la consommation des aliments au cours du siècle dernier a eu un effet dramatique sur l'alimentation et l'attitude des gens partout dans le monde. Auparavant, les connaissances d'une personne moyenne en ce qui concerne la relation entre les aliments et la santé étaient fort vagues. Ce n'est qu'à l'aube de la Première Guerre mondiale qu'on prit conscience de l'existence de substances appelées « vitamines ». Ce n'est que dans les années 20 que le docteur Royal Lee inventa les suppléments alimentaires. Et depuis ces découvertes, le monde de l'alimentation a subi de nombreuses transformations, dont plusieurs controversées.

Au début du siècle dernier, le principal problème en matière de nutrition était la sécurité et l'altération des aliments. Aux États-Unis, la prise de conscience du rôle joué par les bactéries a conduit à la création de la FDA (*Food and Drug Administration*) et du service d'inspection de l'USDA (*U.S. Department of Agriculture*), et à la généralisation de la pasteurisation.

Ensuite, la population a commencé à exiger que les aliments possèdent une qualité constante et que leurs prix restent stables. Cette exigence était étroitement liée à l'essor de la fabrication et de la distribution des produits de marque et à la publicité. Dans les années 40, le docteur Hazel Stiebling et ses collègues de l'USDA instaurèrent le premier guide des « quantités quotidiennes recommandées ».

Dans les années 50, les Américains s'enthousiasmèrent pour les super-marchés. La mode des aliments en boîte, des aliments transformés et des aliments préparés s'installa. En 1954, apparurent les fameux *TV Dinners*, qui réussirent à convaincre les ménagères de la validité du slogan *Fast is best*.

Dans le courant du militantisme des années 60 émergea une nouvelle prise de conscience vis-à-vis de la nutrition. Considérée comme une forme de cruauté envers les animaux, la consommation de viande était mal vue par bien des gens, tandis que le riz brun faisait fureur. À la même époque, le monde médical commençait à établir le lien entre alimentation et santé. En 1968, l'American Heart Association fut la première à suggérer que les Américains restreignent leur consommation de gras au tiers des calories absorbées.

En 1971, le ministère américain de l'Agriculture (USDA) publia un rapport marquant sur les avantages rattachés à la recherche sur la nutrition. Les données recueillies montraient que tous les problèmes de santé importants étaient en relation avec une mauvaise nutrition. Ce rapport comprenait une estimation de l'étendue des bénéfices et des économies pouvant être réalisés dans ce domaine grâce aux recherches sur la nutrition. Depuis 1971, le rôle de la nutrition dans la santé et la maladie fait l'objet d'un examen de plus en plus attentif.

Dans les années 1980, les conclusions de projets de recherche à long terme, comme l'étude Framingham sur les problèmes cardiaques, commencèrent à établir une relation entre la consommation de certains aliments et les facteurs de risque reliés à certaines maladies. Les nutritionnistes se mirent à élaborer des régimes susceptibles de réduire les risques de certaines affections, comme les maladies cardiaques et le cancer du côlon. La National Academy of Sciences, le National Cancer Institute et l'American Cancer Society commencèrent à recommander les régimes à faible teneur en gras. On découvrit la présence d'éléments phytochimiques naturels capables de combattre le cancer et d'autres maladies dans certains de nos aliments. Les gens commencèrent à prendre au sérieux la relation entre notre alimentation et notre mode de vie. Et l'on vit même, dans les années

80, un jury se demander si un tueur n'avait pas été poussé au crime à cause d'une surconsommation de *Twinkies,* une friandise populaire.

Cette évolution s'est poursuivie au cours des années 90, décennie qui a vu se produire de profonds changements sur le plan international dans la classification et l'emballage des aliments. La loi sur l'étiquetage et l'éducation des consommateurs, promulguée en 1990 par la FDA, provoqua les changements les plus radicaux dans ce domaine depuis plus de vingt ans. Les fabricants de produits à base de viande ou de volaille et d'aliments préparés doivent y apposer des étiquettes permettant aux consommateurs de mesurer leur consommation de gras, de cholestérol, de sodium, de sucre, de vitamines et de fibres. La loi régit aussi la définition des termes reliés à la santé, tels que « sans gras », « faible en cholestérol », « léger » ou « à haute teneur en fibres ».

De plus, en 1992, le système des quatre groupes de base, adopté par le ministère de l'Agriculture des États-Unis (USDA) en 1956, a été remplacé par un système pyramidal à plusieurs niveaux. Dans le système traditionnel, les aliments étaient séparés en quatre catégories (viandes, produits laitiers, fruits et légumes, céréales) mais on ne donnait aucune indication quant aux priorités à observer dans l'alimentation quotidienne. La nouvelle pyramide recommande un régime riche en céréales, fruits et légumes, accompagné en quantités décroissantes de lait, de yogourt, de fromage, de fruits à écale comme les noix, les amandes, etc., de matières grasses et de sucres, ce qui représente un changement radical dans la façon d'enseigner la nutrition.

LE VÉGÉTARISME DES ANNÉES 90

Dès le début des années 90 on commença à écarter la viande et à pousser les légumes au centre de l'assiette, un changement d'attitude qui avait mis beaucoup de temps à se concrétiser. Dès 1917, plus de trois millions de personnes avaient participé à une étude massive sur le végétarisme. Dans le cadre d'un programme de rationnement, le gouvernement du Danemark avait retiré les céréales de l'alimentation du bétail pour les ajouter à celle de ses citoyens, et les statistiques de l'année suivante indiquaient un taux de décès beaucoup plus bas que tout ce qui avait jamais été enregistré dans ce pays. Bien d'autres études sur le sujet ont été réalisées à travers le monde au cours du vingtième siècle, et maintenant, rares sont ceux qui oseraient disputer la relation directe existant entre l'alimentation et la santé.

Les résultats d'une importante étude intitulée « Alimentation, mode de vie et mortalité en Chine » *(Diet, Lifestyle and Mortality in China)* furent publiés en 1990 aux presses des universités Oxford et Cornel. Le premier objectif des chercheurs était de déterminer ce que les humains devraient manger. Ils eurent d'abord de la difficulté à trouver une population végétarienne demeurée sédentaire de génération en génération, jusqu'à ce qu'ils trouvent un groupe en Chine qui répondait à leurs critères et qu'ils adoptèrent comme groupe de contrôle. Après avoir étudié le régime alimentaire, le style de vie et le taux de mortalité de nombreux groupes à travers le monde, et les avoir comparés à ceux de leur groupe de contrôle, les chercheurs en arrivèrent à la conclusion que tous les êtres humains hommes, femmes et enfants, devraient être végétariens.

Nous possédons donc des études, dont les résultats ont été mis à l'épreuve. Pourtant, au lieu d'en tirer des leçons, nous nous sommes encore éloignés de la vérité. Selon un rapport publié par l'Académie des Sciences des États-Unis et intitulé « Le régime alimentaire et la santé », la consommation de viande et de produits laitiers de l'Américain moyen a monté en flèche depuis les premières statistiques recueillies, en 1909. Chaque citoyen consommait presque trois cents livres (136 kilos) de produits céréaliers au début du siècle dernier. Aujourd'hui, cette quantité est tombée de moitié. Par contre, la consommation de lait, de produits dérivés du lait et de viande a augmenté de 50 pour cent, et celle du poulet de 280 pour cent ! En un siècle, nous sommes donc passés d'une alimentation à base d'aliments végétaux à une alimentation à base de viande, ce qui s'est révélé désastreux pour notre santé comme pour l'environnement. Aujourd'hui, pourtant, en ce début d'un siècle nouveau, il semble que le gros de la population des pays développés soit prêt à imiter la majorité des habitants de la planète et considère le régime végétarien comme le meilleur moyen de préserver sa santé. Signe des temps, on sert maintenant des hamburgers végétariens dans les différents parcs thématiques de Walt Disney !

LA PROCHAINE ÉTAPE

Il ne restait qu'un pas à faire pour passer d'une alimentation lactoovo-végétarienne (excluant la viande, la volaille et le poisson mais incluant les œufs et les produits laitiers) à l'alimentation végétalienne (excluant les produits laitiers et les œufs). Comme celle des produits de boucherie, la production des produits laitiers repose sur la souffrance et le sacrifice des animaux. Nous avons tous vu les images de milliers de poules pondeuses entassées dans des poulaillers et de vaches laitières enfermées dans des stalles trop exiguës pour leur permettre de bouger. Sur le plan de la santé, les dommages infligés aux cellules du corps humain par l'ingestion de produits laitiers ressemblent étrangement à ceux qui découlent d'une alimentation riche en gras, en cholestérol et en protéines animales.

CE QUE NOUS AVONS PERDU
EN COURS DE ROUTE

Pour la première fois au cours du siècle dernier, les plus hautes autorités en matière d'alimentation ont reconnu la valeur du régime végétalien. Les faits sont bien documentés. Mais alors pourquoi tant de Nords-Américains s'en tiennent-ils encore à une diète à base de viande et de lait ? La réponse est simple. Ce n'est un secret pour personne que les préférences des gens en matière de nutrition sont dictées par des industries dont le seul objectif est le profit. La viande et les produits laitiers rapportent beaucoup d'argent, alors que les fruits, les légumes, les céréales, les graines et les noix en rapportent peu. Les adeptes de la viande et des produits laitiers prétendent qu'un régime végétarien ne procure pas suffisamment de vitamines, de minéraux et de protéines Et ce, bien que l'on sache maintenant que le rôle des vitamines, des minéraux et des protéines dans le maintien de la santé est grossièrement exagéré après avoir été mal compris pendant longtemps.

Mais, une fois encore, cette exagération s'explique par les profits générés par ce type de mesures inventées par les industries elles-mêmes. Les vitamines, les minéraux et les protéines, contrairement aux autres composantes de la santé, sont visibles et tangibles. On peut même les produire synthétiquement en laboratoire. On peut les embouteiller, les vendre. Et on en trouve dans tous les aliments sans discrimination, aussi bien dans la viande et les produits laitiers que dans les croustilles au fromage ou les chips. Enfin, ils offrent à l'Association nationale des produits laitiers et au Bureau national du bétail et des viandes une base objective pour justifier leurs politiques en matière nutritionnelle, même lorsque celles-ci sont erronées.

LES SLOGANS PLUS FORTS QUE LA SCIENCE

Maintenant que l'intérêt de la population mondiale a été attiré sur la relation entre alimentation et santé, certains groupes nous bombardent d'information dite « médicale ». Les affirmations faites au sujet de l'ostéoporose en sont un bon exemple. Nous avons tous entendu dire que, pour éviter les ravages de l'ostéoporose, les femmes doivent augmenter leur consommation de calcium en buvant plus de lait (ou de ces nouveaux jus enrichis en calcium avec lesquels elles doivent prendre des comprimés antiacides !). Mais l'ostéoporose n'est pas d'abord une maladie causée par une déficience en calcium, c'est une maladie causée par un excès de protéines. La viande et les produits laitiers sont remplis de protéines riches en soufre. Le soufre augmente l'acidité du corps et c'est cet acide qui, en passant dans les os, dissout le calcium dont une quantité anormalement élevée est alors éliminée dans l'urine. Ce phénomène, une hypercalcurie provoquée par les protéines, ne se produit qu'en présence de protéines animales. Nul doute que les conclusions rapportées par les docteurs Lindsay, Oddoye et Margen dans *l'American Journal of Clinical Nutrition* sont exactes : « Même en présence d'un apport de calcium approprié, les régimes à haute teneur en protéines causent un déficit calcique. Il semble que l'ostéoporose soit la conséquence inévitable d'un régime alimentaire prolongé à forte teneur protéinique. » Même avec des doses quotidiennes de calcium en comprimés et de lait, il est impossible de compenser les pertes causées par un excès de protéines.

Malheureusement, l'industrie du lait et l'industrie de la viande parlent plus fort que les revues médicales. Leurs campagnes de publicité à coups de millions de dollars continuent d'ignorer ce que même le plus conservateur des chercheurs médicaux n'oserait plus nier de nos jours, à savoir qu'un excès de protéines peut saper la solidité de notre ossature. En fait, à cause de leur forte teneur en protéines, le lait et la viande contribuent même à l'accélération du développement de l'ostéoporose. La plupart des gens ne savent certainement pas qu'une cuillère à thé (5 ml) de varech dans un verre d'eau fournit approximativement mille fois plus de calcium (sans protéines animales) que 250 ml (huit onces) de lait. Bien entendu, ce genre d'information ne sera jamais mentionné dans aucune des publicités racoleuses que vous voyez à la télévision ou que vous entendez à la radio.

Ce type de fausse représentation n'est pas nouveau. Dans les années 1960, les fabricants du pain Wonder ont réussi à convaincre des millions de familles américaines que le pain blanc contribuait à la santé du corps « de douze façons ». La compagnie Wonder a été forcée de se rétracter depuis, mais la tromperie a été payante.

CE QUE NOUS SAVONS MAINTENANT

Pendant que la publicité détournait notre attention des faits réels, la recherche sur les besoins nutritionnels se poursuivait silencieusement, avec des résultats remarquables. Nous avons appris qu'il était impossible de nous maintenir en santé uniquement au moyen de vitamines, de minéraux et de protéines. Nous savons maintenant, sans l'ombre d'un doute, qu'une bonne santé repose sur six facteurs essentiels qu'aucun régime alimentaire à base de viande, de produits laitiers et d'aliments transformés ou « enrichis » ne saurait fournir. Et ces six facteurs sont les suivants :

1. les enzymes ;
2. une formule sanguine dont le pH est plutôt basique qu'acide ;
3. un sang bien oxygéné pour alimenter le cerveau et tous les organes et systèmes du corps ;
4. un système de digestion et d'élimination sain ;
5. un système immunitaire intact ;
6. des cellules et des tissus chargés électriquement, qui contribuent à la solidité des organes, des muscles et du squelette.

Le régime de santé de l'Institut Hippocrate qui sera décrit en détail dans les chapitres à venir repose sur une diète et un mode de vie qui respectent l'intégralité de ces facteurs.

CE QUE NOUS NE SAVIONS PAS AUTREFOIS

Nous avons appris beaucoup de choses au cours du vingtième siècle et maintenant, au début du vingt et unième, nous sommes prêts à franchir la prochaine étape. Le moment est venu pour nous de combiner la sagesse que nous possédons en ce qui concerne les besoins de notre corps avec ce que nous savons de l'industrie alimentaire *high-tech* de notre temps. Il est temps de débarrasser notre alimentation de la viande rouge, de la volaille, du poisson, des produits laitiers, des œufs, des additifs, des aliments transformés, et même des fruits et légumes qui ont été traités aux pesticides ou irradiés. Ces recommandations sont basées sur une montagne de documents de recherche, sur plusieurs dizaines d'années de travaux faits par l'Institut, avec des milliers d'individus qui témoignaient personnellement des effets néfastes de ce type de nourriture. Voici, à titre d'exemple, quelques faits totalement inconnus dans la première moitié du siècle dernier mais, qui ont été scientifiquement prouvés depuis.

Des faits massifs

Si vous avez connu les repas scolaires d'une certaine époque, vous vous souvenez qu'il était interdit de quitter la table sans avoir mangé toute sa viande et bu tout son lait. Mais vous ne saviez pas à l'époque que ces repas obligatoires pouvaient détruire votre santé des années plus tard. Un régime combinant la viande et les produits laitiers fait des ravages dans le corps et ce, pour toutes sortes de raisons. Pour le moment, concentrons-nous sur le gras.

Lorsqu'on fait une prise de sang à quelqu'un et qu'on laisse reposer le sang pendant une heure ou deux, on voit la partie épaisse, rouge et caillée du sang se déposer au fond du tube et un sérum jaunâtre monter à la surface. C'est un phénomène absolument normal et sain. Mais le sérum d'une personne qui vient de consommer un *cheeseburger* est blanchâtre, épais et graisseux, et colle aux parois du tube. C'est le gras contenu dans le hamburger et le fromage qui se manifestent ainsi. Ce phénomène, que les spécialistes appellent «lipidémie», se produit chaque fois que vous consommez des aliments gras. Votre sang demeure ainsi troublé pendant environ quatre heures, jusqu'à ce que votre foie ait nettoyé votre sang. Si vous prenez un beignet à la crème au petit-déjeuner, un hamburger le midi, du poulet frit pour dîner et de la crème glacée en fin de soirée, votre sang reste gorgé de gras toute la journée. Si on ne laisse jamais au sang la possibilité de se débarrasser de son surplus en gras, au bout de quelques dizaines d'années, il finit par coller aux artères et bloquer la circulation.

Les premières sources de gras et de cholestérol dans l'alimentation des Occidentaux sont la viande rouge, le poulet et le poisson. Au second rang, vient le jaune d'œuf, et le lait au troisième rang. Le lait est un liquide très gras, capable de transformer un veau d'environ 30 kilos (soixante-cinq livres) en un bœuf de 180 kilos (quatre cents livres) en moins d'un an. L'industrie laitière retire une partie du gras de ce liquide riche en gras pour en tirer d'autres produits encore plus riches, comme le beurre, la crème glacée, le lait au chocolat, la crème sure, le yogourt, le fromage, etc. La consommation de tels aliments pendant des années conduit souvent à des maladies cardiovasculaires, la première cause de mortalité dans nos sociétés.

La matière athérosclérotique formée par ces aliments gras peut bloquer une artère n'importe où dans le corps. La nature et les symptômes de la maladie varient seulement selon le vaisseau affecté et l'organe qu'il dessert. Si le dépôt se forme dans l'une des artères conduisant au cerveau (carotides) c'est l'embolie cérébrale. S'il se loge dans une artère alimentant les reins, c'est la défaillance rénale ou l' hypertension artérielle. En s'accumulant dans l'aorte, qui transporte le sang du cœur vers l'abdomen et les jambes, ce matériau graisseux endommage et affaiblit les parois. L'hypertension artérielle provoque un gonflement des vaisseaux, causant un anévrisme dont la rupture peut conduire à une intervention d'urgence ou à la mort. Si ces dépôts graisseux bloquent une artère menant au cœur, vous ressentirez ces douleurs au thorax, qu'on appelle angine de poitrine. Et si le flot sanguin est complètement bloqué par un caillot, c'est l'infarctus du myocarde, la crise cardiaque. Toutes ces affections sont des manifestations d'une seule et même maladie, causée par l'ingestion de graisse animale, et qui menace les gens qui consomment des produits à base de viande. On ne rencontre jamais cette maladie chez des végétariens consommateurs d'aliments vivants.

Attention au lait!

En plus d'être trop gras, les produits laitiers contiennent six substances qui peuvent déséquilibrer votre système et provoquer des maladies :
- des protéines bovines ;
- des graisses animales ;
- du lactose ;
- des contaminants chimiques ;
- des virus de la leucémie bovine ;
- des hormones de croissance bovines.

L'une des réactions courantes du système immunitaire devant l'invasion d'une protéine étrangère est une sécrétion excessive de mucus dans la gorge et le nez. Celle-ci peut être à l'origine des nez qui coulent, des maux de gorge persistants, des enrouements, des bronchites et des otites récurrentes qu'on observe chez de nombreux enfants.

La viande rouge

Autrefois, les gens étaient convaincus qu'ils avaient absolument besoin des protéines provenant de la viande rouge, mais nous savons maintenant que ce n'est pas le cas. Comme nous le verrons dans les chapitres qui suivent, il existe une multitude d'autres aliments qui peuvent nous fournir toutes les protéines dont nous avons besoin. Ce que la viande rouge nous apporte (sans parler des thromboses coronariennes causées par un excès de gras), ce sont des choses que le bon sens nous interdirait certainement de mettre sur notre liste d'épicerie, comme, par exemple :

- un excès de protéines pouvant causer des tumeurs et des calculs et contribuant à l'obésité ;
- des déchets indigestes qui encombrent notre système digestif ;
- des hormones de croissance utilisées pour engraisser les bovins et dont on a démontré qu'elles peuvent causer un abaissement de l'âge des menstruations chez les jeunes filles, provoquer l'impuissance chez les hommes et modifier notre comportement sexuel ;
- des antibiotiques utilisés pour prévenir les infections chez les animaux et qui leur confèrent une résistance aux antibiotiques dont nous héritons en consommant de la viande ;
- des bactéries coliformes qui, à cause d'éclaboussures de matières fécales au moment de l'abattage, contaminent la viande. (Aux États-Unis, les Centres pour le contrôle et la prévention des maladies estiment que, chaque année, vingt mille personnes sont infectées par ces bactéries coliformes et souffrent de diarrhée sanglante, de fièvre ou de crampes ; environ sept pour cent de celles-ci doivent être hospitalisées, et de quarante à soixante pour cent, essentiellement des enfants, en meurent).

En conclusion, les Américains ne tirent absolument aucun bénéfice des quinze bovins que chacun d'eux consomme en moyenne durant sa vie, selon le ministère de l'Agriculture des États-Unis (USDA).

La volaille

Certaines personnes que la santé préoccupe préfèrent manger du poulet, parce qu'elles croient que la viande blanche contient moins de gras et de protéines que la viande rouge. C'est absolument faux. La volaille n'est pas une viande maigre. Elle contient autant de gras que la viande rouge, parce que les muscles de n'importe quel animal contiennent du gras. (Vous pouvez le constater vous-même en observant le gras séparé de la viande dans votre soupe au poulet.) Et, en plus du gras, la viande de poulet contient les mêmes déchets indigestes et présente les mêmes problèmes reliés aux hormonaux antibiotiques et aux bactéries, que la viande rouge.

Nouvelles données sur le poisson

Certaines études ont démontré que l'huile Omega-3 (un acide gras essentiel) contenue dans le poisson réduit les risques de maladies coronariennes. Dès le départ, j'ai pensé qu'il s'agissait de recherches « bidon ». L'aspect politique de ces études — payées par des compagnies pharmaceutiques en quête d'un moyen peu coûteux d'utiliser les huiles de poisson qu'elles avaient jusqu'alors rejetées dans l'environnement — me rendait sceptique. Elles sont en tout cas sujettes à controverse. En 1995, le département de santé publique de Harvard a publié dans le *New England Journal of Medicine* les résultats d'une étude indiquant qu'une forte consommation de poisson ne conférait pas une meilleure santé cardiovasculaire. Cela ne m'a nullement surpris. Nous savions déjà que les femmes Inuites avaient le plus haut taux d'ostéoporose de la planète à cause de tout le poisson gras qu'elles consomment. Ce genre de régime n'a donc certainement pas la capacité de réduire le risque de maladies cardiaques.

Mis à part la controverse entourant l'Omega-3, les problèmes posés, pour la pisciculture et la pêche commerciale, par nos eaux polluées militent en faveur de l'exclusion du poisson de notre régime alimentaire. Une variété de bactéries, de virus, de parasites et de toxines peuvent contaminer les poissons et les individus qui les consomment. Certains peuvent être extrêmement débilitants et même mortels. Aux États-Unis, les centres pour le contrôle et la prévention des maladies estiment que, chaque année, on rencontre au moins 325 000 cas de maladies causées par la consommation de poisson chez les Américains. L'empoisonnement au *ciguatera* est le plus répandu des problèmes de santé reliés à la consommation de fruits de mer aux États-Unis. Parce que la *ciguatoxine* n'a ni odeur ni couleur, il est très difficile de savoir si le poisson est contaminé. L'empoisonnement au *scombroïde* survient lorsque la chair de certains poissons (le plus souvent du thon, de la bonite, du maquereau ou du *mahimahi),* traitée de façon impropre, s'avarie après la prise. L'empoisonnement paralysant relié à la consommation de crustacés est dû à un agent toxique résidant dans les palourdes, les pétoncles, etc. Ce poison n'est détruit ni par la congélation, ni par le salage ou le séchage, ni par aucun moyen de cuisson conventionnel à la vapeur, au four ou en friture. Parfois, des contaminants comme la salmonelle et l'hépatite A se retrouvent aussi dans les fruits de mer.

Les tests de détection de bactéries dans le poisson n'offrent aucune garantie, car ils ne peuvent détecter les virus. Au cours d'un colloque sur les maladies infectieuses, organisé par la Société américaine pour la microbiologie en 1995, les docteurs Kathy Kirkland, de l'université Duke, et Sharon McDonnell, des Centres pour le contrôle et la prévention des maladies, ont rapporté la présence de virus dans des huîtres cuites. Ces virus proviennent de contaminations fécales et provoquent des vomissements et des irritations intestinales chez les humains. Ils sont la principale cause des malaises reliés à la consommation de fruits de mer, mais, comme il est impossible de savoir si ceux-ci sont infectés on non, le nombre de personnes ainsi rendues malades ne peut être comptabilisé. En général, nous acceptons ce genre de symptômes, ressemblant à ceux d'une grippe, sans nous soucier de ce qui en est la cause.

Récemment, pour avoir une idée de l'ampleur du problème, l'émission du réseau de télévision ABC, *Prime Time,* a acheté 22,7 kilos (cinquante livres) de poisson dans des marchés de New York, Boston, Chicago et Baltimore, et a testé le tout pour savoir s'il était contaminé. Vingt pour cent contenait un niveau de bactéries supérieur au maximum autorisé pour la consommation. Quarante pour cent contenait une quantité de matières fécales humaines supérieure à la quantité tolérable. Partout dans le monde, des études ont démontré que des pesticides de la catégorie des organochlorés s'étaient infiltrés dans la chaîne alimentaire, se retrouvant plus particulièrement dans les poissons provenant de plans d'eau contaminés par des rejets industriels ou agricoles. Une étude de l'Agence de protection environnementale des États-Unis (EPA), publiée en 1992, a décelé du DDE (un produit chimique résultant de la détérioration du DDT) dans plus de 98 pour cent de 388 sites de pêche, principalement en eau douce. Ainsi, bien que le DDT ait été retiré du marché il y a plus de 30 ans, on le retrouve encore dans nos assiettes. Plusieurs autres substances chimiques nocives, comme les BPC et le mercure, par exemple, ont aussi été identifiées dans 90 pour cent des échantillons prélevés dans ces mêmes sites. Une fois introduites dans les tissus des animaux, ces toxines sont non seulement tenaces mais elles peuvent imiter, amplifier ou bloquer l'action des hormones sexuelles, comme les œstrogènes et la testostérone. Selon plusieurs sources, cela pourrait expliquer l'accroissement phénoménal des cancers du sein et des testicules chez les humains, ainsi que la chute — de près de moitié — de la quantité de spermatozoïdes chez les hommes du monde industrialisé depuis le début de la « révolution chimique » qui a suivi la Deuxième Guerre mondiale. De plus, les études effectuées par les psychologues spécialisés en développement Joseph et Sandra Jacobson, de l'université d'État de Wayne, au Michigan, ont révélé que les enfants nés de mères ayant régulièrement consommé du poisson contaminé avaient un poids inférieur à la moyenne à la naissance, une tête plus petite et que, au fur et à mesure de leur croissance, leur mémoire à court terme et leur capacité d'attention diminuaient.

En plus de poisons bactériens et de toxines environnementales, le poisson contient aussi le même type de graine, susceptible de bloquer les artères, que la viande et la volaille. Et, s'il faut une autre raison de s'en abstenir, ajoutons que le poisson contient plus d'amibes et de parasites que toute autre source alimentaire.

Additifs

Les additifs alimentaires ont été utilisés à bien des fins au cours des ans. Au début du dix-neuvième siècle, les grossistes et les détaillants cherchaient des moyens d'augmenter la qualité et de réduire le prix des denrées rares. Pour ce faire, ils ajoutaient la plupart du temps un additif peu coûteux au produit originel. Par exemple, on altérait souvent le poivre au moyen d'une substance appelée « poussière de poivre » et qui, semble-t-il, provenait du balayage du plancher de l'entrepôt. La poudre de cacao, quant à elle, contenait souvent un fort pourcentage de poussière de brique.

On utilisait aussi les additifs pour renforcer l'attrait visuel des produits. On donnait des effets colorés aux sucreries et aux bonbons en y ajoutant des sels hautement toxiques de cuivre et de plomb. La plupart des pains commerciaux étaient gorgés d'alun. Et il est intéressant de savoir que la riche couleur orangée qu'avait souvent le fromage Gloucester provenait de l'addition de minium, un pigment obtenu par oxydation du plomb.

Aujourd'hui, les aliments vendus au public sont en général à l'abri de ce type d'additifs. Cependant, un large éventail de substances non alimentaires et d'aliments transformés comme on n'aurait jamais pu en imaginer de semblable au début du siècle dernier, ont trouvé place dans la chaîne alimentaire. Nous consommons régulièrement des résidus de matériaux radioactifs, de mercure et de pesticides organochlorés. Le gouvernement nous assure que, séparément, chacun d'eux ne présente qu'un danger minime, négligeable (comme la poussière de brique). Mais que dire de la somme d'additifs qu'une personne absorbe quotidiennement en consommant des aliments traités ? L'Agence de protection de l'environnement (EPA) reconnaît que les chercheurs ne disposent d'aucun moyen pour mesurer les effets cumulatifs de ce genre de consommation. Ce que l'on connaît, en revanche, c'est la quantité maximale de pesticides qu'un individu peut absorber sans conséquences néfastes au cours d'une vie d'une durée moyenne de soixante-quinze ans. Et ce que l'on sait aussi c'est qu'en Amérique du Nord, la plupart des enfants d'un an ont déjà atteint ce maximum.

Les aliments transformés

Depuis 1950 environ, le nombre d'aliments contenant des additifs chimiques légaux a augmenté avec l'apport d'aliments hautement transformés dans l'alimentation. Aujourd'hui, l'Américain moyen consomme 70 kilos (150 livres) d'additifs. Cette statistique n'est pas si surprenante si l'on considère qu'à la fin du siècle dernier, plus de trois mille additifs différents ont été introduits dans notre alimentation. Pourquoi un si grand nombre ? Pour expliquer l'addition de substances chimiques dans les aliments transformés, on invoque généralement les quatre raisons suivantes :

1. Les fabricants utilisent des « accentuateurs de saveur » pour restaurer le goût perdu au cours de la mise en conserve, du séchage ou de la congélation des aliments.

2. Les additifs permettent de conserver leur attrait visuel à un grand nombre d'aliments préemballés jusqu'au moment de la consommation.
3. Pour rassurer les clients qui s'inquiètent de leur poids, on remplace certains ingrédients traditionnels par des substances qui ne font pas grossir.
4. Nombre de produits alimentaires sont « enrichis en vitamines » à l'aide de nutriments synthétiques.

Avertissement : des études récentes démontrent que les sous-produits et résidus toxiques de ces aliments chimiquement modifiés s'accumulent dans le corps, où ils provoquent des mutations cellulaires et, éventuellement, des cancers.

La folie de l'irradiation

Quel effet l'irradiation produit-elle sur les cellules vivantes ? Question pour la forme, semble-t-il, leur champ bioélectrique est détruit et elles sont tuées. Mais alors, pourquoi devrions-nous consommer des aliments, y compris des fruits et des légumes frais, qui ont été irradiés ? Encore une question pour la forme, semble-t-il, mais dans plusieurs pays on irradie régulièrement les aliments pour contrôler les insectes et les bactéries, et pour en retarder la détérioration.

Aux États-Unis, la loi permet déjà d'irradier les fruits et les légumes frais, le poisson, la volaille, le porc, le blé et les herbes avec du césium-137 (un élément hautement radioactif ayant une demi-vie de 30,2 ans et une durée potentiellement dangereuse de 600 ans), tandis que la viande rouge et les fruits de mer attendent le feu vert. Mais, est-il sécuritaire de consommer des aliments irradiés ? La réponse officielle est oui, mais les scientifiques de la FDA ont reconnu que l'irradiation peut aussi détruire des bactéries sans danger. Ces bactéries sans danger sont en compétition avec les substances pathogènes dangereuses dont elles limitent la reproduction. En détruisant ces bactéries au moyen d'une radiation à faible dose, il se pourrait que l'on crée un milieu où seules les substances pathogènes virulentes et dangereuses puissent survivre. On peut également se demander ce que le ministère de la Santé et des Services aux personnes définit comme une radiation de «faible niveau». Les 100 000 rads utilisés pour tuer les insectes et autres organismes dans les végétaux sont l'équivalent d'une exposition à trois millions de radiographies des poumons. Il ne fait aucun doute que de futures recherches montreront que cette pratique est en fait une déplorable erreur.

Les pesticides mis en perspective

Nous n'aurions sûrement pas envie d'asperger de pesticide un fruit dans l'arbre ou un légume dans le potager avant de le cueillir et de l'offrir à manger à l'un de nos enfants. Pourtant, c'est ce que nous faisons chaque jour avec les fruits et légumes que nous achetons au magasin. L'usage de pesticides en agriculture, de plus en plus répandu, a connu une augmentation de 170 pour cent au cours des dix-huit dernières années. Au cours d'une étude effectuée en 1993, mais dont les résultats ont été publiés en 1995, le ministère de l'Agriculture des États-Unis (USDA) a noté la présence de résidus de 10 329 substances chimiques dans les 7 328 échantillons examinés. C'est dans les pommes, dont 97 pour cent contenaient au moins un de ces résidus, qu'on en a retrouvé le plus.

Cette présence croissante de pesticides peut être mise en parallèle avec l'augmentation des cas de cancer, qui affectent maintenant un Américain sur trois. La recherche établit une corrélation entre l'exposition à certains pesticides et la probabilité de développement d'un cancer, une raison de plus — et des plus convaincantes — de se méfier des aliments chimiquement modifiés. (Voir l'information sur les aliments organiques et exempts de pesticides au chapitre 8.)

L'ingénierie génétique dans l'alimentation

Bien qu'elle représente la plus récente avancée technologique dans le domaine de la production alimentaire, l'ingénierie génétique n'est pas nouvelle. Dans les années 50, lorsque la vague de standardisation a frappé le monde industrialisé, on a produit des carottes à bout arrondi — pour éviter de percer les sacs —, et l'on cultivait les tomates non plus pour leur goût mais pour leur poids standard permettant de compter un nombre donné de tomates (par exemple, huit tomates par livre), et même une variété de champignons (India-rubber), n'ayant rien de plus à offrir que leur belle apparence, devint extrêmement populaire. La sophistication de la technologie n'a fait qu'augmenter les possibilités parfois au-delà des limites d'une saine nutrition.

Avec les mêmes bonnes intentions qui nous ont donné le pain blanc et les édulcorants artificiels, la technologie peut maintenant produire des plantes résistant aux infestations d'insectes, au gel et à la sécheresse, des vaches produisant plus de lait, des tomates pouvant demeurer sur les rayonnages pendant deux mois sans pourrir, et de la viande contenant moins de gras. Dans tous les groupes alimentaires, des denrées ayant subi une manipulation génétique sont maintenant prêtes à envahir notre table. Mais nous, sommes-nous prêts à faire face aux effets secondaires qui s'y rattachent éventuellement ?

Malgré les promesses que représente l'ingénierie génétique en alimentation des problèmes sérieux subsistent sur lesquels ce champ d'action en pleine croissance pourrait avoir des effets positifs ou négatifs. Du côté positif, on pourrait augmenter le rendement des récoltes dans les pays où la famine est une menace constante. Du côté négatif, la manipulation de l'ADN (acide désoxyribonucléique) des nutriments pourrait avoir des effets néfastes à long terme sur le corps humain.

Nous savons que les nutriments affectent les chromosomes (spirales d'ADN) de la cellule humaine, si bien que des nutriments génétiquement manipulés pourraient fort bien avoir un effet subtil, mais réel et négatif, sur la santé. En général, l'ingénierie génétique modifie la composition chimique des aliments en manipulant et en combinant l'ADN de divers types d'aliments. À coup sûr, l'harmonie de la structure minérale du produit de cette manipulation laisse à désirer. La question est donc : « Est-ce que cette réorganisation peut créer des nutriments mutants ? » Je crois que c'est le cas.

Pour mieux comprendre ce qui arrive quand on combine l'ADN de différents aliments, imaginez que vous choisissez de réunir trois personnes provenant de pays différents dans une toute petite pièce, en vous disant que, parce qu'il s'agit de trois humains, ils vont se comprendre et s'entendre. Selon le même raisonnement, on peut extirper des nutriments et des minéraux de sources différentes et les recombiner ensemble, mais pour devenir absorbables et utilisables par le corps humain ils doivent pouvoir communiquer entre eux.

Un autre sujet de préoccupation est le fait que l'on ne sait pas comment un ADN modifié peut affecter la charge électromagnétique des aliments vivants, qui est nécessaire aux cellules pour attirer ces aliments et les absorber parfaitement. Comme dans un jeu de lumières de Noël qui s'éteint lorsqu'une ampoule est retirée, la relation entre les nutriments et les cellules du corps peut cesser d'être opérante dès qu'une partie de la structure est enlevée ou manipulée. Même si le produit final ressemble à de la nourriture, nous ne savons pas encore si sa composition nutritionnelle correspond toujours à cet harmonieux ensemble que la nature avait créé pour nourrir les cellules de notre corps.

Tout cela doit encore être testé et prouvé, mais nous avons déjà des preuves du danger insidieux que représentent les aliments créés par l'ingénierie génétique. Qui aurait cru que la manipulation des gènes de certains fruits donnerait un produit malsain ? C'est pourtant ce qui est arrivé avec les pommes hybrides. Les pommes de la variété « délicieuse rouge », par exemple, contiennent cinquante fois plus de sucre que la variété originelle dont elles sont issues. Dans ce cas, la manipulation génétique a donc transformé ce qui était un aliment parfait en un aliment contenant un excès de fructose qui contribue à la création d'un milieu propice au développement des maladies. Certains pensent que la belle apparence uniforme de ces pommes en vaut la peine, mais je ne suis pas de cet avis.

Maintenant que cette modification dans le contenu en sucre a été mesurée et prouvée, les chercheurs doivent examiner les changements que l'ingénierie génétique a produits dans des composants comme les acides aminés, qui, après mutation, sapent les minéraux des os. Nous devons en savoir davantage sur les effets à long terme des manipulations d'ADN, qu'il s'agisse d'incorporer des gènes de poisson dans des tomates pour en prolonger la conservation, d'introduire des gènes humains dans le porc pour en améliorer la stabilité et la grosseur, ou d'injecter des stéroïdes synthétiques aux bovins pour augmenter la variété de leur réservoir génétique. Toutes ces «avancées» technologiques ont un effet de domino qui, je crois, affectera dangereusement la santé des êtres humains dans les années à venir.

LES CONSÉQUENCES

Les attaques incessantes et quotidiennes que le corps doit subir, à cause d'aliments fortement traités ou résultant de l'ingénierie génétique, sont la cause d'immenses tragédies dans notre monde dit civilisé, comme la malnutrition et le dérèglement éventuel de notre système immunitaire, de notre fonctionnement métabolique et de nos fonctions glandulaires. Toutes les vitamines et tous les minéraux synthétiques du monde ne sauraient nous préserver d'un tel assaut, et c'est pourquoi des centaines de milliers d'entre nous meurent prématurément chaque année.

DES CELLULES SAINES POUR UNE LONGUE VIE

Pourquoi les cellules donnant vie au corps humain dégénèrent-elles, mutent-elles et meurent-elles? Parce qu'on ne les nourrit pas correctement. Cette réponse peut paraître simpliste à la question de la vie et de la mort, mais c'est la vérité. Tout espoir de longévité dépend de la bonne santé de nos cellules.

Le programme de santé de l'Institut Hippocrate n'est pas un cataplasme, il ne vise ni à corriger rapidement le problème, ni à étouffer les symptômes. C'est une approche biochimique de la santé, qui régénère la structure cellulaire du corps. Cette approche fonctionne parce que nos cellules sont continuellement en train de se renouveler. Par exemple, les cellules de la peau ne prennent que vingt-huit jours pour se refaire complètement, les cellules du cœur, trente jours et celles des poumons, soixante-dix jours. Il est donc parfaitement logique de soigner sa santé en agissant sur ces cellules microscopiques en perpétuel renouvellement qui ont la capacité de tout recommencer à zéro. Voilà pourquoi le corps a besoin d'aliments vivants. Contrairement aux aliments cuits, traités, transformés, ou de provenance animale, les aliments vivants fournissent aux cellules tout ce dont elles ont besoin pour se développer. À eux seuls, ils assurent la santé et la vitalité de nos cellules, santé qui, à son tour, détermine notre qualité de vie.

LES SOURCES DE NOTRE BIEN-ÊTRE

Le vingtième siècle n'a certainement pas été tendre pour les cellules du consommateur moyen. Ce fait une fois reconnu, nous devons accepter de modifier notre façon de penser et chercher ailleurs de nouvelles sources de bien-être... dans des aliments vivants. Non seulement les aliments vivants procurent-ils les vitamines, les minéraux et les protéines dont nos cellules ont besoin, mais ils fournissent aussi l'oxygène, les enzymes, l'alcalinité et les charges bioélectriques si essentiels à la santé de nos cellules et que les autres aliments ne peuvent offrir.

2

LES FAITS CONCERNANT
LES ALIMENTS VIVANTS

Un régime à base d'aliments vivants, ce n'est pas une idée nouvelle. Bien des civilisations anciennes connaissaient la valeur d'une alimentation basée sur les fruits et légumes crus, les céréales germées, les graines, les légumineuses et les fruits à écale (noix, amandes, etc.). Au début du vingtième siècle, la traduction des livres 1 à IV de *l'Évangile de paix des Esséniens* par le docteur Szekely révéla que l'usage d'aliments vivants dans le traitement des maladies faisait partie de la tradition occidentale et judéo-chrétienne depuis plus de deux mille ans. On dit que les Esséniens, une secte juive vivant deux ou trois siècles avant l'ère chrétienne, consommaient surtout des aliments vivants, et les historiens anthropologues rapportent qu'ils vivaient en moyenne 120 ans.

Les pouvoirs curatifs des aliments vivants sont également reconnus depuis longtemps par la médecine asiatique. En fait, l'usage de graines germées en alimentation et en médecine est au moins deux fois plus ancien que la Grande muraille de Chine, et les documents historiques en font même état.

La valeur d'un régime à base d'aliments vivants a gagné des appuis dans le monde médical au cours des cent dernières années. Au tout début du vingtième siècle, le docteur Max Gerson découvrit le pouvoir de guérison des aliments vivants, contre ses propres migraines et plus tard contre le lupus, une maladie jusque-là considérée comme incurable. Il employa ensuite ce même type de régime contre différentes affections, du blocage des artères aux troubles mentaux. Le docteur Gerson reconnaissait aux aliments vivants le pouvoir de reconstituer la force régénératrice vitale de tout l'organisme. En 1928, il guérit la femme d'Albert Schweitzer de la tuberculose à l'aide de ce régime alimentaire. Plus tard, il imposa ce même régime au célèbre docteur lui-même pour soigner son diabète, et ce dernier put abandonner l'usage de l'insuline. Des travaux subséquents permirent au docteur Gerson de découvrir que les aliments vivants améliorent la respiration cellulaire tout en renforçant le système immunitaire. Il se mit alors à utiliser ce même régime pour traiter le cancer, avec grand succès. Les travaux du docteur Max Gerson ont été mis en lumière dans un livre très documenté intitulé *A Cancer Therapy*.

Vers la même époque, d'autres spécialistes du monde médical et scientifique ont également démontré le pouvoir curatif des aliments vivants. Des travaux, comme *The Influence of Food Cooking on the Blood Formula of Man,* présenté par Paul Kouchakoff, M.D., lors du premier congrès international de microbiologie de Paris en 1930, et le volume publié par le docteur Edward Howell en 1946 sous le titre de *Food Enzymes for Health and Longevity,* ont projeté les aliments vivants à l'avant-scène des études nutritionnelles.

De nombreux autres chercheurs se mirent à explorer le pouvoir curatif des aliments vivants. Le médecin danois Kristine Nolfi adopta un régime à base d'aliments vivants pour guérir son cancer du sein et les résultats positifs de son expérimentation, tant sur elle-même que sur ses patientes, l'incitèrent à créer le sanatorium Humlegaarden qui remporta un succès éclatant au Danemark. Parmi les pionniers américains de la théorie des aliments vivants, on compte Paul Bragg, qui ouvrit la première boutique d'aliments de santé aux États-Unis, et, naturellement, Ann Wigmore et son prédécesseur Victoras Kulvinskas qui, il y a quelques décennies, fondèrent l'Institut Hippocrate, où les pouvoirs de guérison et de restauration des aliments vivants firent (et font encore) l'objet d'une expérimentation de première main par tous ceux qui en sont les hôtes.

Depuis les années 1950, malheureusement, le supermarché, avec ses boîtes de conserve et ses aliments transformés, les promesses des additifs chimiques et des pesticides, et la commodité de l'alimentation rapide *(fast food)*, ont gagné la faveur du public. L'attrait de la facilité a éclipsé la valeur des aliments vivants. Mais aujourd'hui, après des décennies de déclin de la santé et de vieillissement accéléré, le potentiel des aliments vivants gagne à nouveau l'attention de la population mondiale.

PAS DE CUISSON CE SOIR !

Comme nous l'avons vu dans le premier chapitre, en plus d'un apport quotidien adéquat de certains nutriments, un corps sain a besoin d'enzymes au pH équilibré, d'un flot sanguin bien oxygéné, d'un système digestif efficace, d'un système immunitaire intact, comme de tissus et de cellules ayant une charge bioélectrique suffisante. Jetons donc un coup d'œil sur les raisons qui font que seuls les aliments vivants sont capables de procurer tous les composants alimentaires essentiels à ces différentes fonctions.

NOUS SOMMES CE QUE NOUS MANGEONS

Les aliments de la plus haute qualité sont les aliments naturels vivants dans lesquels les acides aminés sont à leur mieux et qui contiennent également des minéraux, des vitamines, des hydrates de carbone, des oligo-éléments, de l'oxygène, des enzymes et des hormones.

Le blé en herbe, par exemple (un aliment de base du régime Hippocrate), contient de la chlorophylle, mais aussi tous les acides aminés essentiels. C'est une riche source de vitamines A et D, surtout de vitamine B. On y trouve aussi une bonne quantité de calcium, de phosphore, de fer, de potassium, de soufre, de sodium, de cobalt et de zinc. Ajouté à des produits de culture organique frais et vivants, le jus de blé en herbe fournit la nourriture la plus naturellement enrichie dont notre corps puisse profiter.

Bien que beaucoup d'aliments que l'on met sur la table contiennent les nutriments nécessaires à une bonne santé, notre habitude de cuire ces aliments détruit tout leur potentiel. Les vitamines, par exemple, ont une structure moléculaire identifiable. La cuisson étant, par nature, une altération de la structure moléculaire, elle peut transformer une pomme de terre dure comme pierre en une masse de matière molle. N'est-il pas logique que la structure moléculaire des vitamines contenues dans cette pomme de terre cuite soit elle aussi modifiée ? Ça l'est effectivement, et ce changement se fait la plupart du temps au détriment de notre santé.

VOTRE RÉSERVE D'ENZYMES

Les enzymes sont particulièrement sensibles à la destruction moléculaire causée par la cuisson. Malheureusement, à la naissance chacun de nous n'a reçu qu'un minimum de ces enzymes qui doivent travailler au maintien de tous nos organes en bon état de fonctionnement jusqu'à la fin de notre vie. La seule autre source de ces précieux éléments se trouve dans les aliments que nous consommons, mais toute cuisson de nourriture à plus de 48 degrés Celsius (118 degrés Fahrenheit) tue les enzymes. Mais alors, que se passe-t-il lorsque vous devez puiser dans votre réserve d'enzymes pour combattre un virus, effectuer un travail ardu, faire face à une crise, respirer de l'air impur ou faire une crise de rage, si vous ne mangez que des aliments cuits ou transformés ? Votre compte d'enzymes n'étant pas renfloué, le solde diminue et la faillite menace votre système.

Lorsque cela se produit, le corps sollicite un apport d'enzymes en mobilisant tous les organes. Il vole ainsi des enzymes aux glandes, aux muscles, aux nerfs et au sang pour secourir le système digestif. Finalement, on en arrive à une déficience d'enzymes dans ces organes, ce qui, selon de nombreux scientifiques à travers le monde, serait la véritable cause de très nombreuses allergies et maladies. D'après la recherche médicale compilée par le docteur Edward Howell, un pionnier de l'enzymologie, on constate très souvent des déficiences enzymatiques dans les cas de malaises chroniques comme les allergies, les affections cutanées, l'obésité et les troubles cardiaques, tout comme dans le vieillissement et certains types de cancer.

Le pouvoir de guérison des enzymes est certain et prouvé. Presque tous les mécanismes régulateurs du corps dépendent de l'action des enzymes et souffrent de leur diminution, qu'il s'agisse des mécanismes régissant la coagulation, l'inflammation ou la guérison et la régénération des tissus, pour n'en nommer que quelques-uns. Les aliments vivants que nous consommons reconstituent notre réserve d'enzymes : ceux-ci sont absorbés par le sang et rétablissent l'équilibre enzymatique du sérum sanguin. Pour évaluer l'effet d'un régime riche en enzymes sur le corps humain, les chercheurs ont marqué des suppléments enzymatiques à l'aide d'une teinture radioactive pour ensuite les suivre à la trace à travers le tube digestif. C'est ainsi qu'ils ont retrouvé des enzymes marquées radioactivement dans le foie, la rate, les reins, le cœur, les poumons, le duodénum et l'urine.

Le régime Hippocrate arrête le gaspillage d'énergie enzymatique et effectue des dépôts quotidiens dans la banque d'enzymes. Moins de retraits et plus de dépôts, voilà comment se constituer une réserve appréciable d'enzymes métaboliques capables de régénérer, nettoyer et guérir le corps humain.

UN NUMÉRO D'ÉQUILIBRISTE

Les scientifiques ont établi une échelle de pH (potentiel d'hydrogène) pour mesurer l'équilibre entre l'acidité et l'alcalinité des substances. Sur cette échelle, la composition d'un corps en santé est à peu près à 30 pour cent acide et à 70 pour cent alcaline. Cependant, un régime à prédominance acide, comprenant de la viande, du fromage, du pain blanc, des aliments traités ou cuits, de la caféine, de la nicotine et de l'alcool, renverse ces proportions et entraîne un niveau d'acidité élevé qui affecte tous les systèmes du corps de même que leur fonctionnement.

Pour comprendre l'impact que peut avoir un excès d'acide dans le corps, pensez aux dépôts qui s'accumulent sur les connexions de la batterie de votre automobile. C'est exactement ce que vous verriez si vous pouviez photographier l'intérieur des systèmes digestif, nerveux ou circulatoire d'un corps dans lequel un excès d'acide ronge les cellules nécessaires à la survie. Dans un tel état, les cellules sont incapables d'absorber une quantité appropriée de nutriments ou d'oxygène et d'éliminer les toxines. Elles suffoquent et le corps devient de moins en moins capable de résister à la maladie. En fait, je n'ai jamais vu une personne malade dont le système n'était pas anormalement acide.

Si les aliments cuits ou transformés augmentent l'acidité du corps, c'est qu'ils ont perdu l'oxygène et les enzymes essentiels à l'absorption de la nourriture. Sitôt que la température d'un aliment atteint 48 degrés Celsius, (118 degrés Fahrenheit) ces éléments sont éliminés. Un aliment qui n'est pas totalement digéré et absorbé par le corps se transforme en déchets qui flottent dans le sang et augmentent l'acidité de l'organisme.

Une augmentation de l'acidité et des déchets dans l'organisme peut causer toute une variété de problèmes de santé. Une étude effectuée par l'université de Californie en 1944, et publiée dans le *New England Journal of Medicine,* indique une relation évidente entre un haut niveau d'acidité du corps et l'ostéoporose. Les chercheurs ont constaté que, lorsque des femmes post-ménopausées sont soumises à un régime hautement protéinique et fort en viande, leur sang devient acide. Pour neutraliser cette acidité, leurs os laissent alors fuir d'importantes quantités de calcium et de phosphore, ce qui provoque un épuisement de ces minéraux.

Même la sensation de douleur est affectée par un surcroît d'acidité dans le corps. On constate une accumulation d'acide dans le système nerveux de beaucoup de malades souffrant de douleurs chroniques. Cet excès d'acidité aggrave la douleur de la même façon qu'on accentue son mal en pressant sur sa dent cariée avec un objet pointu. Le seul moyen d'atténuer la douleur de manière permanente consiste donc à réduire son niveau d'acidité corporelle.

Votre pH corporel est-il équilibré? Un médecin ou un autre professionnel de la santé peut vérifier votre pH sanguin, ou vous pouvez le faire vous-même à l'aide de bandes de papier sensible que vous trouverez en pharmacie. C'est assez facile lorsqu'on comprend les principes de l'équilibre en pH.

L'échelle de pH va de 0 (maximum d'acidité) à 14 (maximum d'alcalinité), et fonctionne en comparant le nombre d'ions d'hydroxyle (oH-) favorisant l'alcalinité au nombre d'ions d'hydrogène (H+) favorisant l'acidité. Par exemple, l'eau pure, qui se compose d'un ion d'hydroxyle et d'un ion d'hydrogène, offre un pH neutre de 7. Le corps humain, qui est principalement composé d'eau, a généralement un pH avoisinant le chiffre 7, mais chacun de ses organes internes peut avoir un pH légèrement différent. Cependant, à mesure que les fonctions cellulaires s'encrassent et que les toxines productrices d'acidité s'entassent dans le cytoplasme, le pH diminue. On pense qu'un pH légèrement alcalin de la structure cellulaire, se situant entre 7,1 et 7,45, correspond à une santé optimale. Mais le pH de la plupart des gens dont la santé est «moyenne» se situe entre 6,5 et 6,8.

Alors, allez-y, testez votre pH. La majorité des praticiens utilisant le pH comme mesure de la chimie corporelle s'accordent à dire que, chez un individu en bonne santé, l'urine et la salive devraient présenter un pH d'environ 6,5 *en moyenne,* ce qui correspond à un pH légèrement alcalin (entre 7,1 et 7,45) au sein du cytoplasme des cellules, partout dans le corps.

Une fois que vous connaissez votre niveau de pH, le défi consiste à maintenir ou à rétablir l'alcalinité du cytoplasme des cellules. En suivant les lignes directrices du régime Hippocrate, vous pourrez augmenter cette alcalinité à l'aide d'oxygène, d'enzymes et de vitamines ou minéraux bioactifs, tout en maintenant au maximum le niveau des déchets qui provoquent un excès d'acidité.

LE BESOIN D'OXYGÈNE

Vous savez que tous les êtres vivants ont besoin d'oxygène, mais vous ne savez peut-être pas que les aliments que nous mangeons peuvent capturer l'oxygène vital de nos cellules, causant la maladie, et même la mort. C'est pourquoi il est si important de choisir des aliments qui nous donnent, plutôt que des aliments qui nous volent, de l'oxygène. Mais comment pouvons-nous savoir quels aliments donnent, et quels aliments volent de l'oxygène?

Si vous vous souvenez de ce que vous avez appris sur la photosynthèse, vous vous rappelez que toutes les plantes terrestres ou aquatiques absorbent de l'eau et du bioxyde de carbone, qu'elles transforment en oxygène puis rejettent dans l'atmosphère. La structure moléculaire de la chlorophylle est donc formée d'oxygène. La chlorophylle est le «sang» des plantes. C'est la protéine qui donne à la végétation sa couleur verte ou violette. Quand on compare une molécule de chlorophylle et une molécule d'hémoglobine (le véhicule de l'oxygène dans le sang humain), on voit qu'elles sont presque identiques. Avez-vous déjà pensé à ce qui se passe lorsque nous consommons des aliments vivants ? Nous donnons de l'oxygène à notre corps, de l'oxygène dont nous avons besoin pour rester en vie et en bonne santé. Seuls les aliments vivants peuvent nous fournir cet oxygène.

La valeur de la chlorophylle n'est pas une découverte récente. Dans la première partie du vingtième siècle, la chlorophylle était considérée comme une arme de choix dans l'arsenal de la pharmacopée. Bien des médecins l'utilisaient pour traiter diverses affections telles que les ulcères et les désordres cutanés, comme pour atténuer la douleur et rafraîchir l'haleine. Un rapport fait par le docteur Benjamin Gurskin, alors directeur du département de pathologie expérimentale à l'université Temple, a été publié par *l'American Journal of Surgery*. Le docteur Gurskin y discute plus de mille cas de désordres variés traités à la chlorophylle. Commentant les expériences de ses collègues avec la chlorophylle, il écrit : « Il est intéressant de noter qu'il n'y a pas un seul cas enregistré dans lequel on n'ait pas assisté à une amélioration ou à une guérison. » Plus tard, en 1941, le *Reader's Digest* publiait un article intitulé *The Green Magic of Chlorophyll* (La magie verte de la chlorophylle), et traitant de l'énorme potentiel de la chlorophylle en tant qu'aliment et médicament.

Au milieu des années 40, l'usage médical de la chlorophylle comme médicament avait atteint son apogée. Malheureusement, la chlorophylle liquide s'est révélée très instable, à tel point qu'il était impossible de l'embouteiller ou de la conserver pendant plus de quelques heures. Un extrait de chlorophylle synthétique obtenu en faisant fermenter de la chlorophylle fraîche et en la combinant à certains éléments minéraux se révéla de qualité inégale et produisit parfois des effets secondaires indésirables. La profession médicale abandonna alors l'usage de la chlorophylle comme traitement, malgré les effets remarquables notés dans diverses études. Avec plusieurs autres antiseptiques naturels, la chlorophylle fut remplacée par des antibiotiques — plus rapides — et des antiseptiques chimiques.

De nos jours, la chlorophylle suscite un important renouveau d'intérêt. L'une des fonctions les plus importantes de la chlorophylle dans le régime Hippocrate est l'oxygénation du sang. Avec un régime à haute teneur en gras et en protéines, notre réserve d'oxygène se trouve fortement réduite. Dans un article publié en août 1971 dans la revue *Science News,* le docteur John Gainer affirme que même une augmentation considérée comme modérée du taux de protéines dans le plasma sanguin peut causer une réduction du taux d'oxygène pouvant aller jusqu'à 60 pour cent. J'ai moi-même découvert que, en présence d'une insuffisance d'oxygène dans le sang, nous manifestons une baisse d'énergie, ainsi qu'un ralentissement de la digestion et du métabolisme. Et ces symptômes peuvent être les signes avant-coureurs d'une maladie sérieuse.

Privé d'un apport d'oxygène approprié, le corps humain est exposé à la maladie. Dans son livre *The Cause and Prevention of Cancer,* le docteur Qtto Warburg, prix Nobel de Physiologie et de Médecine, conclut que la privation d'oxygène est une cause importante de cancer, et qu'avec un apport régulier d'oxygène à toutes les cellules du corps, on pourrait prévenir le cancer indéfiniment.

S'il est si important pour le corps humain, comment se fait-il que tant d'individus souffrent d'une carence en oxygène? La respiration nous fournit de l'oxygène chaque jour, mais avec l'air pollué de nos villes et un mode de vie sédentaire, qui ne provoque jamais une respiration profonde, la plupart des gens reçoivent insuffisamment d'oxygène pour répondre aux besoins d'un corps en bonne santé. Un piètre régime alimentaire ne fait qu'amplifier le problème. Les aliments traités ne contiennent aucun oxygène, et même les aliments qui en contiennent le perdent à la cuisson. L'arôme que dégagent les aliments en train de cuire est un effet du mouvement des molécules d'oxygène qui s'en échappent. Par contre, une diète à base d'aliments vivants offre un apport continu et abondant d'oxygène.

Vous trouverez de nombreux aliments riches en chlorophylle dans le régime Hippocrate: légumes à feuilles vert foncé, brocoli, chou-fleur, chou et germes divers. Bien qu'à un degré moindre, vous trouverez aussi de l'oxygène dans les légumes-racines, les céréales et les fruits.

UNE DIGESTION SAINE

Un corps sain a besoin d'un système digestif sain. L'un ne va pas sans l'autre. Malheureusement, la plupart des médecins sont d'avis que la majorité des gens ont un côlon incapable d'effectuer la tâche à laquelle il est destiné, à savoir éliminer les déchets toxiques du corps, ce qui nous laisse à la merci de maladies chroniques et potentiellement mortelles.

Jetons un coup d'œil sur le fonctionnement d'un côlon en santé qui reçoit des aliments vivants.

1. Les enzymes naturellement présentes dans les aliments vivants digèrent les nutriments et les fractionnent en particules chimiques si petites qu'elles s'infiltrent à travers la paroi des cellules et pénètrent dans le flot sanguin (contrairement au mythe voulant que les aliments crus soient difficiles à digérer !).

2. Sitôt digérés, les aliments riches en fibres pénètrent dans le côlon où les nutriments sont absorbés par la paroi et distribués dans toutes les cellules du corps par le flot sanguin.

3. Les déchets toxiques provenant des aliments sont préparés pour élimination par des bactéries de la famille des lactobacilles, présentes dans le côlon.

4. Les fibres restantes contribuent à diluer, agglutiner et désactiver un grand nombre de carcinogènes.

5. Les déchets sont éliminés dans les selles quotidiennes.

6. En même temps, les dix milliards de cellules du corps se déchargent de leurs propres déchets dans le circuit sanguin, qui transporte les toxines jusqu'au côlon pour élimination rapide.

Vous trouverez de nombreux aliments riches en chlorophylle dans le régime Hippocrate : légumes à feuilles vert foncé, brocoli, chou-fleur, chou et germes divers. Bien qu'à un degré moindre, vous trouverez aussi de l'oxygène dans les légumes-racines, les céréales et les fruits.

Les déchets de notre corps sont destinés à circuler rapidement à travers un côlon en santé, comme celui qui est illustré dans le tableau ci-après.

Tableau 2-1 : un côlon en santé.

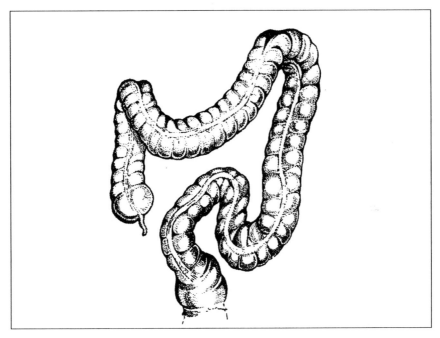

Examinons maintenant le processus d'élimination à travers un côlon encombré d'aliments cuits et transformés, de viande et de produits laitiers.

1. Les aliments dépourvus d'enzymes (comme des légumes cuits, du pain blanc, de la pizza, du gâteau, des œufs, du lait, de la viande ou du poulet) pénètrent dans le système digestif, mais ils ne peuvent être fractionnés afin de permettre l'absorption des nutriments.
2. En l'absence de fibres pour balayer les déchets toxiques à travers le côlon, les restes d'aliments reposent dans le gros intestin. Au fur et à mesure que la paroi du côlon absorbe de plus en plus d'eau, les selles durcissent et deviennent difficiles à éliminer.
3. Pendant qu'ils restent dans le tube digestif, les gras rancissent, les hydrates de carbone fermentent, et les aliments protéiniques se putréfient, renvoyant des poisons à travers tout le corps et provoquant des gaz, de la constipation, une mauvaise haleine, des maux de tête, des troubles de la vision et bien d'autres inconvénients sérieux.

4. La paroi du côlon commence à absorber des toxines et les relâche dans le flot sanguin sous forme de radicaux libres, des électrons instables et destructeurs qui errent dans le corps à la recherche de cellules saines à envahir.

5. Le côlon encombré se met à refouler, le sang ne peut déposer les déchets des cellules qu'il transporte ; surchargé de débris, il est incapable d'effectuer sa tâche de nettoyage des cellules. Bientôt les cellules elles-mêmes s'affaiblissent, entrent en mutation et prêtent le flanc à la maladie, sous le poids de leurs propres déchets.

6. Même après élimination des selles, certains aliments non digérés restent collés aux parois du gros intestin et entravent les processus digestifs vitaux d'absorption et d'élimination.

7. Des déchets toxiques encombrent le côlon parce que les bactéries de la famille des lactobacilles qui doivent normalement « faire le ménage » ont été détruites. Les antibiotiques que nous prenons pour combattre l'infection, ajoutés aux antibiotiques donnés aux animaux dont nous mangeons la viande, tuent ces bactéries qui sont essentielles pour maintenir le côlon en santé.

8. Finalement, l'insuffisance de bactéries bienfaisantes combinée au stress découlant des déficiences en enzymes et en fibres créent des conditions telles que le côlon peut perdre sa force, sa forme et sa capacité de fonctionner efficacement.

Le tableau 2-2 qui suit montre l'état caractéristique de l'intestin d'une personne qui mange de la viande, des féculents et des aliments cuits.

Tout cela montre bien que le côlon de l'homme n'est pas conçu pour digérer le type d'aliments contenus dans le régime typique du citoyen moyen d'aujourd'hui. Toutes les preuves biologiques indiquent que l'être humain est plutôt un herbivore.

Les animaux qui, instinctivement, recherchent un régime à base de viande, ont un système digestif capable de l'absorber. Leur mâchoire comporte une charnière au mouvement strictement vertical et leurs dents sont des crocs qui se chevauchent pour mieux déchirer la chair. Par contre, la mâchoire des herbivores, comme les chevaux et les humains,

Tableau 2-2 : un intestin malade

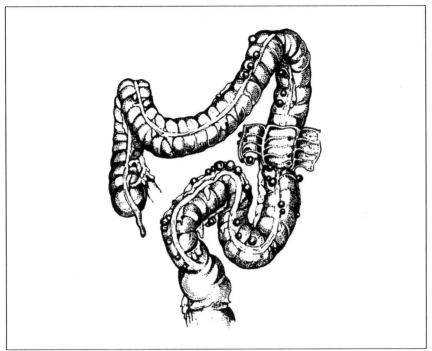

comporte une charnière plate, capable de se déplacer de gauche à droite sur un plan horizontal et permettant de mâcher dans un mouvement rotatif, et leurs molaires arrière, conçues comme de véritables broyeurs, sont parfaites pour écraser les céréales et les végétaux. Le suc gastrique des carnivores est vingt fois plus acide que celui des herbivores, parce que la digestion de la viande requiert beaucoup plus d'acide. Lorsqu'un herbivore comme vous et moi — mange de la viande, son corps doit augmenter sa production d'acide de façon draconienne, ce qui déséquilibre le pH nécessaire au maintien de sa santé. Le côlon des carnivores est conçu pour une élimination rapide, leur intestin est lisse et les déchets y suivent un parcours relativement court et droit vers la sortie.

Tableau 2-3 : le système intestinal d'un carnivore

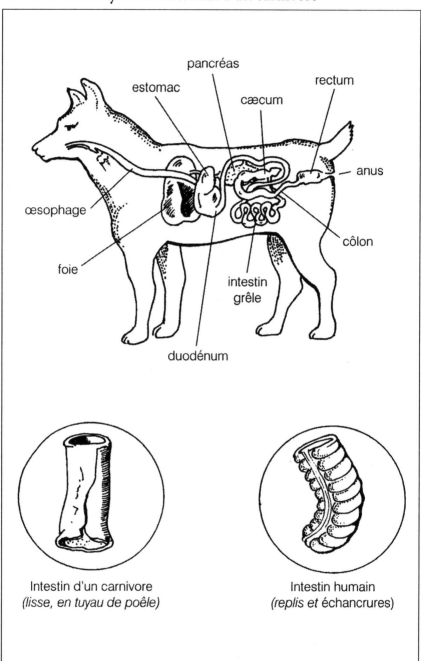

pancréas

estomac

cæcum

rectum

œsophage

anus

côlon

foie

intestin
grêle

duodénum

Intestin d'un carnivore
(lisse, en tuyau de poêle)

Intestin humain
(replis et échancrures)

Comme nous l'avons vu, l'intestin des humains est différent, plein de replis et d'échancrures. Il suit un long parcours sinueux marqué de courbes très prononcées. Les aliments gras, transformés ou cuits ne peuvent suivre cette route facilement ou rapidement. Seuls les aliments vivants, remplis d'enzymes digestives et de fibres, peuvent avancer rapidement à travers un tel dédale. Les conséquences finales du régime alimentaire moyen des gens d'aujourd'hui s'expriment par des statistiques aussi déplorables qu'incontestables : plus on mange des aliments cuits et transformés et plus la maladie devient fréquente.

Avant de pouvoir espérer atteindre la santé ou nous débarrasser d'un symptôme, nous devons d'abord réussir à éliminer tous les déchets des cellules, du sang et du côlon. Et c'est exactement ce que fait un régime d'aliments vivants.

LA BATAILLE

Le système immunitaire est l'une des caractéristiques les plus complexes et les plus stupéfiantes de l'incroyable corps humain. Lorsqu'il fonctionne bien, ce système de plus de deux milliards de cellules défensives est capable d'identifier et d'éliminer les intrus, tout en laissant nos propres cellules poursuivre leurs tâches. Lorsqu'on parle de santé physiologique on doit penser d'abord au système immunitaire parce que, du point de vue anatomique, c'est lui qui fait que nous sommes malade ou en bonne santé.

La communauté scientifique a démontré sans l'ombre d'un doute que, lorsque des bactéries, des produits chimiques, des pollens ou d'autres substances étrangères pénètrent dans le corps, les cellules combattantes du système immunitaire (ainsi qu'un grand nombre d'autres cellules) du système immunitaire repèrent les intrus et sonnent l'alarme. Puis les globules blancs se chargent de détruire et d'éliminer les agresseurs.

On accorde aujourd'hui une attention nouvelle à une étude datant de 1930 et effectuée par le docteur Paul Kouchakoff, qui avait découvert un autre fait scientifique moins connu mais très important. Ce scientifique avait remarqué que chaque fois que nous consommons des aliments cuits, le nombre de globules blancs présents dans notre sang augmente.

Nous sollicitons la protection de notre système immunitaire ! Plus tard, en 1943, les recherches d'Otto Warburg sur la leucocytose — l'augmentation du nombre des globules blancs dans le sang — sont venues appuyer les dires de Kouchakoff en montrant que ce phénomène se produisait lors de l'ingestion d'un aliment chauffé sous le point d'ébullition mais à plus de 90 degrés Celsius (194 degrés Fahrenheit). En présence de la leucocytose, les aliments sont identifiés comme des substances étrangères par le système immunitaire et une attaque des globules blancs s'en suit. Le même processus se produit lorsque des additifs, des pesticides ou des suppléments de nature chimique pénètrent dans le corps.

Non seulement nous nous privons d'oxygène, d'enzymes et de nutriments en consommant des aliments cuits ou transformés, mais, plus grave encore, nous compromettons la vitalité de notre système immunitaire en lui imposant un surcroît de travail pour éliminer ce que nous mangeons. Il est évident que les maladies — y compris le cancer et le sida — prolifèrent parce que nous affaiblissons notre système immunitaire en lui faisant combattre des aliments cuits ou transformés et des additifs chimiques.

LA CHARGE BIOÉLECTRIQUE

Les cellules et les tissus humains portent tous une charge électrique. En fait, ils fonctionnent à peu près comme une pile alcaline, avec, comme équivalents des pôles positif et négatif, un noyau et un cytoplasme : le noyau de la cellule comporte une charge positive et le cytoplasme, une charge négative. À mesure que ces charges s'accumulent, le potentiel énergétique de la cellule augmente, et plus ce potentiel est élevé, plus la cellule est en santé.

Comme dans une pile alcaline, les charges électriques de la cellule humaine sont le résultat d'un processus chimique. Certains minéraux comportent une charge négative (alcaline) et d'autres, une charge positive (acide). Dans le corps humain, ces minéraux sont relâchés lors de la production d'énergie lorsque les hydrates de carbone sont brûlés, en même temps que des sous-produits légèrement acides. Le cytoplasme et le noyau des cellules saines contiennent des réserves appropriées d'électricité, respectivement négative (alcaline) et positive (acide). Un régime à base d'aliments vivants fournit les éléments bioactifs alcalins et acides nécessaires pour maintenir le niveau d'énergie cellulaire au maximum et la quantité de sous produits acides au minimum.

Des cellules affaiblies ont une réserve d'acides bioactifs insuffisante pour alimenter leur noyau. Et, ce qui est encore plus important, la réserve d'alcalins bioactifs de leur cytoplasme est elle aussi insuffisante, alors qu'un excès de déchets acides provenant de diverses sources s'accumule au sein de ce cytoplasme. En conséquence, la différence de potentiel entre le noyau et le cytoplasme décroît et les ressources en énergie cellulaire diminuent, ce qui permet à d'autres acides métaboliques de s'accumuler. La diminution de l'énergie cellulaire cause ainsi des désordres physiques. Comment? La force et la vitalité des champs électriques correspondent à l'état des cellules. Dans le corps humain, une charge électrique normale à l'intérieur des cellules et entre celles-ci leur permet de se débarrasser des toxines et d'absorber les nutriments et l'oxygène dont elles ont besoin, un processus essentiel à la bonne santé et à la longévité. Lorsque la composition chimique du cytoplasme devient acide et que le potentiel d'énergie tombe en deçà du minimum requis pour soutenir les fonctions d'absorption et de rejet des cellules, ces dernières meurent. Un effondrement du potentiel électrique des cellules est donc le premier pas vers la maladie. Et ce phénomène peut se produire avant même que n'importe quelle analyse de laboratoire ou le diagnostic ait pu déceler quoi que ce soit d'anormal.

Les avantages d'un régime d'aliments vivants ont été découverts par le professeur Hans Eppinger, médecin-chef de la plus importante clinique médicale de l'université de Vienne. Il a découvert que ce genre de régime alimentaire augmentait la capacité sélective des cellules en augmentant la différence de potentiel existant entre les cellules des tissus et celles des capillaires. Le docteur Eppinger a démontré que les aliments vivants contribuent à une amélioration sensible des processus d'excrétion des toxines et d'absorption des nutriments des cellules. Avec ses collègues, il a remarqué que les aliments vivants sont seuls capables de restaurer le potentiel micro-électrique des tissus, lorsque leur potentiel électrique est affaibli et que la dégénérescence cellulaire a commencé.

On pense que les aliments vivants tirent leur charge électrique d'électrons fortement chargés provenant du soleil : ils concentrent l'énergie solaire pour la transmettre aux cellules de notre corps. Certains chercheurs pensent que cette concentration d'énergie peut réveiller des molécules relativement inertes de notre corps en leur ajoutant ou en leur retirant un électron. C'est pourquoi le potentiel électrique élevé des aliments vivants est un élément aussi important de notre capacité de guérison.

Le docteur Valerie V. Hunt, de la Bioenergy Fields Foundation, en Californie, a soigneusement documenté ses recherches sur la bioélectricité des cellules au moyen d'une technique de photographie aux ultraviolets qui permet d'observer les émissions électriques de toute matière vivante. Elle a ainsi réussi à révéler les champs électroluminescents variables qui entourent les aliments vivants (voir le tableau 2-4), de même que l'absence de toute activité électrique autour de ce qu'on appelle les *junk foods* ou aliments « vides ». Ces études ont aussi permis de « voir » la perte d'énergie électrique subie par les aliments végétariens soumis à la cuisson.

Prenons le blé, par exemple. Selon la façon dont on le prépare, il peut être électriquement chargé ou mort. En tant qu'aliment vivant, il peut être mangé en germe, ou monté en herbe dans un bac, ou cultivé pour en faire du pain cru. Sous ces diverses formes vivantes, le blé conserve sa charge électrique et un bon contenu en oxygène, ce qui, lorsqu'on le mange, permet à un cycle bioactif normal d'attraction électrique et d'assimilation de se produire entre ce nutriment et la cellule humaine. Sitôt qu'un aliment vivant pénètre dans le corps avec une charge électrique, la cellule humaine est attirée par celui-ci, ce qui permet une absorption complète des nutriments alimentaires.

Si vous prenez ce même blé, que vous le moulez et que vous le cuisez ou que vous en faites un pain, vous détruisez sa charge électrique. Dès lors, le blé consommé n'est plus reconnu comme un aliment, il n'attire plus les cellules qui cherchent de l'oxygène et des enzymes pour se sustenter. L'absorption complète de ce blé transformé comme nutriment est impossible, il erre librement dans le corps et se fixe sous forme de dépôts qui font suffoquer les cellules, les empêchant d'absorber d'autres nutriments ou d'expulser leurs toxines. Le corps s'évertue à combattre cet abus pendant des années, mais, tôt ou tard, il perd la bataille et tombe malade.

Tableau 2-4 : Tableau 2-4 : le champ énergétique d'une graine de tournesol observé par un processus de photographie aux ultraviolets

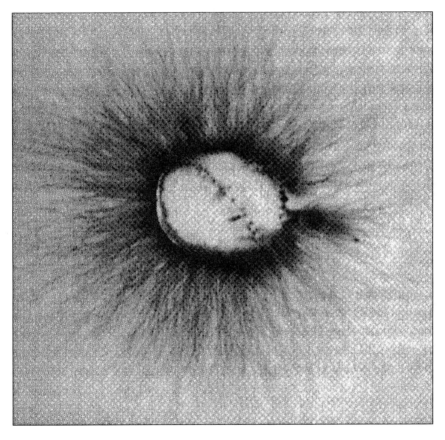

Aujourd'hui, la science est encore incapable de dire pourquoi le corps vieillit et meurt, mais il n'y a aucun doute que l'on trouvera la réponse en étudiant de plus près les cellules microscopiques individuelles dont la charge électrique se perd. On apprendra aussi que seuls les aliments vivants sont capables de restaurer le potentiel électrique des cellules du corps, que seuls ils peuvent redonner de la VIE au corps.

LES ANTIOXYDANTS

On a identifié plus de mille cinq cents antioxydants dans les aliments que nous consommons. Ces substances naturelles combattent les radicaux libres qui, laissés à eux-mêmes, endommagent les cellules vivantes et peuvent contribuer à une longue liste de dérèglements, dont le vieillissement prématuré, les maladies cardiaques, l'immunodéficience, l'arthrite, le cancer, les cataractes, les allergies et le diabète. Il n'est pas étonnant que ces ennemis de la maladie soient plus présents et plus puissants dans les fruits, les légumes et les pousses végétales, entiers et non cuits. (Voir le chapitre 3 pour plus de détails au sujet des antioxydants et des aliments vivants.)

LES ÉTUDES À LONG TERME

Comme dans de nombreuses expérimentations scientifiques, on ne peut actuellement compter que sur des études effectuées sur les animaux pour tirer des conclusions à long terme en santé. La plus remarquable de ces études concernant les aliments vivants a été publiée par Francis Pottenger fils, M.D., dans son rapport intitulé *Pottenger's Cats,* qui expose en détail les résultats de cette étude de dix ans, effectuée sur six cents chats. Ceux-ci montrent les effets désastreux produits par les aliments cuits (diète déficiente) et les effets favorables pour la santé produits par les aliments crus (diète optimale) sur plusieurs générations de chats. En fait, ils parlent d'eux-mêmes.

Chats de la première génération soumis à une diète déficiente : problèmes cardiaques ; myopie, hypermétropie, hypothyroïdie ou thyroïdite ; infections des reins, du foie, des testicules et des ovaires ; arthrite, inflammation des articulations ; inflammation du système nerveux avec paralysie et méningite.

Chats de la deuxième génération soumis à une diète déficiente : Ce sont des chatons nés de femelles de la première génération déficiente. Tous les symptômes ont empiré progressivement d'une génération à l'autre.

Beaucoup plus irritables, dangereux à manipuler, avec un intérêt sexuel relâché ou pervers, des allergies et des lésions cutanées.

Chez les femelles enceintes, l'avortement spontané est courant, allant de 25 pour cent dans, la première génération déficiente à 70 pour cent dans la deuxième. Les accouchements sont généralement difficiles et plusieurs femelles en meurent. Le taux de mortalité à la naissance est également élevé, les victimes étant mort-nées ou trop faibles pour s'alimenter.

Chats de la troisième génération soumis à une diète déficiente ;
Ce sont des chatons nés de femelles de la deuxième génération soumise à une diète déficiente.

Il ne peut y avoir plus de trois générations de chats déficients car la troisième génération est incapable de produire des rejetons en bonne santé.

Lorsque les chats de la troisième génération viennent au monde, ils sont en si mauvais état qu'aucun d'eux ne peut survivre plus de six mois, et que la lignée s'éteint.

Chats soumis à une diète optimale :
Chez ces chats, dont les deux tiers de la diète sont composés de viande crue et l'autre tiers de lait cru et d'huile de foie de morue, il y a uniformité de la taille et du développement squelettique. De génération en génération ils ont une face ronde avec des arcades orbitales proéminentes, des cavités nasales conformes, et une dentition large et régulière. La configuration du crâne des femelles est différente de celle du crâne des mâles, et chaque sexe conserve ses distinctions anatomiques respectives. Les muqueuses sont fermes et d'une belle couleur rose, et dépourvues de tout signe d'infection ou d'altération dégénérative.

Pour compléter l'étude, le docteur Pottenger s'est servi d'excréments provenant de chacun de ces groupes de chats comme fumier pour nourrir certaines plantes. La croissance des plantes engraissées avec le fumier des chats nourris avec des aliments crus était excellente. Par contre, les plantes traitées avec le fumier des chats ayant consommé des aliments cuits étaient faibles. Elles devaient lutter pour survivre. Cela fait évidemment ressortir la carence en éléments transmetteurs de vie de tout régime d'aliments cuits.

VOILÀ LES FAITS

Il se pourrait bien qu'un jour, la présomption voulant que les aliments cuits soient très digestes et bien assimilables, tant pour les humains que pour les animaux, soit reconnue comme l'une des plus néfastes que la science ait jamais produite. Il n'y a aucun doute que la cuisson des aliments atténue la quantité de vitamines et de minéraux assimilables, détruit les enzymes, les hormones et l'oxygène, favorise une accumulation d'acidité, entrave la digestion, et affaiblit le système immunitaire de même que la charge électrique des tissus et des cellules du corps. Elle affaiblit aussi l'action des antioxydants naturels. En somme, la cuisson est en grande partie responsable des dépôts de toxines que nous avons accumulés dans notre corps.

Les aliments vivants nettoient ces dépôts indésirables, débloquent les divers systèmes du corps humain, restaurent le bon état et la vitalité de toutes nos cellules et nous redonnent la maîtrise de notre santé et de notre longévité. Voilà les faits concernant les aliments vivants.

3

UNE RECETTE
DE BONNE SANTE
POUR UNE VIE PLUS LONGUE
ET MEILLEURE

Des milliers d'espèces qui habitent la terre, seule l'espèce humaine cuit et transforme ses aliments. Mais l'être humain est aussi celui qui souffre de la plus mauvaise santé et est le plus souvent atteint de vieillissement précipité. À lui seul, le régime alimentaire des êtres humains a causé une épidémie de maladies, de douleurs et de souffrances qui sont toutes parfaitement évitables. Il s'agit là d'une véritable tragédie.

On ne saurait blâmer le manque de vitamines, de minéraux, de protéines, de fibres ou de calories pour notre piètre état de santé, étant donné que les aliments d'aujourd'hui sont couramment «fortifiés» à l'aide de tous ces nutriments, et que la plupart des gens mangent trop, plutôt que pas assez. Cependant, en matière d'enzymes, d'hormones, d'oxygène, d'aliments alcalins et de substances bioactives, nous souffrons quand même de malnutrition. Nous avons besoin de ces éléments pour former et renforcer le sang, les os, les nerfs, les organes et les tissus, comme pour maintenir le bon fonctionnement des systèmes digestif et immunitaire. Les effets de ces composants des aliments vivants sont si spectaculaires que, à la lumière de mes propres expériences comme d'une foule d'études scientifiques, je peux me permettre d'affirmer catégoriquement qu'il n'existe aucune affection physique connue aujourd'hui à aquelle le régime de santé Hippocrate ne puisse remédier totalement ou partiellement. On a utilisé les aliments vivants avec grand succès dans le traitement de l'arthrite, de l'hypertension, des problèmes menstruels, de l'obésité, du cancer, du syndrome de la fatigue chronique, des allergies, du diabète, des ulcères, des troubles coronaires et circulatoires, des désordres hormonaux, de la diverticulite, de l'anémie, de la faiblesse immunitaire et de bien d'autres affections ou maladies dégénératives.

Comme toutes les diètes végétariennes, un régime à base d'aliments vivants améliore d'abord la santé et l'état général en éliminant la viande et les produits laitiers. Cette première étape débarrasse automatiquement le gras des veines et des artères et réduit les dépôts de protéines. Mais, contrairement aux autres végétariens, les adeptes des aliments vivants reçoivent en outre une bonne provision d'éléments de santé comme l'oxygène, la bioélectricité, les enzymes, les hormones et les alcalins provenant des aliments non cuits et non transformés.

Le chapitre 2 expliquait pourquoi ce facteur avait encouragé les végétariens adeptes des aliments vivants à franchir un pas gigantesque par rapport aux régimes macrobiotiques ou végétalio-végétariens. Mais il est beaucoup plus convaincant de constater les effets réels de quelque chose dans la réalité, *de visu,* que de n'en connaître que le fonctionnement théorique. Ce chapitre-ci vous présente des végétariens, adeptes des aliments vivants, qui ont trouvé l'apaisement, la guérison et la santé grâce au programme Hippocrate, et qui sont enchantés de pouvoir vous communiquer leur expérience.

POUR UNE LONGUE VIE EN BONNE SANTÉ

Qu'il est triste de constater que nous nous sommes laissé convaincre que des maladies comme l'ostéoporose, les problèmes cardiaques, l'arthrite et la sénilité font partie du processus de vieillissement et qu'elles sont donc naturelles et inévitables. Cette acceptation passive d'un vieillissement rempli de maladies débilitantes transforme un mythe sans aucun fondement scientifique en une prédiction dont on contribue soi-même à la réalisation. Bien sûr, nous allons tous mourir un jour, mais il n'y a absolument rien qui nous empêche de demeurer en forme, actif, alerte, productif et en bonne santé jusqu'à la fin. On peut très bien vieillir sans nécessairement être malade ou infirme.

Ce ne sont pas les ans accumulés qui font que le corps vieillit ou tombe malade, c'est la privation que des années de consommation d'aliments cuits ou transformés impose aux cellules. De tels aliments sont eux-mêmes dépourvus de toute vie et sont donc incapables de fournir au corps ce dont il a besoin pour bien fonctionner pendant longtemps. En fait, ils usent le corps en augmentant son acidité. Dans un tel milieu le foie et les reins sont lourdement surchargés, du fait qu'ils doivent traiter tous les excès de calcium, de magnésium, de potassium et de sodium que l'acide dérobe aux muscles et aux cellules nerveuses. Dans sa jeunesse, le corps humain semble capable de supporter un tel régime à cause de son incroyable capacité de résistance. Mais ce régime prélève en fait un lourd tribut sur le corps qui, avec l'âge, se trouve accablé de problèmes physiques.

Cela ne signifie pas que cette dégénérescence soit inscrite dans le corps humain. En fait, bien des spécialistes des sciences médicales et de la nutrition croient qu'avec un entretien approprié, aucun individu présentement âgé de 20 ans ne devrait mourir avant d'avoir atteint ses 70 ans. Et ceux qui dépassent les 70 ans devraient pouvoir demeurer actifs, physiquement et mentalement, jusqu'à leur 140e anniversaire environ. Pourquoi pas ? Nous n'avons pas plus de raisons d'accepter que notre espérance de vie moyenne soit réduite à 72 ans que n'en ont les Russes d'accepter que la leur soit de 57 ans. Ce n'est pas parce que ces chiffres correspondent à la situation d'aujourd'hui qu'ils représentent une limite ultime.

Cette conclusion est appuyée non seulement par de nombreux géronto-logues mais par les projections démographiques actuelles. De plus en plus d'Américains vivent au-delà de cent ans. Un porte-parole du Population Reference Bureau Inc., une entreprise de recherche privée, m'a récemment appris qu'on comptait déjà cinquante-deux mille Américains de cent ans et plus, et que le nombre de centenaires pourrait atteindre un million au milieu du vingt et unième siècle. On sait maintenant avec certitude que le corps humain ne devrait pas subir une usure mortelle avant son centième anniversaire, mais on se demande toujours comment faire en sorte que ces années supplémentaires soient vécues en bonne santé, de manière active et productive. On ne peut certainement pas dire qu'une personne parvenue à l'âge vénérable de 105 ans mais qui se retrouve «branchée» de toutes parts y compris à un respirateur a trouvé la fontaine de Jouvence. Le secret d'un vieillissement sain ne réside ni dans les produits pharmaceutiques, ni dans la chirurgie, ni dans quelque recette alchimique ou exotique que ce soit, il réside dans les aliments que l'on met dans son assiette.

Quand on réussit à s'en tenir — ou à revenir — au plan de la nature, en ne mangeant que des fruits, des légumes, des graines, des noix ou des amandes et des céréales, on augmente ses chances de jouir des avantages de la longévité que cette même nature nous a accordée. Il fut un temps — avant le mouvement vers une alimentation contre nature qui s'est produit récemment — où les gens vieillissaient gracieusement, en accumulant connaissances et sagesse. Et ceux qui atteignaient leur centième anniversaire étaient bien plus conscients et plus éclairés — donc plus vivants — que des individus de vingt ans.

Les jeunes n'avaient pas peur de vieillir. Ils comprenaient et respectaient la contribution importante de leurs aînés, pour qui ils avaient la plus haute estime. Les aînés ne se sentaient ni indésirables ni désengagés, ils demeuraient en pleine possession de tous leurs moyens, physiques et mentaux, ce qui leur permettait de contribuer à l'enrichissement de la vie en société.

Comment notre culture pourra-t-elle survivre si nous vivons avec la conviction que nous sommes destinés à devenir inévitablement des statistiques du système de santé publique -infirmes, malades chroniques ou invalides? Nous survivrons parce que, au vingt et unième siècle, de plus en plus de monde adoptera le mode de vie et le régime alimentaire Hippocrate. Cette transformation nous fournira l'oxygène, les enzymes et la force bioélectrique dont nos cellules et nos tissus ont besoin pour se maintenir en forme et libres de débris acides, et nos systèmes digestif et immunitaire pourront continuer à bien fonctionner jusqu'à la fin. C'est cette satisfaction attentive des besoins biologiques de notre corps qui constitue la véritable fontaine de Jouvence.

Voilà de bien mauvaises nouvelles pour l'industrie gériatrique, qui n'attend que le moment où les *baby-boomers* vieilliront et tomberont malades. Mais ce sont d'excellentes nouvelles pour vous !

Le vieillissement : comparaison entre deux jumeaux de quatre-vingt-trois ans

Lorsque les jumeaux identiques de quatre-vingt-trois ans Harry et Thomas Bromley furent invités à l'Institut Hippocrate, leur présence engendra beaucoup d'intérêt et de curiosité. Bien qu'il eût été difficile de les distinguer l'un de l'autre dans la vingtaine, au cours des années leurs modes de vie respectifs avaient opéré des transformations physiologiques qui les faisaient paraître passablement différents.

Depuis soixante ans Harry était végétarien et prenait soin de lui. Rayonnant de santé, il pratiquait le yoga et marchait de deux à cinq milles (3 à 8 kilomètres) par jour, en plus de faire des exercices de respiration et de pratiquer la natation. Radieux et plein d'exubérance, Harry profitait de chaque journée. Il s'offrait de fréquentes sorties galantes et prétendait même devoir choisir des femmes dans la soixantaine pour qu'elles puissent suivre son rythme. Harry était heureux d'être en vie.

Thomas, par contre, était un consommateur invétéré de *junkfood*. Il ne vivait que pour les hamburgers, les pizzas, les colas, les frites et la viande. Son apparence trahissait la détérioration que cause une longue période d'alimentation débridée, basée sur des aliments peu nutritifs. Obèse et plutôt léthargique, il était aux prises avec divers problèmes de santé.

Mais ce qui différenciait le plus ces deux frères jumeaux, c'était leur acuité mentale. Harry était alerte et énergique, c'était un lecteur avide et un brillant interlocuteur. Son acuité mentale correspondait à celle d'une personne qui aurait eu la moitié de son âge. Par contre, Thomas avait de la difficulté à se rappeler des choses, il manquait de confiance en lui et se montrait très dépendant de son frère.

De toute l'histoire de l'Institut Hippocrate on n'avait jamais vu une telle différence entre deux frères jumeaux. Harry se tenait bien droit, faisant honneur à sa longue fidélité à une nutrition saine. Thomas, lui, était effondré sur sa chaise. L'image parfaite pour une affiche servant à illustrer les effets néfastes du régime alimentaire moyen des Américains, constitué d'aliments transformés, de «grignotines» salées, de friandises sucrées, d'une variété d'aliments vides, riches en gras et en cholestérol mais pauvres en fibres alimentaires et en nutriments!

LE CANCER

Les statistiques sont étonnantes. Selon l'American Cancer Society:
- le cancer est la deuxième cause de décès aux États-Unis actuellement;
- sur trois Américains actuellement vivants, l'un sera atteint du cancer;
- dans les cinq ans à venir, deux Américains sur cinq seront atteints par un cancer.

Que se passe-t-il? On sait que le cancer s'installe lorsque des cellules saines se transforment en cellules anormales, cancéreuses, qui se propagent et se multiplient. Mais au départ, pourquoi les cellules se transforment-elles? Pendant des années, les chercheurs ont lutté contre la montre pour tenter de découvrir l'élément qui déclenche cette transformation. Dans certains cas il semble qu'une prédisposition génétiquement héritée engendre le cancer sous l'effet d'un élément aggravant externe. Dans d'autres, les coupables sont des toxines environnementales telles que la poussière d'amiante ou le *smog* (brouillard chargé de particules nocives). On sait aussi que les radicaux libres, résultant d'un piètre style de vie, constituent l'un des facteurs qui contribuent au développement du cancer. En se transformant en œstrogènes les xénœstrogènes provenant de produits chimiques synthétiques contribuent aussi à la prolifération des cancers. Et il n'y a plus de doute que la fumée de cigarette cause le cancer du poumon.

Maintenant que les études scientifiques ont démontré les liens existant entre le cancer et certains facteurs externes de déclenchement, le lien entre le cancer et l'alimentation semble clairement établi. Pourtant, un grand nombre de gens refusent encore de croire que ce qu'ils avalent pourrait provoquer des tumeurs cancéreuses. Cette réticence vient peut-être du fait que les aliments suspects sont ceux que cuisinait notre maman ainsi que nos grillades préférées au barbecue.

L'appui de la documentation scientifique

Les faits sont là : un représentant de l'American Cancer Society estime que la nutrition est responsable de 30 à 40 pour cent des cas de cancer. Un regard rapide dans les dossiers de n'importe quelle banque de données médicales révèle une quantité considérable d'études, qui, toutes, attestent du lien existant entre diète et cancer, dont notamment :

- Le rapport d'étude intitulé *Diet and Colon Cancer* (La diète et le cancer du côlon) par E. Giovannucci, publié en page 21 de *Cancer Researcher Weekly,* le 13 décembre 1993.

- *Animal Fat Linked to Prostate Cancer* (Le lien entre le gras animal et le cancer de la prostate), résultats d'une étude effectuée auprès de 47 855 hommes et montrant que ceux qui consomment beaucoup de viande rouge ont 80 pour cent plus de risques de contracter le cancer de la prostate ; publiés en page 774 de *Facts on File* le 14 octobre 1993.

- Un rapport périodique d'étude intitulé *Dietary Factors and the Risk ofEndometrial Cancer* (Les facteurs diététiques et le risque de cancer de l'endomètre), publié dans *Cancer Researcher Weekly* le 19 juillet 1993, p. 26.

- Une étude de l'American Cancer Society intitulée *Diet Versus Cancer* (La diète contre le cancer), publiée en page B-7 du *New York Times* en date du 7 octobre 1992, et affirmant qu'une diète riche en fruits, en légumes et en céréales réduit les risques de cancer.

- Un article intitulé *Studies Create Confusion, but Eating Greens Is Good* (Les études créent la confusion mais la consommation de légumes verts est salutaire), publiée en page 20 de la revue *American Medical News* le 9 mai 1994 par le National Cancer Institute et le groupe d'étude sur les avantages pour la santé de la consommation de légumes de la faculté de médecine de l'université John Hopkins.

Les éléments phytochimiques
des aliments vivants éloignent le cancer

Quand on discute de nutrition et de cancer de nos jours, le mot magique c'est « élément phytochimique ». Il s'agit de composants des aliments naturels qui se sont révélés capables de retarder l'apparition et le développement du cancer. Des chercheurs de la faculté de médecine de l'université John Hopkins ont extrait l'un de ces éléments appelé *sulforaphane* du brocoli, et ils l'ont administré à des rats ayant déjà reçu un carcinogène causant des tumeurs mammaires. Cette substance, présente aussi dans le chou-fleur, les choux de Bruxelles, le chou frisé et le navet, a retardé l'apparition des tumeurs et en a sensiblement réduit la taille et le nombre. Les chercheurs disent que ces substances renforcent l'action protectrice des enzymes contre les agents cancérigènes.

En réalité, les éléments phytochimiques agissent à diverses étapes du processus de développement du cancer. Selon l'épidémiologiste John Potter, de l'université du Minnesota : « À presque toutes les étapes conduisant au cancer, un ou plusieurs éléments provenant de légumes ou de fruits sont capables de ralentir ou de renverser le processus. » Jetons un coup d'œil sur certains d'entre eux.

Le brocoli.

Il contient de *l'isothiocyanate phénéthylique,* qui empêche les carcinogènes d'adhérer à l'ADN, et de *l'indole 3-carbinol,* qui permet à l' œstrogène de se transformer en un métabolite inoffensif plutôt que de devenir le déclencheur du cancer du sein qu'on connaît.

Le chou

Il recèle une forte concentration *d'indole 3-carbinol* de même que de *l'oltipraz,* un agent qui augmente le nombre des enzymes protégeant contre une grande variété de cancers, et de la *brassinine,* substance qui s'est révélée capable de protéger contre les cancers mammaires et cutanés.

L'ail et l'oignon

Ils contiennent des *sulfides allyliques* qui stimulent les enzymes capables de neutraliser les agents chimiques déclencheurs de cancer dans les cellules.

Le piment rouge

Il contient de la *capsaicine,* qui empêche les molécules toxiques, et plus particulièrement celles de la fumée de cigarette, de s'attacher à l'ADN (le point de départ du cancer du poumon et d'autres).

Les agrumes

Les oranges, citrons, pamplemousses et autres fruits du même genre, sont bourrés de *flavonoïdes* qui empêchent les hormones cancérigènes de s'accrocher aux cellules.

Les fèves soya

Elles contiennent de la *génistéine,* une substance qui empêcherait que de petites tumeurs se fixent sur les capillaires transportant la nourriture et l'oxygène. Ceci semble expliquer l'augmentation significative de l'incidence du cancer de la prostate chez les mâles japonais qui émigrent en Occident et adoptent un régime faible en soya.

Les tomates

Elles sont riches en *acides p-coumariques* et *chlorogéniques,* qui bloquent la formation de composés des « nitrosamines », qui sont fortement reliées aux cancers de l'estomac, du foie et de la vésicule biliaire. On trouve aussi une bonne quantité de ces acides dans les fraises, les ananas et les poivrons.

Lors d'un colloque récent entre médecins, professeurs d'université et chercheurs du monde entier réunis à Washington, D.C., la recherche sur les éléments phytochimiques a fait un véritable bond en avant. Le National Institute of Cancer a lancé un projet de plusieurs millions de dollars pour trouver, isoler et étudier les éléments phytochimiques. Cet institut, l'American Cancer Society et bien d'autres organismes médicaux s'entendent désormais sur le fait que les fruits et les légumes frais et vivants jouent un rôle important dans la prévention du cancer.

Des aliments qui pourraient causer le cancer?

Les recherches ont démontré que la plupart des carcinogènes se retrouvent dans les aliments cuits, frits, et riches en protéines.

Les aliments cuits

La cuisson détruit la structure de l'ADN et de l'ARN des aliments, prive les graisses de la plus grande part de la valeur alimentaire, y crée des structures carcinogènes et mutagènes et produit des radicaux libres.

Un radical libre est une molécule à laquelle il manque un électron. Comme vous l'avez probablement appris à l'école, les molécules aiment à maintenir leur équilibre. Celle à laquelle il manque un électron va donc chercher désespérément à se rééquilibrer en «volant» un électron ailleurs. Lorsqu'ils sont libres dans le corps, les radicaux peuvent voler des électrons aux molécules de graisse, de protéines, ou même d'ADN. Et une cellule dont l'ADN a été altéré peut faire l'objet d'une mutation, et se reproduire d'une manière désordonnée, hors de tout contrôle. C'est ce que l'on appelle un cancer.

Pour combattre le cancer, le corps a besoin de ces enzymes qui sont détruites pendant la cuisson des aliments. En fait, le docteur Warba, de Vienne, dont la réputation s'étend à l'échelle de la planète, affirme qu'on peut considérer les enzymes comme le point de départ d'une nouvelle approche dans le traitement du cancer. Le succès du traitement des cellules cancéreuses dépend de deux facteurs principaux: la capacité de défense de l'organe hôte et la virulence des cellules cancéreuses. Les enzymes provenant des aliments vivants interviennent sur ces deux plans. Elles renforcent les mécanismes de défense du corps en diminuant la virulence des cellules cancéreuses.

Le docteur Warbe pense que ces enzymes découvrent la surface et les récepteurs de la cellule en provoquant une modulation de la membrane, qu'elles améliorent l'immunité et rendent les cellules tumorales moins adhérentes.

On sait aussi que les enzymes de certains gènes du corps protègent contre le cancer en empêchant les diverses transformations cellulaires favorisant la malignité. Par exemple, des chercheurs du département de microbiologie et d'immunologie du Jefferson Cancer Institute ont récemment identifié un gène dont l'enzyme prévient la croissance des polypes intestinaux précurseurs du cancer du côlon. La chercheuse Linda Siracusa pense que cette enzyme pourrait jouer un rôle important dans le métabolisme des graisses, en neutralisant les effets néfastes du gras sur la paroi de l'intestin. Elle pourrait également contribuer à éliminer certains types de bactéries associées à un régime à haute teneur en gras, ou encore contribuer à une élimination directe des cellules anormales. Mais, quel que soit le mécanisme précis de leur action, il est certain que des enzymes fonctionnant de manière efficace peuvent entraver la progression du cancer.

Pour mieux illustrer les dangers des aliments cuits, citons l'American Cancer Society qui rapporte que « des études récentes ont démontré que la cuisson de la viande à haute température engendre une variété de substances susceptibles de causer le cancer chez des animaux et qui ont endommagé l'ADN au cours de protocoles d'essais bien établis. Cette action toxique peut être considérée comme un prélude au cancer. » Pour appuyer cette affirmation, notons qu'une étude dirigée par Richard Adamson, Ph.D., pour le National Cancer Institute, a révélé l'existence de mutagènes très puissants appelés *amines aromatiques hétérocycliques* (AAR) dans la viande de bœuf, de poisson et de volaille chauffée. Ces AAR sont parmi les mutagènes les plus puissants jamais étudiés. Même une quantité infime de ceux-ci peut sérieusement endommager l'ADN. (Les mutagènes sont presque toujours cancérigènes.)

De nouvelles recherches effectuées dans les laboratoires Lawrence Livermore, à Livermore, en Californie, indiquent qu'il n'y a pas que les viandes trop chauffées qui causent des problèmes. Le directeur de laboratoire Mark Knize et son équipe ont étudié les effets de différents modes de cuisson sur une variété d'aliments dont le pain, le riz, les œufs, le tofu, comme sur des pâtés végétaux à base de gluten et de tofu. En utilisant un test destiné à simuler le métabolisme humain, les chercheurs ont trouvé des mutagènes dans chacun des aliments cuits. Et, dans presque tous les cas, le niveau de mutagènes augmente la température.

Les protéines

Le *Center for Science in the Public Interest* rapporte que la consommation quotidienne de protéines de l'Américain moyen est d'environ 150 grammes. On n'a pourtant besoin que d'une fraction de cette quantité. Où va le reste ? Le corps est incapable d'emmagasiner les protéines. Aussi, lorsqu'on fournit trop de protéines au sang et aux cellules, le système lymphatique tente de se débarrasser du surplus. Cependant, lorsque la tâche devient trop lourde pour la lymphe, des « pièges » de protéines surgissent, sous forme de tumeurs que le corps va s'empresser de « sceller » pour protéger les autres tissus et organes.

Comme le docteur et prix Nobel Otto Warburg l'a démontré, il suffit de réduire l'apport d'oxygène de 30 pour cent, pour que les cellules prises au piège deviennent cancéreuses. Le docteur Warburg a découvert que, contrairement aux cellules saines et normales, les cellules malignes n'ont pas besoin d'oxygène pour se reproduire. En fait, elles consomment les déchets, empêchant ainsi l'excès de protéines d'empoisonner le corps. Mais cette technique de survie peut causer un cancer incontrôlable et finalement mortel.

Malheureusement, nos aliments cuits ou transformés sont morts. Ils ne peuvent fournir aucun oxygène aux cellules, qui se retrouvent exposées aux mutations et aux malignités. Non seulement les aliments vivants contiennent moins de protéines, mais ils sont alcalins, ce qui contribue à neutraliser l'acidité élevée et l'azote toxique produit par le corps lorsqu'il doit traiter un excès de protéines.

L'herbe de blé, un aliment de base du programme de santé Hippocrate, est un exemple d'aliment vivant dont les propriétés anticancéreuses sont prouvées, selon le docteur Pnina Bar-Sella. Dans son étude de 1995 sur les fonctions antimutagènes de la chlorophylle contenue dans des extraits de germe de blé, elle affirme que « Au sein de [ces] extraits, la chlorophylle a été reconnue comme le principal élément actif capable d'inhiber l'effet mutagène des carcinogènes dépendant d'une activation métabolique. Ces résultats ont été confirmés par des essais effectués sur des composés commerciaux équivalents. »

Une autre étude sur le rapport entre la diète et le cancer chez les souris, effectuée par Arthur B. Robinson et ses collègues de l'Institut pour la science et la médecine de l'Oregon en 1994, a démontré que la réduction de la consommation de protéines est un facteur majeur dans la suppression d'un cancer. Dans son rapport, le docteur Robinson affirme que: « Apparemment, la faible quantité de protéines dans la diète aux fruits et aux légumes crus est un facteur important dans la réduction du taux de progression du cancer. »

De nombreux médecins étudiant cette relation modifient leurs propres habitudes alimentaires. Le docteur Charles Simone, directeur du Protective Cancer Center de Lawrenceville, au New Jersey, a entrepris une étude sur les liens entre diète alimentaire et cancer en 1983. Depuis, il n'a plus jamais mangé un hamburger ou une pointe de pizza et il a convaincu sa famille d'en faire autant. « Impossible d'allécher mes enfants avec des hamburgers, de la crème glacée ou du gâteau », dit-il avec fierté. Tel est le pouvoir de l'évidence.

Le cancer du sein

Il est assez clair qu'une diète riche en produits de source animale et pauvre en aliments cuits et dépourvus d'oxygène augmente les risques de cancer de façon substantielle. Cela a été démontré de manière particulièrement évidente par les études sur le lien entre la diète alimentaire et le cancer du sein, qui, comme on le sait, frappe des centaines de milliers de femmes à travers le monde chaque année (182 000 aux États-Unis seulement!). En fait, on peut établir une corrélation directe entre la consommation de gras animal d'un pays et le nombre de cas de cancer du sein qu'on y trouve (probablement à cause du fait que les tissus graisseux peuvent fabriquer de l'œstrogène). Il est étonnant de découvrir qu'on peut enrayer le développement du cancer du sein en choisissant ce que l'on porte à sa bouche. (Les hommes n'échappent pas non plus à cette corrélation. Mais, chez eux, les aliments d'origine animale se transforment en androgène, la substance hormonale masculine qui stimule la prostate. Après plusieurs décennies de gavage à l'androgène, il n'est pas surprenant que cette glande devienne hypertrophiée et cancéreuse.)

En plus de la relation entre le cancer et les graisses animales, les nouvelles études se concentrent sur le lien avec les hormones synthétiques, des composés imitant les hormones, appelés «xénœstrogènes» ou œstrogènes étrangers, qu'on trouve dans certains pesticides, certaines drogues, certains carburants et certains plastiques. Les chercheurs Devra Davis et H. Leon Bradlow, du laboratoire de recherche sur le cancer Strang-Comell, de New York, suggèrent qu'une exposition accrue aux xénœstrogènes pourrait expliquer la hausse de l'incidence de cancer du sein qu'ont connue plusieurs pays au cours des dernières décennies. Ils croient aussi que ces composés contribuent à un éventail de désordres des organes reproductifs qui, selon les rapports, deviennent de plus en plus courants chez les hommes partout dans le monde, notamment le cancer ou la non-émergence des testicules, les malformations du système urinaire et la réduction de la production de spermatozoïdes.

Les cellules de notre corps réagissent en effet à toute stimulation extérieure, bonne ou mauvaise. Quand nous mangeons des aliments pleins de gras, d'agents de conservation chimiques, d'additifs et de pesticides, nous contribuons à leur transformation en tumeurs mortelles.

L'histoire qui suit est une histoire vraie. C'est un exemple de courage remarquable face à un cancer du sein rendu à la phase «terminale». Et ce n'est qu'une des centaines d'histoires tout aussi étonnantes que je pourrais vous raconter.

Le cancer du sein : un cheminement vers la santé

par Rachel Budnick

Mes problèmes de santé ont débuté en mai 1988. Je ne me sentais pas très bien et puis, un beau matin, au lever, j'ai ressenti une démangeaison dans un sein. En me grattant j'ai senti comme une petite boule. J'ai vite appelé mon médecin pour obtenir un rendez-vous le jour même. J'avais déjà eu beaucoup de kystes bénins, que mon médecin de New York drainait tout simplement. Mais je venais juste de déménager à Chicago et le médecin que j'avais consulté m'avait recommandé une mammographie.

Les techniciens ont pris beaucoup de clichés et l'infirmière avait l'air sombre. Lorsque je lui ai demandé si quelque chose n'allait pas, le radiologiste m'a simplement dit qu'il ne pouvait pas me répondre, mais que j'aurais dû subir une mammographie des années auparavant. Tel fut le début de ma saga personnelle.

Quand je lui ai dit que j'avais décidé de retourner voir mon médecin personnel à New York, le médecin de Chicago m'a remis une note dans une enveloppe scellée portant l'inscription « Personnel ». Avant de partir, j'ai ouvert l'enveloppe et j'ai lu la note. Il soupçonnait une tumeur maligne.

Mon médecin new-yorkais a ordonné une autre mammographie, à laquelle je me suis soumise en pensant que, peut-être, le premier s'était trompé. Il a drainé le liquide de la tumeur et l'a expédié à un laboratoire pour analyse. Le résultat était positif. Il m'a alors ordonné de subir une biopsie.

Je suis retournée à Chicago et j'ai trouvé un médecin en qui j'avais confiance à l'université de Chicago où j'ai fait faire la biopsie. Quelques jours plus tard la réponse définitive arrivait : la tumeur était bien maligne. J'avais un « carcinome ductile infiltré » et il m'a conseillé une mastectomie.

D'abord, j'ai consulté d'autres spécialistes pour obtenir une deuxième et une troisième opinion, mais ils n'ont fait que confirmer le diagnostic initial. L'un d'eux, à la Northwestern University, a même suggéré que, le cancer ayant envahi le sein tout entier, j'aurais avantage à me faire enlever les deux seins du même coup pour éviter de devoir subir une seconde intervention plus tard ! Et on me recommandait une reconstruction chirurgicale par la suite, naturellement.

J'avais découvert la masse suspecte au mois de mai, j'avais subi une biopsie dans les deux semaines et, une semaine plus tard, j'avais déjà un rendez-vous chirurgical. On m'avait dit que, exposée à l'air, une tumeur croît beaucoup plus rapidement, ce pourquoi on préfère opérer le plus tôt possible après la biopsie. C'était vrai. D'abord de la taille d'un petit pois la masse avait atteint la grosseur de mon poing.

C'est alors que j'ai commencé à chercher une solution de rechange. J'ai téléphoné un peu partout, dans le monde entier. J'ai tenté de communiquer avec des gens ayant expérimenté des méthodes alternatives de traitement du cancer : je cherchais quelqu'un qui proposerait autre chose que la chirurgie. Mais je n'ai trouvé personne qui ait survécu au cancer du sein sans passer par la table d'opération. Alors, j'ai décidé que je serais la première.

Quelques jours à peine avant la date prévue pour mon opération, j'ai découvert l'Institut Hippocrate de West Palm Beach, en Floride. J'ai téléphoné et demandé si je pouvais m'y rendre immédiatement. J'avais pris ma décision.

Entre-temps, des amis et des gens qui voulaient me remonter le moral m'appelaient pour m'encourager en vue de mon opération. En entendant ma décision ils étaient horrifiés. « Qu'est-ce que tu fais là ? », me demandaient-ils avec incrédulité. Ils étaient absolument certains que j'avais choisi une voie suicidaire. Mais moi, je ne pensais qu'à quitter Chicago et à entreprendre mon programme de réhabilitation. C'est à ce moment-là que j'ai commencé à me sentir mieux.

Je suis demeurée à l'Institut Hippocrate pendant cinq semaines parce que je désirais passer à travers tout le programme. Mais j'ai bien vite découvert que cinq semaines, c'était bien trop peu. J'étais vraiment malade. J'étais aussi extrêmement stressée et je devais passer à travers tout un processus de désintoxication. Ce fut très difficile mais, au bout de quatorze jours, la tumeur commença à décroître. Lorsque j'ai quitté l'Institut, j'étais en voie de guérison mais cela allait prendre encore beaucoup de temps. Le rétablissement est un processus graduel. Cinq mois plus tard, je rendis à nouveau visite à l'Institut Hippocrate, et, au sixième mois, la tumeur avait complètement disparu.

Peu à peu, graduellement, je me sentais de mieux en mieux. Au début, je n'avais que quelques bonnes heures par semaine. Ensuite j'eus une bonne journée par semaine. Puis, finalement, les bonnes journées sont devenues plus nombreuses que les mauvaises.

En plus de m'aider à me débarrasser du cancer, le programme Hippocrate m'a aidée de bien d'autres façons. J'ai maintenant beaucoup plus d'énergie qu'avant, ma peau est en bien meilleure condition, le volume de ma chevelure a presque doublé, mes ongles sont plus forts et mon teint est bien plus beau. Je continue à suivre le programme religieusement et je n'ai fait aucune rechute, huit ans après ma première visite.

LES MALADIES CARDIAQUES

Le cœur peut être atteint de deux façons, par le durcissement des artères ou par l'hypertrophie. En fait, le premier de ces symptômes n'est pas un véritable durcissement, c'est plutôt un rétrécissement, appelé athérosclérose. C'est le résultat d'une accumulation de cholestérol (la plaque) sur les parois internes des artères et des veines qui force le cœur à travailler beaucoup trop fort pour pousser le sang à travers des passages anormalement rétrécis : l'athérosclérose s'accompagne généralement d'hypertension. Si la plaque s'accumule au point de bloquer la circulation du sang dans une artère menant au cœur, la partie du muscle cardiaque dont l'alimentation sanguine est coupée meurt. C'est ce qu'on appelle infarctus du myocarde ou crise cardiaque. Et c'est le gras et les autres produits alimentaires de source animale qui contribuent le plus à cette accumulation de plaque dans les artères.

De nos jours, la crise cardiaque est de loin la plus importante cause de décès dans le monde. Selon un porte-parole de l'American Heart Association, elle frappe une personne toutes les vingt secondes et en tue une chaque minute. Une véritable tragédie. Surtout lorsqu'on considère que la crise cardiaque n'existerait pas si le sang circulait librement et facilement dans les artères coronaires.

L'hypertrophie, c'est-à-dire le grossissement du cœur, est une autre condition facilement évitable. On sait que le cœur est un muscle, et, comme tous les muscles, il a besoin d'être constamment alimenté en oxygène frais et en nutriments. Le flux sanguin qui irrigue le cœur doit donc être rempli de nutriments sans quoi le muscle cardiaque s'affaiblit, perd de son élasticité et de sa force, devient flasque et prend du volume. Il n'est pas surprenant qu'un régime fort en boissons gazeuses, en alcool, en café, en drogues, en stimulants, en produits à base de farine raffinée ou en aliments hautement transformés, provoque le grossissement du cœur.

Déjà, en 1961, le périodique de l'American Medical Association affirmait que de 90 à 97 pour cent des maladies cardiaques pourraient être évitées grâce à une alimentation végétarienne. La raison de ceci n'a rien de mystérieux. Les produits de provenance animale ont un niveau de cholestérol élevé, c'est-à-dire de cette substance qui est responsable du blocage du flux sanguin. Aucune céréale, aucun légume, aucune noix, aucune graine, aucun fruit, aucun agrume, aucune huile végétale ne contient de cholestérol. De toute évidence, un individu qui sait cela et qui continue quand même à consommer du gras animal opte pour une mort prématurée. Imaginez que l'on vous offre le choix suivant. Assiette numéro un : un beau steak grillé à votre goût et une mort prématurée ; assiette numéro deux : un repas strictement végétarien et une longue vie en pleine santé. Il semble qu'en fait le choix ne soit pas si facile, puisque les maladies cardiaques sont toujours la première cause de décès.

Le monde médical contribue à ce choix mal éclairé en recommandant des niveaux de cholestérol minimaux beaucoup trop élevés, dont la moyenne se situe entre 160 et 300. Comme le note le docteur John McDougall dans *The McDougall Plan,* « Dans notre société, les risques, pour un individu de sexe masculin, de mourir d'une crise cardiaque dépassent les 50 pour cent. Dans ces circonstances, le fait d'être dans la moyenne ne procure aucune consolation. » Nathan Pritikin, auteur de *The Pritikin Program for Diet and Exercise,* a dit à ce sujet : « Dans notre pays, tout niveau soi-disant « normal » conduit au blocage des artères, et « être normal » signifie seulement être capable de se déplacer d'une pièce à l'autre. »

Pour connaître le niveau de cholestérol sanguin qui est acceptable pour vous, ajoutez 100 à votre âge, sans dépasser un maximum de 150. Et sachez qu'avec un régime à base d'aliments vivants il n'est pas difficile de se maintenir à ce niveau, cela se fait automatiquement.

Les crises cardiaques : une affaire de famille

Gerard et Larry Aliseo avaient travaillé dur pour monter une entreprise familiale de construction et d'importation d'aliments en provenance d'Italie. Le travail ne les rebutait pas, c'était même ce qui comptait le plus pour eux, du moins jusqu'à ce que, à l'âge de trente ans, le plus âgé des deux, Larry, subisse sa première crise cardiaque. Celle-ci fut suivie d'une deuxième, puis d'une troisième crise. Quand au cadet, Gerard, il eut sa première crise deux ans plus tard, à trente et un ans.

Larry a d'abord été victime d'un infarctus massif qui a détruit 50 pour cent du muscle cardiaque. Toute la partie arrière de son cœur était morte. « Je savais que la nutrition devait jouer un rôle important dans ma guérison, dit Larry, alors j'ai consulté un nutritionniste. Pendant un an, je me suis imposé un régime alimentaire sain, mais ensuite je me suis donné congé, et j'ai mangé tout ce dont j'avais envie pendant les deux années suivantes. » Pendant tout ce temps Larry continuait à fumer, à travailler beaucoup trop et à supporter quelque 11,3 kilos (vingt-cinq livres) de poids excédentaire. Et son indice de cholestérol se maintenait aux environs de 360.

Après sa troisième crise cardiaque, Larry s'en remit aux médicaments. Il en prenait quatre différents, en plus de porter un *patch* de nitroglycérine, et il ne se sentait pas bien du tout. Il avait des cauchemars, des maux de tête, et était toujours fatigué. Tout cela était de très mauvais augure. Larry retourna donc chez son nutritionniste, qui le mit en garde : il n'y avait plus de temps à perdre, il devait se rendre à l'Institut Hippocrate au plus tôt.

Une fois à l'Institut, Larry apprit pourquoi son régime l'avait prédisposé aux crises cardiaques, et surtout, pourquoi il en risquait une autre à tout moment. Il réussit à abaisser son indice de cholestérol jusqu'à 200 et commença à se sentir mieux.

Pendant ce temps son frère Gerard se trouvait toujours au New Jersey où il continuait à travailler fort et à mal se nourrir. Il disait : « Lorsque Larry m'a parlé de ce qu'il faisait, j'ai pensé qu'il était un peu cinglé. J'étais convaincu que mon régime à moi était très sain, surtout depuis que j'avais cessé de consommer de la viande rouge », avoue-t-il. C'est alors qu'il eut sa première crise cardiaque. Gerard fut quand même moins malchanceux que son frère : son infarctus ne détruisit que 8 pour cent de son muscle cardiaque. Mais chaque jour sa convalescence exigeait qu'il prenne huit comprimés qui lui causaient des effets secondaires très désagréables. Il lui devenait de plus en plus difficile d'ignorer que son frère était dans un bien meilleur état que lui. Larry avait perdu du poids, il se sentait très bien et paraissait rajeuni. Enfin, Gerard décida de se rendre lui aussi à l'Institut Hippocrate. Son indice de cholestérol, qui était de 360 à son arrivée, était déjà tombé à 181 lors de sa sortie. Et, bien sûr, il se sentait beaucoup mieux.

Les deux frères Aliseo, Gerard (maintenant âgé de trente-huit ans) et Larry (qui a maintenant quarante et un ans), reviennent à l'Institut plusieurs fois par année. Ils sont génétiquement prédisposés aux crises cardiaques, leur père ayant subi sa première crise à l'âge de cinquante-trois ans. Gerard note d'ailleurs que les leurs sont arrivées vingt ans plus tôt, ce qui reflète le mauvais état de santé général de cette génération.

Bien que tous deux soient encore au service de l'entreprise familiale, Larry dit qu'aujourd'hui il ne se rend jamais au travail sans avoir pris son petit-déjeuner d'aliments vivants et s'être détendu l'esprit. Son frère et lui font une randonnée de huit milles (12,9 kilomètres) à bicyclette tous les jours. Larry ne prend plus un seul médicament : son médecin a jugé que sa radieuse santé excluait tout recours à la pharmacopée.

Tous ceux qui voient Larry et Gerard maintenant se demandent ce qui s'est passé : ils ont tellement l'air de se sentir bien ! La cause de cette transformation apparemment miraculeuse n'est pas un mystère. Larry dit lui-même : « J'étais irresponsable auparavant, j'avais relégué ma santé en fin de liste, derrière toutes mes autres préoccupations. Maintenant, je suis le plus souvent possible auprès de mes enfants et je leur enseigne à bien manger et à vivre selon la philosophie de l'Institut Hippocrate. Quand je pense que nous avons eu nos crises cardiaques beaucoup plus jeunes que notre père, je crains que mon fils en ait une dans la vingtaine. Les enfants ont besoin de connaître la relation entre ce qu'ils mangent et le temps qu'ils vivront et dans quel état ils seront. Ils peuvent changer les choses. »

Regardons le côté positif de l'athérosclérose : il est possible de la pré-venir, et aussi d'en renverser les effets. La plaque qui s'accumule dans les vaisseaux au cours des années de consommation d'aliments morts et gras peut disparaître complètement sous l'influence d'un régime à base d'aliments vivants.

L'ARTHRITE

On estime que l'arthrite affecte la vie de onze millions d'Américains. Souvent réfractaires aux traitements conventionnels, les douleurs chroniques de l'arthrite réduisent la capacité d'action de ceux qui en souffrent, elles les empêchent d'exécuter leurs tâches quotidiennes et elles empoisonnent les relations avec la famille, les amis, les collègues et même avec soi-même. Le coût annuel des traitements et des soins, de même que les pertes de temps, d'argent et de productivité dues à l'arthrite, sont astronomiques. Mais il y a de l'espoir. En s'attaquant, à travers la nutrition, à la cause de l'arthrite, on peut vivre sans ces effroyables douleurs.

Le mot arthrite ne décrit pas la maladie avec précision parce que, comme le cancer, l'arthrite se présente sous des formes diverses. Les deux formes les plus courantes, celles qui font l'objet de la présente discussion, sont l'arthrite inflammatoire et l'arthrite dégénérative. On appelle généralement « arthrite inflammatoire » un ensemble d'arthrites caractérisées par une inflammation des articulations. La plus connue et la plus débilitante de celles-ci est la polyarthrite rhumatoïde (ou arthrite chronique évolutive), qui attaque le corps de façon méthodique et constante. Elle s'attaque d'abord à la synoviale, la membrane qui recouvre les articulations, et provoque une inflammation. En s'enflant, la membrane couvre peu à peu l'articulation et, graduellement, elle atteint le cartilage sous-jacent qui, dès lors, ne présente plus la surface lisse nécessaire au bon fonctionnement de l'articulation. Simultanément, l'os qui se trouve sous le cartilage commence à perdre certains des minéraux qui le composent et devient fibreux, et la dégénérescence s'étend aussi au cartilage. Au fur et à mesure que la pathologie progresse, un tissu fibreux et dépourvu d'irrigation sanguine se forme au niveau des articulations, et ces dernières deviennent raides. Malgré certaines périodes de rémission, la maladie progresse. Le coup de grâce est donné lorsque finalement le tissu fibreux se transforme en matière osseuse. C'est la fin du processus dégénératif. À ce moment-là, la douleur et la mobilité ont atteint un plateau et ne peuvent plus ni s'accroître ni s'atténuer.

L'arthrite dégénérative, ou ostéoarthrite, débute aussi au niveau du cartilage, dont la surface commence à s'effriter. Puis la substance qui lie les paquets de fibres du cartilage est détruite. Ces fibres sont comme des sortes de tuyaux regroupés en paquets. Dans les articulations lourdement chargées, ces fibres sont vite usées, et ne laissent que des emplacements vides. Finalement, tout le cartilage s'use, l'espace qui sépare les éléments de l'articulation disparaît et les os se trouvent en contact direct. Le cartilage étant une sorte d'amortisseur pour les articulations, au fur et à mesure qu'il disparaît la douleur arthritique augmente.

L'Arthritis Foundation affirme avec insistance qu'aucune relation n'existe entre l'alimentation et l'arthrite. Je prédis qu'elle va modifier sa position dans un avenir très prochain. Les faits sont trop flagrants pour qu'on les ignore plus longtemps.

La première étude à avoir reçu un large écho dans ce domaine est celle de la faculté de médecine de l'université d'État Wayne, au Michigan. Six patients souffrant d'arthrite rhumatoïde ont été soumis à une diète sans gras; en sept semaines les symptômes de tous ces patients avaient disparu. Mais, trois jours seulement après qu'ils se soient remis à manger du gras, ils étaient réapparus.

Tout de suite après cette première, les résultats d'une autre étude furent publiés dans le *British Medical Journal*. Cette étude était centrée sur le cas d'une femme de trente-huit ans dont l'arthrite rhumatoïde n'avait fait que s'aggraver pendant onze ans. Trois semaines après avoir éliminé tous les produits laitiers de sa diète, son état commença à s'améliorer, et, en quatre mois seulement, tous ses symptômes avaient disparu.

Comment cette modification de la diète agit elle contre l'arthrite? Le bon état des os dépend de la qualité de la nutrition que le corps reçoit au moment de leur formation. Une structure squelettique solide exige un bon approvisionnement en enzymes, en acides aminés, en minéraux et en oligo-éléments, ainsi qu'en vitamines et en hormones, ces dernières devant être en parfaite condition. La malnutrition peut donc être à la base du développement de l'arthrite.

Au fur et à mesure que les cellules osseuses se développent il leur faut encore une bonne quantité de sang bien oxygéné pour croître et se renforcer. Si le corps est plein de graisse, le sang transporte insuffisamment d'oxygène pour bâtir des os et des articulations solides. Et pour rendre la situation encore plus néfaste, la graisse entoure les cellules et les empêche d'absorber les nutriments dont elles ont besoin.

De plus, lorsque le corps manque de minéraux les nouvelles cellules osseuses qu'il produit sont plus faibles. Or, on sait qu'une alimentation riche en protéines déleste le corps des minéraux dont il a besoin pour maintenir sa structure osseuse en bonne condition ; en fait, les protéines extraient littéralement le calcium des os.

Un régime faible en nutriments essentiels, en oxygène et en enzymes élève également l'acidité du sang. Les déchets causés par cette forte acidité deviennent des radicaux libres qui agissent sur la structure des os et aggravent l'inflammation, engendrant un milieu favorable à la formation de dépôts osseux et à la désintégration des articulations.

Un régime d'aliments vivants peut prévenir ou soulager l'arthrite, et de plusieurs façons :

1. en réduisant l'apport de protéines il protège les cellules du corps contre la déminéralisation et les attaques des radicaux libres ;
2. il réduit l'acidité corporelle, alors que les aliments cuits ou transformés l'augmentent et laissent le corps vulnérable devant l'arthrite ;
3. il procure aux cellules osseuses les nutriments, les enzymes et l'oxygène dont elles ont besoin pour être fortes et en bonne santé ;
4. il fournit des enzymes supplémentaires qui ajoutent une charge électrique additionnelle aux cellules osseuses, ce qui crée une attraction physique entre les cellules capables de désintégrer les blocages et les dépôts dus à l'arthrite, et renforce les nouvelles formations osseuses ; en développant de nouvelles formations, les enzymes unifient la structure osseuse en comblant les vides et les trous.

L'arthrite rhumatoïde :
« comme un mal de dent gigantesque »

Ellie Oster est une femme active, pleine de vie, mais qui a déjà été complètement paralysée par l'arthrite rhumatoïde. Lorsqu'elle se rendit à l'Institut Hippocrate il y avait déjà dix ans qu'elle luttait contre cette pénible maladie. Sa douloureuse expérience a débuté lorsque, en se réveillant un matin, elle ressentit une douleur épouvantable dans le dos. En très peu de temps, Ellie se retrouva avec la jambe droite paralysée, et c'est alors qu'elle se rendit soudainement compte qu'une terrible maladie était en train d'envahir tout son corps.

L'arthrite rhumatoïde fut bientôt diagnostiquée. Ellie était perpétuellement en proie à des souffrances épouvantables. « C'était comme un mal de dent gigantesque dans tout le corps, dit-elle en se rappelant cette période, des souffrances comme celles-là ont de quoi vous rendre folle ! » Après une année presque entièrement passée au lit, à regarder ses genoux enflés comme des pamplemousses et a prendre vingt-cinq comprimés d'aspirine par jour, elle se rendit à New York où, à l'hôpital presbytérien Columbia, elle entreprit le long chemin du traitement prescrit pour l'arthrite rhumatoïde : des compresses chaudes en quantité, de l'eau chaude et des exercices. Jugeant que les analgésiques étaient incapables de remédier à la source de son mal, Ellie refusa d'en prendre, optant plutôt pour trois à quatre heures de natation quotidienne dans sa propre piscine chauffée à 90 degrés Fahrenheit (32,2 degrés Celsius). Elle considéra ce traitement comme une espèce de sentence d'emprisonnement à laquelle elle devait se soumettre, et elle s'y soumit.

Mais après dix ans de ce régime l'état de santé d'Ellie ne s'était nullement amélioré et son médecin sentit qu'elle était au bout du rouleau. Elle était complètement affaiblie, littéralement figée. Le médecin lui-même perdait patience et voulait lui injecter toutes sortes de drogues. Mais l'instinct d'Ellie lui commandait de refuser. Enfin, au moment où elle en avait le plus besoin, elle entendit parler de l'Institut Hippocrate.

Il semble qu'une amie de sa bru, qui affirmait avoir été guérie d'un cancer grâce au programme Hippocrate, lui ait rendu visite, et que, au fur et à mesure qu'Ellie écoutait ce que cette femme avait à lui dire, le même instinct qui lui avait toujours commandé de refuser les drogues lui disait : « Voilà ce qu'il te faut ! » Elle s'est alors rendue à l'Institut, bien déterminée à y rester pendant tout un mois. Quel choc ce dut être pour elle !

Jusque-là, elle avait eu des habitudes de vie plutôt malsaines. Comme bien des gens elle fumait, elle consommait des boissons alcoolisées, du café, du sucre, du sel, de la viande et des produits laitiers, toutes choses qui sont exclues du programme de reconstitution de la santé de l'Institut. Ce dut être assez effrayant de se retrouver devant une simple assiette de légumes, mais Ellie tenait absolument à recouvrer la santé. Elle en avait assez de vivre à moitié, physiquement, émotionnellement et moralement. Heureusement, le programme lui parut sensé. Que l'assimilation des nutriments et l'élimination des déchets soient la base d'une bonne santé, quoi de plus logique ?

À l'issue des deux premières semaines, Ellie pouvait déjà dormir profondément, ce qu'elle n'avait pu faire depuis bien des années. Mais, tandis qu'elle avançait dans le processus de désintoxication, elle fut aussi très malade et se sentit effrayée. Elle se souvient qu'elle pleurait au téléphone en disant à son mari qu'elle voulait rentrer à la maison, mais elle se sentait si faible qu'elle se savait incapable de s'habiller, de faire sa valise et de se traîner jusqu'à un taxi. Pourtant, une fois cette étape franchie, elle se sentit revivre. Elle savait qu'elle allait vivre et vivre pleinement. En un mois seulement, cinquante pour cent de la douleur qu'elle ressentait depuis dix ans avait disparu.

Ellie continua à adhérer au programme à cent pour cent pendant deux ans. Elle est convaincue qu'une telle persévérance est absolument nécessaire pour que le corps redevienne comme avant. Cette stricte observance a donné des résultats probants : elle a recouvré la santé. Son médecin n'en croyait pas ses yeux, mais il a dû se rendre à l'évidence, et depuis il est lui-même devenu un adepte des aliments vivants.

Elle n'a plus ressenti une seule douleur arthritique depuis vingt ans. Elle s'impose une demi-heure de natation matin et soir et, même si cela n'est plus nécessaire, elle s'en tient toujours aux aliments vivants parce qu'elle sent que cela la grandit physiquement, émotionnellement et moralement.

Maintenant octogénaire, Ellie est très heureuse de partager le secret de son extraordinaire transformation avec le plus de gens possible. Tout dernièrement, elle s'est adressée à un rassemblement d'aînés à Atlantic. City, au New Jersey, et voici l'essentiel de ce qu'elle leur a conseillé : « Adoptez un régime d'aliments vivants, faites de l'exercice régulièrement et ayez foi en la capacité d' auto-guérison du corps. »

LE POUVOIR IMMUNITAIRE

Le système immunitaire demeure en alerte vingt-quatre heures par jour, prêt à attaquer tout envahisseur étranger qui menace la santé de l'individu. En théorie, il devrait demeurer au repos la plupart du temps et ne lancer ses féroces attaques que lorsque le corps est menacé par des bactéries, des virus ou des champignons porteurs de maladie. Cependant, chez la majorité des gens aujourd'hui le système immunitaire est constamment occupé à dépêcher des globules blancs dans le sang pour combattre ce qu'il considère comme des substances indésirables : les additifs, les pesticides, les suppléments chimiques et les aliments cuits. Si bien qu'on se retrouve avec un système immunitaire épuisé et à peine capable d'effectuer le travail qui lui incombe lorsqu'une maladie ou une infection se présente. L'affaiblissement chronique du système immunitaire est responsable de plusieurs maladies « incurables » auxquelles la médecine ne sait comment s'attaquer, comme le syndrome de la fatigue chronique (SFC), le sida (VIH), la sclérose en plaques, le diabète, le cancer, les maladies cardiaques, etc.

Les cas prétendus désespérés cités ci-après vous donneront une idée de la capacité qu'a le corps de récupérer son équilibre et sa force.

L'infection, ou la résolution d'un mannequin

Dans la fleur de l'âge, à 25 ans, Heather Miller gagnait plus de deux cent soixante-quinze mille dollars par année comme mannequin en Angleterre. Elle perdit une jambe à la suite d'un accident bizarre. Alors qu'elle marchait sur le trottoir, un motocycliste de la police perdit le contrôle de sa machine et la renversa. Sa convalescence fut longue et pénible. À la suite de son amputation, il fallut d'abord effectuer une ponction ou une incision presque chaque jour pour soulager la pression créée par une accumulation de pus. Quelques semaines après l'accident, on dut raccourcir le moignon de 7,6 cm (trois pouces), pour tenter d'arrêter la progression de l'infection, qui persista néanmoins. « Cette infection me décourageait vraiment, dit Heather. Rien ne semblait vouloir fonctionner et les antibiotiques n'étaient d'aucun secours. J'en étais arrivée à croire que les médecins seraient obligés de continuer à m'opérer juste pour contenir l'infection. »

C'est alors qu'elle se rendit à l'Institut Hippocrate. « J'avais entendu parler d'Hippocrate par une amie qui avait eu un cancer du sein, raconte Heather. Elle s'y était rendue en dernier ressort, mais après trois mois elle allait très bien. C'est difficile à croire mais c'est vrai. Alors j'ai pensé que ça valait la peine d'essayer. Après tout je n'avais rien d'autre à perdre qu'un peu plus de mon moignon. Au bout d'une semaine, je savais déjà que c'était la meilleure décision de ma vie. Quatre jours à l'Institut avaient réussi là où quatre mois aux antibiotiques et une nouvelle opération avaient échoué. Je comprends que cela puisse paraître incroyable mais ça marche, et on ne peut pas l'ignorer. Pour moi, c'est comme un élixir de vie. Je me sens en pleine forme. »

Le *Candida*

Le *Candida albicans* est une sorte de levure qui croît en nous. Normalement, sa croissance est réglée par les bactéries de l'intestin, mais, à cause de la présence toujours plus grande d'antibiotiques de provenance animale ou pharmaceutique dans notre société, la bactérie capable de tenir cette levure envahissante en échec est souvent éliminée et le *Candida* finit par s'installer dans les tissus et s'y développer. Cette présence indésirable peut causer divers symptômes : léthargie, diarrhée chronique, constipation, vaginite, infection de la vessie, crampes menstruelles, asthme, migraines et dépression.

Le *Candida* est une bactérie opportuniste qui s'attaque souvent aux personnes plus faibles. Bien des patients souffrant du cancer, du diabète, de déficiences cardiovasculaires ou d'autres maladies débilitantes sont aussi victimes d'une prolifération de *Candida,* ce qui rend leur guérison encore plus difficile. Parce que ses effets peuvent se présenter sous des formes assez différentes le *Candida* peut être mal diagnostiqué, et trop souvent, hélas! des patients sont traités sans résultats parce qu'on ne s'attaque pas à la racine du mal.

Le *Candida albicans* est de mieux en mieux connu et de plus en plus fréquemment diagnostiqué, mais on peut s'interroger quant aux traitements prescrits. L'une des plus contestables parmi les recommandations faites souvent aux patients est celle d'éviter tous les aliments vivants et d'augmenter leur consommation d'aliments de provenance animale. Mon expérience, mes recherches et mes découvertes concernant cette affection m'indiquent que c'est plutôt le contraire qu'il faudrait faire. Si vous vous représentez l'intérieur d'un corps infecté par le *Candida* comme une espèce de caverne humide aux murs suintants et couverts de moisissures, vous vous faites une idée assez exacte de la réalité. Chez une personne dont le régime est faible en enzymes et les tissus privés d'oxygène, cet environnement est propice à la prolifération des levures.

Le meilleur moyen de nettoyer et de régénérer la région affectée consiste à s'exposer aux rayons solaires et à consommer des légumes crus et non transformés, des graines germées, des céréales et des noix. Les aliments vivants préservent l'équilibre entre les bactéries et le *Candida albicans*. Ils aident aussi à nettoyer les tissus de la région envahie par le *Candida*. En rétablissant l'équilibre des levures et des bactéries dans l'intestin et dans tout le corps, on obtient une guérison «miraculeuse» qui élimine tous les dérèglements physiques et émotionnels de la plupart des gens pour des années.

Environ 25 pour cent des gens qui fréquentent l'Institut Hippocrate souffrent d'une infection au *Candida* et nous avons pu constater qu'un régime aux aliments vivants est une cure vraiment efficace, mais, même dans le meilleur des scénarios, il faut compter de un an à un an et demi pour régulariser le système. Si vous croyez que votre mauvais état de santé pourrait être dû au *Candida albicans,* demandez une analyse de sang dans un laboratoire spécialisé en immunologie et possédant une procédure adéquate pour détecter le *Candida*.

Sans travail, sans énergie et... sans explication

« Ça s'est passé il y a six ans, raconte Marilyn Canes. Tant de médecins m'avaient dit qu'ils ne trouvaient rien d'anormal que j'étais prête à me résigner au fait que c'était dans ma tête que ça n'allait pas. Qu'est-ce que je pouvais bien faire d'autre ? » Marilyn se sentait tellement fatiguée qu'elle quitta son emploi, après s'être rendu compte qu'elle était incapable de passer une journée sans poser la tête sur son bureau et s'endormir d'un profond sommeil. « Les gens croyaient que je buvais, se rappelle t'elle, je pouvais à peine marcher d'un bout à l'autre de la pièce sans perdre l'équilibre et devoir me reposer. » Elle s'est donc retrouvée sans emploi, sans énergie et. .. sans explication.

C'est alors que Marilyn entendit parler de l'Institut de santé Hippocrate et s'y rendit. Après un séjour de trois semaines, elle avait retrouvé son énergie et repris confiance en elle, son infection vaginale chronique était guérie et elle avait un nom : c'était le *Candida albicans*.

Aujourd'hui, Marilyn est encore une adepte du végétarisme et elle n'a plus de *Candida*. Elle retourne à l'Institut chaque année : ce n'est plus, pour elle, qu'une paisible retraite, mais elle se souvient que ce sont les aliments vivants qui l'ont sauvée d'une vie de souffrance, de fatigue et de découragement.

LES ANTIOXYDANTS

Les antioxydants contenus dans les aliments vivants sont sûrement en partie responsables du bon état de santé de tous les adeptes du régime Hippocrate. Ces substances, naturellement présentes dans les fruits et les légumes vivants, combattent les infâmes radicaux libres qui, en circulant à travers le corps, endommagent les cellules et causent un grand nombre de maladies et d'affections diverses.

En fait, les chercheurs ont découvert que les radicaux libres aident le système immunitaire à prévenir la maladie en tuant les bactéries et autres corps étrangers qui s'attaquent à notre corps. De plus, ils aident à régulariser les contractions des muscles lisses dans les vaisseaux sanguins, dont ils raffermissent les parois, facilitant le contrôle de la circulation.

Le métabolisme normal du corps produit des radicaux libres au cours du processus de transformation des aliments en énergie par les cellules, et le système de défense est chargé d'en régulariser la production. Les problèmes surviennent lorsque la production de radicaux libres dépasse les besoins de la force de contrôle des antioxydants. Ces radicaux libres excédentaires se retournent contre leur hôte et peuvent être cause d'un vieillissement prématuré, de maladies cardiaques, d'immunodéficience, d'arthrite, de cancer, de cataractes, d'allergies ou de diabète.

Normalement, notre corps a ses boucliers protecteurs, les antioxydants. Ce sont des espèces de soldats de la santé et la consommation d'aliments vivants nous en procure une abondante ration quotidienne. Les mieux connus parmi ces antioxydants sont les caroténoïdes, dont il existe une quarantaine de variétés et qui sont les plus efficaces pour prévenir le cancer, combattre les allergies et ralentir le processus de vieillissement. On en trouve dans les carottes, les choux de Bruxelles, les abricots, les patates douces, les épinards, le céleri, les courges, les piments forts, les tomates, les oranges et le chou frisé.

Les plus puissants des antioxydants sont toutefois les flavonoïdes, qui ont 20 fois la force de la vitamine C et sont 50 fois plus actifs que la vitamine E. Les flavonoïdes protègent les cheveux, la peau et les muscles, et renforcent l'immunité face aux maladies coronariennes et au cancer. Les meilleures sources de flavonoïdes sont les oignons, les poivrons et certaines herbes telles que la menthe poivrée, la menthe verte et le basilic.

L'antioxydant de la vitamine C est l'acide ascorbique, qui peut retarder l'apparition de la maladie de Parkinson, réduire les risques de durcissement des artères (en augmentant la quantité de bon cholestérol dans le sang), contribuer à la prévention des cataractes (en protégeant les yeux contre l'oxydation) et à l'abaissement de la tension artérielle, et de protéger contre toute une variété de cancers. On trouve de la vitamine C dans le persil, les germinations, les agrumes, le kiwi, le piment fort, le chou et les légumes en feuilles.

La vitamine E (le tocophérol) est un antioxydant soluble dans les graisses et un important stimulant du système immunitaire. Il soulage la fatigue et il accélère la guérison des blessures, des brûlures et des affections cutanées, telles que l'acné et l'eczéma en apportant de l'oxygène aux tissus. Associé au sélénium, il neutralise les radicaux libres qui accélèrent le vieillissement cérébral et cellulaire et qui augmentent les risques de cancer. On trouve de la vitamine E dans les fruits à écale (comme les noix) et les semences, l'huile de noix, ainsi que dans les germes de blé et autres céréales.

Parmi les antioxydants qu'il est bon de respirer ou de boire en tisane, figurent la luzerne, l'églantine, la menthe poivrée, les différentes sortes d'ortie, l'aubépine, le cumin, le poivron, le fénugrec, la cannelle et le basilic.

On peut parier à coup sûr qu'un régime composé d'aliments vivants fournira une abondance d'antioxydants parmi les quelque mille cinq cents présentement connus, et qu'il peut aider votre corps à résister aux radicaux libres et donc, à toutes sortes de maladies.

UN ORGANISME CAPABLE D'AUTOGUÉRISON

Le corps humain est capable de se guérir lui-même. Naturellement, plus la maladie est sérieuse et plus le processus de guérison demande des efforts mais, à moins que le corps n'ait été amené à l'article de la mort par la négligence ou par une intervention médicale abusive, il est toujours possible de faire régresser la maladie à l'aide du régime de santé Hippocrate.

4

IL EST VRAI QUE PARFOIS « TOUT SE PASSE DANS LA TÊTE » UN PROGRAMME DE BONNE SANTÉ MENTALE

La maladie mentale a toujours une composante physique, comme la maladie physique a une composante mentale. Une sensibilisation croissante à l'interdépendance du corps et de l'esprit a suscité une multitude d'études sur la relation entre santé physique et équilibre mental. Pourtant, il existe encore de nombreux sceptiques qui persistent à croire que le corps physique est une entité complètement indépendante des pensées et des sentiments dont dépendent l'équilibre émotionnel et la santé mentale.

LA SOURCE PHYSIQUE DE LA MALADIE MENTALE

J'ai vu des dérangements psychologiques, tels qu'une dépression, une paranoïa, une schizophrénie et un état maniaco-dépressif, disparaître devant un traitement psychologique combiné à un régime à base d'aliments vivants. Cela peut vous sembler difficile à croire mais, pour (moi qui en ai été témoin, c'est bel et bien vrai. Pourtant, il ne devrait pas être si difficile de comprendre que ce que nous consommons affecte nos pensées. On accepte assez facilement l'existence d'une connexion entre le bon fonctionnement du mental et ce médicament populaire qu'on appelle Prozac. Chaque jour, des millions de personnes de par le monde enrichissent une industrie multi-milliardaire en avalant des pilules pour traiter leurs dérèglements psychologiques. Il suffirait d'un pas de plus pour reconnaître que certaines autres substances chimiques que nous ingérons dans nos aliments (pesticides, hormones et additifs) provoquent des réaction psychiques. Du côté positif, les nutriments, l'oxygène et les enzymes contenus dans les aliments vivants peuvent nourrir le cerveau et contribuer au traitement des désordres mentaux.

Prenons les comportements sexuels anormaux, par exemple. on condamne certains agresseurs sexuels à des consultations profession-nelles obligatoires, pour tenter d'identifier les racines psychologiques : des pulsions qui sont à la base de leur pédophilie ou qui les ont poussé à violer ou à molester quelqu'un. On ignore totalement le fait que ces crimes ont souvent une cause physique, au lieu — ou en plus — d'une cause psychologique. Il peut s'agir d'un problème de nature hormonale et l'équilibre hormonal dépend aussi de l'alimentation. La chair animale que les mangeurs de viande consomment est souvent bourrée d'hormones, de ces hormones de croissance que l'on administrent aux animaux. Elle peut aussi contenir de l'adrénaline, à cause d'une forte poussée de cette hormone dans le corps de l'animal dans les instants terrifiants qui ont précédé son abattage. Lorsqu'on consomme de la viande, ces hormones de provenance animale peuvent créer un déséquilibre hormonal et submerger le corps et l'esprit de tension, de confusion, de violence et d'agressivité. Les individus très disciplinés peuvent réussir à contrôler ces sensations, au prix d'un énorme stress et ceux qui ont moins de contrôle personnel peuvent devenir des agresseurs sexuels. Mais on peut obtenir une atté-nuation sensible de ces effets si on en élimine la cause. Dans les prisons britanniques on s'est aperçu qu'en nourrissant les détenus aux céréales entières et aux légumes, le niveau de violence interne diminue, ce qui comme bénéfice additionnel, contribue au rétablissement de l'équilibre hormonal naturel du corps.

Les effets *physiques* d'une augmentation de la consommation d'hormones sont faciles à voir et à documenter. De nombreuses études on démontré une diminution de l'âge moyen de l'apparition des menstruations chez les jeunes filles, qui est passé de douze ans et demi, il y a vingt ans, à environ neuf ans et demi aujourd'hui, et nombreux sont ceux qui croient que cela pourrait être le résultat de l'ingestion d'aliments remplis d'hormones. De mon côté, je crois fermement que nombre de perversions sexuelles et d'autres formes de dérangements mentaux sont aussi causés par l'utilisation accrue d'hormones de croissance dans l'élevage et le fait qu'elles se retrouvent dans la viande que nous consommons.

Bien qu'il s'agisse de cas extrêmes, les modèles de consommation des déviants sexuels illustrent l'impact extraordinaire qu'à la nutrition sur la santé mentale.

Au cours des ans, nous avons découvert que tous les blocages émotionnels reliés aux maladies mentales sans exception peuvent être fortement exacerbés par :

1. un déséquilibre hormonal provoqué par la consommation d'aliments de source animale remplis d'hormones ;
2. un empoisonnement aux pesticides causé par l'ingestion de résidus contenus dans les légumes ; et/ou
3. une élévation de l'acidité corporelle causée par la consommation de produits de source animale ou transformés.

Les végétariens se nourrissant d'aliments vivants échappent à l'accumulation de tous ces polluants et augmentent ainsi leurs chances de vivre longtemps et en bonne santé mentale.

LA DÉPRESSION

La dépression est une bonne illustration de la relation entre le corps et l'esprit. Cet état résulte de trois facteurs principaux : une piètre opinion de soi-même, une déficience en minéraux essentiels au système nerveux, et un déséquilibre hormonal affaiblissant le système immunitaire. Bien que la médecine traditionnelle classe la dépression selon le degré de détresse émotionnelle, les deux autres facteurs ont aussi leur importance. Il est rare qu'un individu dont le système immunitaire et le système nerveux sont en bonne condition souffre de dépression.

Lorsqu'il s'est présenté à l'Institut Hippocrate, George Sweeten, 45 ans, était maniaco-dépressif. Bien qu'il ait pris des médicaments depuis plusieurs années, il éprouvait encore des périodes d'instabilité mentale à l'occasion. Une analyse initiale du sang et de l'urine de George a révélé un excès d'acide urique et un déséquilibre minéral généralisé. Nous avions l'impression que la cause de son instabilité mentale était son régime trop homogène. Son menu se limitait à quelques aliments, toujours les mêmes chaque jour, et presque exclusivement des produits de source animale.

Après deux semaines d'un régime d'aliments vivants, George se rendit compte que sa personnalité évoluait favorablement et après un mois il décida d'abandonner ses médicaments. Depuis dix ans maintenant, George pratique un végétarisme à base d'aliments vivants et il fonctionne très bien, sans médicaments et sans épisodes maniacodépressifs.

George n'est qu'un parmi des centaines de témoignages qui viennent confirmer l'influence de la diète sur la dépression.

ALCOOLISME

L'alcoolisme est une preuve irréfutable de l'interconnexion entre les besoins mentaux et les besoins physiques de l'humain. Partout dans le monde, des centaines de milliers d'alcooliques se réunissent chaque semaine pour tenter d'identifier la cause de leur dépendance. Cette forme de thérapie d'ordre psychologique et l'appui apporté par le groupe sont très utiles, à cause du faible ego et du peu d'estime de soi des individus alcooliques. Toutefois, parce qu'ils ignorent les facteurs d'ordre physique de leur maladie, il leur est très difficile de résister à leur besoin physiologique d'alcool.

Le taux de sucre dans le sang des alcooliques est toujours trop élevé ou trop faible, ce qui crée un besoin maladif de sucre. Or, en analysant le sucre blanc ordinaire et le sucre contenu dans l'alcool, on se rend compte qu'ils sont exactement semblables. L'alcool est une réponse au besoin suscité quand le taux de sucre dans le sang diminue. En saturant le système du sucre contenu dans l'alcool on produit une espèce de court-circuit dans le cerveau, qui provoque l'équivalent d'un désordre psychologique. Mais le besoin physique d'alcool est, pour le moins, aussi fort que le besoin psychologique.

LES MÉDICAMENTS ET LA MALADIE MENTALE

Nous ne conseillons à personne de laisser tomber les médicaments qui lui ont été prescrits. C'est là une décision qu'un individu ne peut prendre qu'après une analyse très minutieuse de ses besoins physiques et émotionnels à long terme. Cependant, je puis vous dire que ceux qui sont venus à l'Institut et qui choisissent de continuer à prendre leurs médicaments rapportent presque toujours que leur médecin en a volontiers réduit le dosage par la suite, en constatant l'amélioration de leur état. Par contre, ceux qui choisissent d'abandonner leur médication complètement observent souvent que, grâce à leur nouvelle diète et à leur changement d'attitude, leur guérison est plus facile et plus rapide qu'elle ne l'était avec les médicaments.

Non seulement les médicaments peuvent parfois ralentir la guérison, mais ils peuvent même aussi être la cause du problème. J'ai même rencontré des individus chez qui on avait diagnostiqué des désordres physiques ou mentaux et l'on s'est aperçu par la suite qu'ils étaient causés par des interactions entre plusieurs médicaments prescrits. Le cas qui me vient aussitôt à l'esprit est celui de John Kavinn, qui avait pris des médicaments contre l'arthrite et des problèmes cardiaques chaque jour, sans faute. Au bout de plusieurs années de ce régime, ses facultés mentales commencèrent à s'affaiblir, sa mémoire était très mauvaise et il perdait souvent l'équilibre. On diagnostiqua alors la maladie d'Alzheimer et John vint à l'Institut dans l'espoir de remédier à cette détérioration rapide de son état physique et mental.

De fait, la santé physique de John s'améliora rapidement grâce au programme Hippocrate, si bien qu'il demanda à son médecin de réduire graduellement le dosage de ses médicaments. Et, à mesure que la quantité de substances médicamenteuses parvenant au cerveau diminuait, l'espèce d'infirmité mentale de John disparaissait ! Puisqu'on croit que certaines drogues, telles que le valium et le lithium par exemple, ont un effet positif sur la maladie mentale, il semblerait raisonnable de croire que d'autres drogues, seules ou combinées, puissent avoir un effet négatif.

LA CONNEXION ENTRE LE CORPS ET L'ESPRIT

De la même manière que la condition physique de votre système nerveux ou de votre système immunitaire peut affecter la qualité de votre santé mentale, l'état de votre santé mentale peut avoir une influence directe sur votre bien-être physique. Nombreux sont ceux qui contestent cette affirmation, préférant croire que les fonctions du corps sont complètement indépendantes de celles de l'esprit. Or, au contraire, le cerveau humain exerce une puissante influence sur la plus infime des cellules. Aujourd'hui, les maladies reliées au stress, telles que l'hypertension, les affections cardiaques et les ulcères, tuent beaucoup plus de monde que le cancer. D'autres, comme l'obésité, une posture défectueuse, la tension nerveuse ou une mauvaise alimentation, causent des désordres chroniques débilitants.

Mis ensemble, tous ces faits nous apprennent que, même si nous nous en tenons aux moindres détails du meilleur régime alimentaire, notre état psychique peut en compromettre les résultats. Il est donc de plus en plus évident que nous devons conserver une pensée positive pour tirer le maximum d'avantages d'un régime nutritionnel sain.

Bien qu'un certain niveau de stress puisse être bénéfique, un niveau excessif et prolongé peut être dangereux. La présence d'un stress élevé et persistant a été mise en corrélation directe avec les désordres digestifs, la fatigue chronique, l'anxiété, les migraines, et des désordres émotionnels tels que la boulimie et l'anorexie. Des expériences ont démontré que plus l'on subit de transformations majeures dans sa vie — mort d'un membre de sa famille, divorce, changement d'emploi ou déménagement, par exemple —, plus on risque d'être malade. Il est aussi important de noter que l'état physique d'une personne peut être renforcé ou affaibli par d'autres facteurs, comme sa manière de faire face aux événements imprévus, le soutien moral sur lequel elle peut compter auprès de ses proches, et sa propre perception du stress.

Dans une étude classique sur ce sujet, Carl Simonton a révélé que, confrontés au stress, certains cancéreux abandonnent le combat. Il en a conclu que les patients doivent apprendre à lutter avec ténacité contre la maladie et à demeurer optimiste face à l'avenir. Selon lui, on peut encourager cette attitude en leur enseignant comment faire face à leurs problèmes d'ordre social ou émotionnel. D'autres études ont démontré que ce genre de thérapie peut stimuler la formation des lymphocytes, ces cellules spécialement consacrées au combat contre la maladie. Et on a récemment appris que des pensées positives et heureuses peuvent stimuler la production de certains éléments essentiels au système immunitaire tels que l'interféron, l'interluken et l'imipramine, alors que des pensées négatives ou tristes produisent des éléments destructeurs d'immunité comme le cortisol et l'adrénaline.

Beaucoup d'études ont produit des résultats similaires. Les chercheurs savent que la capacité d'exprimer sa colère adéquatement est directement reliée à la capacité de survivre et de lutter contre le cancer. Voici des situations qui se retrouvent fréquemment dans le passé des cancéreux : perte de relations personnelles importantes précédant l'apparition d'une tumeur, incapacité d'exprimer l'hostilité ressentie, tensions irrésolues concernant un parent, désespérance et sentiment d'impuissance.

Les chercheurs ont aussi découvert que non seulement l'état mental d'une personne peut engendrer la maladie mais qu'il peut également affecter le pouvoir de récupération du corps, c'est-à-dire de guérison. Ils ont découvert que le désarroi, la dépression, la peine, le remords, le ressentiment et autres attitudes négatives comparables pouvaient sérieusement restreindre le potentiel de régénération du corps.

On ne fait que commencer à comprendre comment et pourquoi l'attitude mentale et la santé physique sont reliées. Une théorie proposée en 1995 suggère que la tension élève le niveau d'une hormone permettant aux germes des maladies, et même à certaines cellules cancéreuses, de se développer. «Si elle était confirmée, cette hypothèse établirait un lien direct entre cette hormone reliée au stress et l'issue de la maladie», conclut le docteur Julio Licinio, l'un des auteurs de ce rapport d'étude du National Institute of Mental Health.

LA RÉMISSION SPONTANÉE

Les chercheurs commencent aussi à examiner le processus par lequel les pensées positives et optimistes *renforcent* le système immunitaire. Depuis le XIXe siècle, des malades et des infirmes se rendent en pèlerinage à Lourdes, en France, pour implorer la Vierge de leur accorder le « miracle » de la guérison. Plus de six mille personnes prétendent avoir été guéries ainsi depuis 1858, mais est-ce l'intervention divine ou une rémission engendrée par un niveau d'espérance extrêmement élevé qui a redonné la santé à ces gens ?

Les médecins emploient les termes *régression spontanée* ou *rémission spontanée* pour décrire un renversement inattendu de la situation d'un malade. Bien qu'ils ne soient pas fréquents, des cas de guérison « miraculeuse », pour lesquels la médecine n'a aucune explication, ont été enregistrés partout dans le monde. Les chercheurs continuent à recueillir des preuves du rôle essentiel que la pensée joue dans les processus physiques qui accompagnent la rémission. Récemment, l'Institute of Noetic Sciences a réuni plus de 3 500 témoignages sur la rémission spontanée, tirés de 830 revues médicales publiées dans plus de vingt langues différentes. En 1993, l'Institut a publié des extraits de ces témoignages dans un rapport intitulé *Spontaneous Remission -An Annotated Bibliography* (Bibliographie annotée sur la rémission spontanée). Les faits qu'on y raconte sont ahurissants mais véridiques. Ils appellent la question : « Comment pouvons-nous douter que l'attitude du malade influence l'issue de sa maladie ? »

L'EFFET PLACEBO

La médecine occidentale désigne toute substance qui n'a qu'un effet de suggestion du nom de placebo, terme tiré du verbe latin *placere* signifiant « plaire ». La recherche sur les placebos a démontré que, même avec les méthodologies les mieux éprouvées, les résultats peuvent bénéficier de Ce qu'on appelle l' « auréole placebo », c'est-à-dire la conviction que les médicaments sont efficaces. Un cas qui remonte aux années 1950 illustre particulièrement bien le pouvoir de l'effet placebo.

Un certain monsieur Wright (un pseudonyme) était soigné par les docteurs Philip West et Bruno Klopfer. Lorsqu'il entendit dire qu'un nouveau médicament contre le cancer, le Krebiozen, allait bientôt être mis à l'essai, Wright était presque à l'article de la mort et avait des tumeurs grosses comme des oranges au cou, aux aisselles, à l'aine, à la poitrine et à l'abdomen. Il était brûlant de fièvre et devait respirer de l'oxygène. Ses médecins le disaient « en phase terminale, intraitable autrement que par des sédatifs et des soins destinés à rendre ses derniers moments moins pénibles ».

Lorsqu'on lui administra sa première dose de Krebiozen, un vendredi, Wright eut une réaction tellement vive que le docteur West crut que cette première tentative serait aussi la dernière. Mais à son retour le lundi matin, le médecin trouva Wright en train de se déplacer allègrement dans la salle en plaisantant avec les infirmières, remontant le moral de tous ceux qui voulaient bien l'écouter. Ses tumeurs avaient fondu comme neige au soleil. En quelques jours seulement, leur taille avait diminué de moitié. Et lorsque ses médecins l'autorisèrent à quitter l'hôpital, dix jours plus tard, elles avaient pratiquement disparu. Mais l'histoire était loin d'être terminée.

Bientôt, des nouvelles troublantes à propos du Krebiozen commencèrent à circuler. Très peu de patients avaient vu leur condition s'améliorer et les journaux commençaient déjà à laisser entendre que cette « drogue miracle » pouvait se révéler un échec. Deux mois plus tard, Wright, qui dévorait tous ces reportages avec un désarroi grandissant, commença à montrer des signes de rechute.

Le docteur West décida de faire une expérience. Il rassura Wright en lui disant que les journaux s'étaient trompés, que le Krebiozen avait toujours un avenir aussi prometteur et que sa rechute n'était due qu'à une diminution de force du médicament. Exploitant d'une façon absolument délibérée l'optimisme de son patient, le docteur West lui promit qu'une nouvelle provision de Krebiozen hautement raffiné et deux fois plus puissant allait bientôt arriver. « En lui donnant un délai de quelques jours, écrivit plus tard le docteur West, je permettais à l'espoir de Wright d'atteindre son point culminant, et lorsque je lui ai ensuite annoncé que nous étions sur le point de commencer une nouvelle série d'injections, il était presque extatique et sa foi était plus forte que jamais. »

La deuxième guérison de Wright fut encore plus impressionnante que la première, bien que, cette fois, on ne lui ait injecté que de l'eau stérilisée. Une fois de plus ses tumeurs rapetissèrent et en très peu de temps il était devenu l'image même de la santé. Il demeura ainsi jusqu'à ce qu'une annonce officielle de l'American Medical Association vienne confirmer que « des études à l'échelle du pays avaient démontré que le Krebiozen n'était d'aucune utilité dans le traitement du cancer ». Quelques jours plus tard, Wright, totalement abattu, revenait à l'hôpital où il mourut rapidement.

Ce cas démontre bien qu'un placebo est une arme à deux tranchants, qui peut non seulement guérir mais aussi tuer.

LA PSYCHO-NEURO-IMMUNOLOGIE

Cette toute nouvelle science se concentre sur la relation existant entre les pensées et les sentiments qui s'expriment à travers notre anatomie neurologique, c'est-à-dire notre cerveau et notre système nerveux, et notre système immunitaire qui détermine notre état de santé général. Jetons un coup d'œil sur les points de jonction entre notre cerveau, notre système nerveux et notre système immunitaire.

Points de jonction

De nouvelles études montrent que chacune de nos pensées et chacun de nos sentiments engendrent des modifications chimiques et électriques mesurables, dans le cerveau et à travers le corps. La réaction émotionnelle, présente mais à des degrés différents dans chacune des expériences de notre vie, semble concentrée à l'intérieur du système limbique, dans la partie centrale du cerveau, où se trouve l'hypothalamus. En fait, cette information émotionnelle est transmise sous forme de signaux, véhiculés par des neuropeptides (enchaînements d'acides aminés complexes) biologiquement encodées, depuis le système limbique jusqu'à des sites récepteurs (semblables à des coupoles de satellites) à la surface des glandes endocrines (pituitaire, thalamus, pancréas et surrénales).

Coïncidence intéressante, des éléments importants du système immunitaire appelés monocytes sont équipés de sites récepteurs convenant aux mêmes neuropeptides. Des recherches importantes indiquent que le tissu nerveux traversant chacun des principaux organes de notre corps relie le système immunitaire au système nerveux central, au moyen de ces monocytes. Il semblerait que les monocytes servent de lien direct entre la réaction émotionnelle du cerveau et le système immunitaire.

Au cours des ans, certains scientifiques effectuant des expériences *in vitro* ont pu observer des cellules du système immunitaire attaquant des bactéries sans l'aide ni du corps ni de l'esprit. Il semblait que le système immunitaire soit entièrement autonome et capable de combattre la maladie par lui-même. Mais nous savons maintenant que le système immunitaire n'agit pas en solitaire contre la maladie, il fait partie d'une équipe. Ce que nous croyons être notre système de défense de première ligne contre la maladie n'est, en réalité, qu'une partie d'un réseau complexe et interactif mobilisant le corps et l'esprit. La nouvelle science appelée psycho-neuroimmunologie (utilisée avec succès par l'Institut Hippocrate depuis plusieurs années) montre que le cerveau, le système nerveux et le système immunitaire coopèrent au sein d'un système de réaction au stress de plus grande ampleur.

Un modèle de relation entre le corps et l'esprit

Le virus de l'herpès présente un modèle propice à l'étude des effets du stress sur l'immunité corporelle. Il s'agit d'un virus très courant qui, contrairement à tous les autres virus, n'est jamais totalement éliminé par le système immunitaire. Il est simplement maintenu en échec par la réaction immunitaire. Souvent, les maladies causées par le virus de l'herpès apparaissent et disparaissent à mesure tandis que le virus avance et se retire. Certains herpès plus spécifiques sont responsables des boutons de fièvre et ulcères génitaux récurrents, de même que de la varicelle et de sa forme récurrente appelée zona.

L'activité des virus de l'herpès dans le corps donne une mesure approximative de la capacité du système immunitaire à les maintenir en échec. Les chercheurs évaluent cette réaction en mesurant les anticorps dans le sang du malade. On a associé un nombre plus élevé d'anticorps de l'herpès, ou une immunité diminuée, à bien des sortes de stress. Les étudiants avaient un niveau d'anticorps de l'herpès plus élevé en période d'examens qu'après leurs vacances d'été par exemple, et un groupe de personnes divorcées, hommes et femmes, comptaient plus d'anticorps qu'un groupe similaire de personnes mariées.

Le même rapport entre stress et herpès a aussi été observé en ce qui concerne les diverses manifestations de la maladie. Dans l'une de ces études, des chercheurs de l'université de la Pennsylvanie et de l'hôpital pour anciens combattants de Philadelphie ont découvert que les personnes qui ont l'habitude de se sentir malheureuses ont plus de boutons de fièvre que celles qui se sentent généralement heureuses. Dans une autre étude, la psychologue Margaret Kemeny a observé que, dans un groupe de trente-six personnes souffrant d'herpès génital, les symptômes les plus récurrents se retrouvaient chez des individus déprimés.

Cette recherche confirme encore une fois que les microorganismes ne sont pas l'unique cause des maladies infectieuses mais que l'état émotionnel de la personne exposée à ceux-ci y est aussi pour quelque chose. En un peu plus de quarante ans depuis les premières expériences concernant l'influence du stress sur le fonctionnement du système immunitaire, nous sommes passés de la croyance voulant que ce système agisse indépendamment du cerveau à celle voulant qu'il soit influencé par le cerveau, pour aboutir enfin à une toute nouvelle conception affirmant que le cerveau et le système immunitaire font tous deux partie d'un système global intégré qui harmonise le travail de tous ses composants pour maintenir le corps en bonne santé.

ASSURER UNE BONNE SANTÉ MENTALE

Tout comme, selon le dicton populaire, nous sommes ce que nous mangeons, nous pourrions aussi dire que nous sommes ce que nous pensons et ce que nous ressentons. Tout comme nous devons assimiler notre nourriture et maintenir une bonne hygiène corporelle, nous devons aussi être capables d'intégrer nos sentiments et d'exprimer nos émotions librement pour pouvoir atteindre un état de santé optimal. Entre autres choses, le programme de santé de l'Institut Hippocrate encourage ses adeptes à développer et à maintenir un état mental équilibré à l'aide d'exercices de relaxation. Parmi les moyens employés, on compte le rire, la visualisation orientée, la respiration profonde, la méditation, la prière et la biorétroaction.

LES TECHNIQUES DE RELAXATION

La relaxation n'est pas l'équivalent d'un repos au lit. Les techniques de relaxation utilisent diverses stratégies pour mobiliser les pouvoirs internes d'un individu en vue de contrôler les états et fonctions dépendant de son système nerveux sympathique, comme la tension artérielle, le rythme cardiaque, la respiration et le métabolisme, par exemple. Ces techniques peuvent aussi réduire la tension musculaire, atténuer l'anxiété et favoriser un sommeil réparateur.

Les racines de nos réactions physiques devant le stress remontent à des temps très anciens, où ·la différence entre repousser un animal sauvage ou se faire tuer par cet animal dépendait de la rapidité de réaction devant le danger. Le corps humain devait être en état de lutter ou de fuir, instantanément. Pour ce faire, sa respiration devenait plus rapide et superficielle afin de lui permettre d'absorber plus d'oxygène en moins de temps. Le rythme des battements du cœur augmentait pour répartir cet oxygène plus rapidement et le flot sanguin était détourné des organes et de la surface vers les muscles, qui avaient besoin de plus d'énergie pour se préparer à combattre ou à fuir. Seules les personnes réagissant rapidement au stress pouvaient survivre.

Aujourd'hui, cette forme de réponse au stress en vue d'un combat à mort ou d'une fuite cause problème, parce qu'elle n'est plus appropriée. De nos jours, quand nous sommes stressés, nos muscles n'ont plus besoin de cet apport supplémentaire d'oxygène-mais il se produit quand même.

Notre corps continue à se préparer à se battre ou à fuir mais, la plupart du temps, il n'y a pas d'ennemi visible. Que se passe-t-il alors ? Notre cœur bat plus vite, notre tension artérielle augmente et nos muscles se raidissent, mais la détente ne vient jamais. Avec le temps, notre corps se fatigue et nous commençons à expérimenter toutes sortes de problèmes physiques tels que les ulcères, les maux de tête, les palpitations cardiaques, les maux de dos, les démangeaisons, les colites, les allergies, l'asthme, les maladies cardiaques, le diabète, les syndromes douloureux, les malaises chroniques et même le cancer.

Le stress augmente l'intensité, la fréquence et la durée des maladies et de la douleur. Mais nous savons aussi que le stress peut être traité et contrôlé à l'aide d'exercices de relaxation. D'ailleurs, l'influence de ces techniques de relaxation sur la santé générale, sur la maladie, sur la douleur et sur les malaises chroniques, s'exerce de plusieurs façons.

1. La capacité de gérer son stress améliore la sensation de contrôle qu'on a vis-à-vis de sa propre santé. Les thérapeutes cognitivistes nous assurent que la façon dont nous pensons à notre santé a un effet sur celle-ci. En nous laissant jouer un rôle actif dans la gestion de notre santé, les exercices de relaxation nous permettent de mieux assumer cette responsabilité, et cette seule action peut réduire l'impression d'impuissance et de découragement qui favorise et prolonge la maladie.

2. Les exercices de relaxation réduisent l'anxiété. Il est difficile d'entretenir des pensées positives quand on souffre de tension et d'anxiété chronique. La relaxation engendre une sensation de détente et de détermination.

3. La relaxation améliore le sommeil alors que l'anxiété le détériore. Les exercices de relaxation calment le système, améliorent la circulation, réduisent le niveau d'anxiété et favorisent un repos bienfaisant.

4. La relaxation augmente le bien-être physique en général. Quand la réaction au stress se prolonge et devient chronique, la présence constante d'adrénaline dans le corps finit par fatiguer le système immunitaire. La relaxation aide à atteindre un état psychologique qui favorise un corps robuste et en bonne santé.

Vous pouvez pratiquer la plupart des techniques de relaxation n'importe où et n'importe quand, sans accessoires ou appareils spéciaux, selon vos désirs et vos besoins. Mais pour apprendre à bien le faire il vaut mieux pratiquer dans un lieu confortable et tranquille, à l'abri de toute distraction. Lorsque vous possédez bien certaines techniques, vous pouvez y recourir à n'importe quel moment, sitôt que vous vous sentez stressé. Elles sont utiles pour vous aider à rester calme et en bonne santé, et non seulement en cas d'urgence. Bien sûr, personne n'est capable d'éliminer totalement le stress causé par la vie quotidienne, la maladie ou la douleur, mais vous pouvez certainemènt apprendre à le contrôler.

Pour découvrir laquelle des techniques de relaxation décrites ciaprès vous convient et vous permet d'obtenir les meilleurs résultats, il vous faudra expérimenter. Certaines techniques exigent plus d'efforts et d'entraînement que d'autres, aussi n'abandonnez pas trop vite. Essayez-les toutes et donnez à chacune le temps de faire ses preuves. Choisissez-en ensuite quelques-unes avec lesquelles vous vous sentez à l'aise. Une technique de relaxation qui nous convient et fonctionne bien est un outil qui permet d'améliorer sa qualité de vie, sa santé et son bien-être pour le restant de ses jours.

Le rire

Depuis que Norman Cousins a écrit son best-seller intitulé *Anatomy ofan Illness* (Anatomie d'une maladie), dans lequel il explique comment il a vaincu une maladie dégénérative à l'aide d'un régime de vie basé sur le rire, l'intérêt pour le rire en tant qu'agent thérapeutique et curatif n'a fait qu'augmenter. Même les plus incrédules acceptent peu à peu ce concept, au fur et à mesure que les chercheurs ajoutent des preuves au dossier.

Un «salon de l'humour» ne contenant aucun équipement médical a été aménagé à l'hôpital DeKalb, à Decatur, en Georgie. Comme complément aux autres traitements prescrits, les médecins recommandent des séjours plus ou moins prolongés dans ce salon à tous leurs patients souffrant de découragement ou d'un manque d'énergie.

Cette grande salle accueillante et bien éclairée contient une vidéothèque remplie de vieilles émissions de télévision et de vieux films drôles, dont ceux de Charlie Chaplin, Laurel et Hardy, Buster Keaton, W. C. Fields, Red Skelton, les frères Marx, Abbott et Costello et d'autres comiques.

La plupart des résultats ont été encourageants et certains, vraiment remarquables. Les infirmières ont remarqué que, habituellement, avec deux heures par jour passées dans ce salon, les patients avaient généralement un meilleur moral et un désir renouvelé de guérir et de retourner chez eux.

On offre aussi une thérapie du rire dans d'autres hôpitaux, comme à Orlando, à Schenectady, à Houston, . à Phoenix, à Los Angeles, à Stockholm et à Londres. Dans certains autres hôpitaux on préfère des sessions humoristiques collectives à cause de l'énergie positive engendrée par la dynamique de groupe. On réunit alors les patients et on leur raconte des blagues ou des histoires drôles, ou bien on leur présente des sketches ou des pièces comiques.

Au-delà des avantages d'ordre social et psychologique, les recherches montrent que ces séances de rire offrent des bénéfices physiologiques. La tension artérielle baisse, le système vasculaire est stimulé, la tension musculaire diminue et le système respiratoire fournit un surcroît d'oxygène bienfaisant.

Le rire stimule aussi la production d'endorphines, ces analgésiques naturels fabriqués par le corps. Il semble que, en activant la circulation sanguine au niveau de la boîte crânienne, les quelque quatre-vingts muscles faciaux actionnés par le rire modifient la température du cerveau, ce qui, par ricochet, influence le processus de synthèse des endorphines. De plus, il semblerait que le rire stimule aussi le thymus, une glande qui aide le corps à résister aux maladies.

Cette thérapie convient généralement bien aux personnes qui doivent prendre soin d'un parent malade. Ces soignants sont particulièrement vulnérables à la fatigue et à l'anxiété qui seraient susceptibles de leur causer un niveau de stress inacceptable. Ainsi, le patient comme le soignant peuvent retirer des bienfaits d'une séance de rire quotidienne. Norman Cousins rapporte qu'une période de cinq minutes de pensées positives, comme celles que le rire engendre, peut augmenter de 53 % la capacité qu'a le sang de lutter contre la maladie. On a même observé que quelques minutes de rire pouvaient procurer des heures de relaxation. Alors, à partir d'aujourd'hui, sachez voir le côté drôle des choses et surtout en rire !

La visualisation orientée

Parce que nous sommes tous capables de rêver, en éveil comme durant le sommeil, nous savons que nous avons un monde fantastique en nous, avec lequel nous pouvons communiquer d'une façon positive ou d'une façon négative. La visualisation orientée vous permet de visiter ce monde interne et de vous y aménager un petit coin où vous pourrez vous réfugier et vous sentir calme et en sécurité, simplement en vous imaginant être là. Le potentiel actif de la visualisation orientée réside dans la capacité d'imaginer une expérience positive qui va nous aider à empêcher, à interrompre ou à prévenir une réaction physique indésirable dans une situation trop stressante.

Pour ce faire, vous devez utiliser votre imagination pour vous « voir » dans un environnement agréable, calme et sécuritaire. Exercez-vous à visiter ce refuge imaginaire le plus souvent possible. Ensuite, quand vous vous sentirez stressé, vous pourrez vous y transporter en esprit pendant un petit moment et profiter de la sensation de détente que cela vous procure. Par exemple, vous pourriez trouver que la situation suivante est apaisante.

Je suis étendu sur une plage au bord de la mer. Le soleil me réchauffe le corps et, s'il devient trop fort, j'ouvre un parasol pour me protéger. Je sens le sable chaud qui coule entre mes doigts et j'observe les vagues qui caressent la rive l'une après l'autre. Je sens l'odeur de la mer et je goûte l'air salin. Nous sommes un certain nombre de personnes sur cette plage, mais pas trop. Je n'y suis ni isolé ni à l'étroit, mais parfaitement à l'aise. Il n'y a ni crabes rampant à mes pieds ni insectes pour me piquer, et je me sens absolument bien. C'est l'endroit idéal où je puis me réfugier à tout moment et par ma propre volonté. Même au milieu d'une foule et avec les yeux grands ouverts, j'ai la possibilité de me retirer sur « ma » plage quand j'en ai envie.

Dans cet exemple le refuge idéal est une plage, mais pour vous, ce pourrait être tout autre chose, devant un feu de foyer dans votre salon, près d'un ruisseau, dans un sous-bois ou dans un parc que vous aimez particulièrement. Voici quelques conseils pour vous aider.

Faites en sorte que l'endroit que vous avez choisi existe réellement afin que, lorsque vous vous sentez stressé ou souffrant, vous n'ayez pas l'impression de débarquer sur une autre planète.

Arrangez-vous pour que tous vos sens soient activés. Imaginezvous entouré de choses plaisantes à regarder et à toucher, de sons agréables, de bonnes odeurs et de saveurs délicieuses.

Transportez-vous dans votre paradis imaginaire le plus souvent possible. Plus l'image de cet endroit sera vive dans votre esprit et plus vous pourrez compter sur elle au moment où vous aurez besoin de soulager votre stress.

Un autre type de visualisation orientée peut être utilisé pour lutter contre une affection chronique ou la douleur, avec l'aide d'un thérapeute qualifié. Introduite dans les années 70 pour aider les athlètes et les musiciens à donner un meilleur rendement, cette méthode a graduellement réussi à se faire accepter comme outil paramédical. On enseigne d'abord au patient les effets que sa maladie, sa souffrance et son stress ont sur son système immunitaire. Ensuite, la voix de son thérapeute ou un enregistrement lui sert de guide pour apprendre à visualiser sa situation et à «voir» son corps en train de combattre la maladie et restaurer sa santé et son bien-être. Par exemple, une personne souffrant d'arthrite aux mains pourrait visualiser ses articulations raides et enflammées en train de désenfler, de s'assouplir puis de bouger de plus en plus facilement. Cette image mentale pourrait interrompre la transmission de la sensation de douleur par le cerveau, du moins temporairement.

La respiration profonde

Parce que votre corps a besoin d'oxygène pour alimenter toute réaction de stress, vous avez le pouvoir de court-circuiter cette sensation en reprenant le contrôle de votre respiration. Les athlètes le font souvent avant d'entreprendre une course ou de se présenter sur la glace ou au bâton, selon le cas.

Pour faire cesser cette respiration rapide et superficielle qui accompagne le stress, essayez ce qui suit.

- Mettez la main sur votre ventre.
- Prenez une respiration profonde en commençant par le ventre.
- Inspirez lentement et silencieusement en comptant jusqu'à cinq.
- Sentez l'air chaud qui vous envahit.
- Sentez votre main soulevée par les muscles de votre abdomen.
- Expirez lentement sans souffler, en relâchant l'air doucement et en comptant jusqu'à cinq.
- Souriez en sentant l'air ressortir.
- Répétez la séquence depuis le début.
- Ensuite, respirez normalement (de façon rythmique et aisée).
- Après une minute ou deux, prenez une autre respiration profonde.
- Répétez ce cycle de respiration profonde et de respiration régulière deux ou trois fois (ou plus si nécessaire), jusqu'à ce que votre respiration ait retrouvé un rythme naturel et aisé.

On recommande de sourire en expirant parce que le sourire augmente la sensation de bien-être. On ne se sent généralement pas stressé quand on sourit. Essayez pour voir. Affichez un large sourire et essayez de penser à quelque chose de déprimant. Ne trouvez-vous pas que c'est très difficile ?

La respiration profonde est une technique que vous pouvez utiliser n'importe où. Personne autour de vous n'a même besoin de savoir que vous êtes en train de pratiquer une technique de réduction du stress. Alors, utilisez-la sitôt que vous sentez que votre corps se tend à cause du stress.

La méditation

On peut utiliser la méditation pour rendre la respiration profonde plus efficace. Même si la technique de respiration peut stopper une réaction de stress, trop souvent des pensées négatives viennent saboter vos efforts. La méditation peut empêcher ce retour du stress.

Parce qu'elle engendre une attention ultra-consciente, la méditation est une concentration sur le moment présent qui permet une guérison non seulement physique, mais aussi émotionnelle. Les avantages physiques découlent de la diminution du stress corporel par la relaxation. Et, sur le plan émotionnel, la méditation réduit l'anxiété et calme l'esprit.

Au début des années 70, désirant une évaluation scientifique de leur pratique, les partisans de la méditation transcendantale ont demandé au cardiologue Herbert Benson, de l'université Harvard, et à un autre chercheur, R. Keith Wallace, d'observer les transformations physiologiques des adeptes de la méditation. On relia des électrodes au crâne des sujets, qui furent aussi soumis à des prises de sang avant et après chaque séance de méditation. On confirma ainsi que le calme que ceux-ci ressentaient n'était pas qu'une simple sensation « dans leur tête », mais un état physiologique unique et entièrement distinct du repos ou du sommeil. C'était comme si la réaction instinctive et classique qui pousse à combattre ou à fuir était renversée. Les battements du cœur et la respiration des personnes qui méditaient ralentissaient, en même temps que leur consommation d'oxygène diminuait. Qui plus est, ce calme physiologique survenait au bout de quelques minutes seulement. La méditation transcendantale semblait donc l'antidote parfait au méchant stress qui empoisonne la vie moderne.

Le docteur Benson entreprit alors de débarrasser la méditation de son contenu spirituel. Ce qui importe, suggéra-t-il, c'est le fait de se concentrer dans la quiétude. Qualifiant la réaction physiologique qui s'ensuit de « réponse de relaxation », Benson en a fait le titre de son livre *The Relaxation Response*, publié en 1976, un best-seller qui a fortement influencé toute une génération de professionnels de la santé.

Qu'on la pratique simplement pour la relaxation, pour une élévation spirituelle ou pour une guérison, la méditation demande un environnement tranquille et confortable, de même qu'un effort conscient pour détendre ses muscles, contrôler sa respiration et se calmer l'esprit. Un pôle d'attention est nécessaire. Ce peut être un « mantra », un son ou un mot sur lequel on peut se concentrer. Ce pourrait être le mot « paix », ou le mot « calme », ou encore un son qui n'a aucun sens particulier. Si vous préférez, vous pouvez vous concentrer sur une image mentale apaisante, ou même sur le son ou le rythme de votre propre respiration.

Il existe toutes sortes de méthodes de méditation, mais pour avoir une idée d'un style de méditation élémentaire, suivez les directives que voici.

Asseyez-vous confortablement dans un endroit calme et tranquille, à l'abri de toute distraction. Fermez les yeux et concentrez-vous sur la méditation pendant quelques secondes, en respirant à l'aise. Ensuite, abordez votre méditation par une expiration profonde et concentrez-vous sur votre mantra, en vous l'exprimant à vous-même, silencieusement. Il se peut qu'une pensée stressante vous revienne à l'esprit au cours de la phase d'inspiration, mais concentrez-vous à nouveau sur votre mantra en expirant. Répétez ce processus pendant une période de quinze à trente minutes et, avec de l'entraînement, vous en arriverez à respirer et à méditer sans qu'aucune pensée stressante ne vous dérange. Cette simple période de relaxation dépourvue de stress permettra à votre corps de se calmer et de se régénérer.

La prière

Toutes les religions clament que la prière a le pouvoir de guérir. De nos jours encore, des millions de personnes comptent sur la prière pour se détendre, se réconforter, et « recharger leur batterie ». Mais aujourd'hui, les rapports entre le corps et l'esprit qui expliquent la relation entre prière et guérison font l'objet de recherches scientifiques. Le docteur Larry Dossey, auteur de *Healing Words : The Power of Prayer and the Practice of Medicine* (Des mots qui guérissent : le pouvoir de la prière et la pratique de la médecine), a étudié l'effet de la prière sur la guérison d'un individu — qu'il s'agisse de ses propres prières ou de celles des autres. Il a montré que le système immunitaire est renforcé par la prière et que cet effet bénéfique peut se produire à des milliers de kilomètres de distance. En 1996, au moins dix universités à travers l'Amérique étudiaient le pouvoir de la prière.

Comme la méditation, la prière est un moment privilégié qui nous permet de tourner le dos au monde extérieur et de nous concentrer sur notre monde intérieur, celui qui peut influencer notre état de santé.

La biorétroaction

La biorétroaction offre une preuve évidente de l'influence de l'esprit sur les fonctions corporelles. Chez une personne en bonne santé, les fonctions physiologiques sont dirigées et contrôlées par le cerveau et le système nerveux central. Cependant, lorsque l'esprit est stressé, il s'interpose et crée des tensions corporelles. La biorétroaction nous apprend alors comment intervenir pour rétablir l'équilibre fonctionnel du corps.

En contrôlant sciemment votre niveau de stress, vous pouvez agir sur plusieurs fonctions corporelles qu'il est possible de mesurer, telles que les battements cardiaques, la température de la peau, la tension artérielle, la tension musculaire et les ondes cérébrales. Le dispositif biorétroactif qui permet de mesurer ces fonctions comprend un électro-encéphalographe, qui enregistre les ondes émises par le cerveau et le système nerveux, un électromyographe, qui enregistre la tension musculaire, et un galvanomètre, qui mesure les courants électriques sur la peau afin de détecter les états de nervosité ou d'excitation sexuelle ou autre.

Lorsqu'on les relie à des êtres humains, ces appareils émettent des signaux faciles à interpréter. Par exemple, lorsqu'un appareil détecte une tension musculaire en vous, une lumière rouge ou un son caractéristique peut être émis, vous signalant ce qui se passe à l'intérieur de votre corps pour que vous puissiez commencer à utiliser une technique de relaxation pour contrôler ces tensions. Les techniques utilisées conjointement avec ces appareils de détection biorétroactive incluent la relaxation et l'auto-suggestion, la visualisation, la méditation et la prière. Si l'appareil signale une augmentation de votre rythme cardiaque, par exemple, vous pouvez le ralentir en vous imaginant dans un environnement serein, paisible, dans lequel vous vous sentez calme, détendu et en sécurité.

La biorétroaction peut servir à plusieurs fins. On l'utilise comme traitement contre les problèmes émotionnels ou de comportement, comme l'anxiété, la dépression, les phobies, l'insomnie et les maux de tête dus à la tension. Elle peut aussi servir à soigner des maladies dont certains professionnels pensent qu'elles sont d'origine psychosomatique comme l'asthme, les ulcères, la colite, la diarrhée, l'arythmie cardiaque, l'hypertension, le syndrome de Raynaud et les migraines. La biorétroaction peut aider les personnes souffrant de troubles neuromusculaires causés par un accident cérébro-vasculaire ou une paralysie cérébrale. Enfin, parce que la biorétroaction augmente votre compréhension des interactions entre l'esprit et le corps, elle peut favoriser la prise de conscience et l'épanouissement personnel.

Il est préférable d'entreprendre des traitements de biorétroaction sous la supervision d'un psychologue compétent en la matière.

L'INTERACTION ENTRE LE CORPS ET L'ESPRIT

Devant l'accumulation de preuves, le scepticisme entourant l'interaction entre le corps et l'esprit disparaît peu à peu. La recherche démontre, par exemple, que des patientes souffrant d'un cancer du sein et bénéficiant du soutien d'un groupe survivent en moyenne deux fois plus longtemps que celles qui ne jouissent d'aucun soutien. D'autres expériences ont démontré que l'hypnose peut accélérer la guérison des brûlures, que le rire peut renforcer la fonction immunitaire, et que les diabétiques peuvent diminuer leur besoin d'insuline à l'aide de techniques de relaxation. Les psychologues ont déterminé divers types de personnalités reliés à la maladie cardiaque, et les études reliant les facteurs psychologiques à la maladie et au fonctionnement immunologique se comptent maintenant par milliers. Naturellement, cela ne prouve pas nécessairement que les êtres humains sont capables de se guérir du cancer ou d'autres maladies. Cela ne prouve pas non plus que «tout est dans la tête» ni que nous sommes la cause de nos propres maladies. Ce que les études suggèrent, en revanche, c'est que nos sentiments et nos émotions ont un effet sur notre santé, et que le système immunitaire du corps humain pourrait être infiniment plus puissant et plus complexe que nous n'avions osé l'imaginer. Un dossier de plus en plus étoffé démontre que nos pensées, nos sentiments et nos attitudes peuvent nous condamner à la maladie ou nous assurer la santé.

5

LES ALIMENTS VIVANTS ET LE CONTRÔLE DU POIDS

Les gens qui séjournent à l'Institut Hippocrate posent souvent la question suivante : est-ce que je vais perdre du poids avec le régime Hippocrate ? » Certains aimeraient bien perdre les kilos qu'ils ont en trop, mais d'autres craignent d'en perdre plus qu'ils ne le désirent ou qu'ils n'en ont besoin. Et voici la surprenante vérité : le régime Hippocrate peut répondre à tous les besoins, ceux des personnes dont le poids est parfaitement normal comme ceux des obèses ou des gens trop minces. Avec les aliments vivants, le corps obtient exactement la somme d'énergie dont il a besoin pour maintenir la meilleure forme et la meilleure santé possible, ni plus, ni moins. Ainsi, si vous avez un excédent de poids vous le perdrez en suivant ce régime. Si vous êtes mince vous garderez la taille et le poids que vous avez actuellement. Et si vous êtes trop maigre le programme de santé Hippocrate vous aidera à prendre les kilos qu'il vous faut pour atteindre le poids de santé idéal.

COMMENT ON PERDAIT DU POIDS DANS LE PASSÉ

Jetons un coup d'œil rapide sur la fascination que les régimes amaigrissants ont exercée sur les gens depuis le début du siècle.

- Avant 1917, le mot «calorie» n'était utilisé que dans le domaine de la physique, puis il a été introduit dans le langage populaire par Lulu Hunt Peters, éditrice du magazine *Diet and Bealth*.
- En 1939, la Food and Drug Administration a mis fin à la vente de pilules miracles présumément amaigrissantes, vente qui rapportait quelque 30 millions de dollars par année.
- En 1943, la compagnie d'assurances-vie Metropolitan Life publia le premier tableau établissant un poids idéal pour les femmes.
- En 1959, le *New York Times* affirma que les Américains souffraient d'une «névrose de l'amaigrissement».
- En 1967, la photo du célèbre mannequin de mode britannique Twiggy, mesurant 1,68 mètre (5 pieds 7 pouces) et pesant 91 livres (41,3 kilos), est apparue quatre fois sur la couverture du grand magazine de mode *Vogue*.
- Dans les années 70, bon nombre de médecins recommandaient des régimes portant le nom de leur auteur (Atkins, Scarsdale, Stillman, Pritikin, etc.) et basés sur leur conception des exigences d'une alimentation saine.
- En 1982, les chercheurs de l'université John Hopkins estimaient que les Américains avaient investi dans 29 068 théories, traitements et autres moyens de perdre du poids.
- En 1990, la populaire animatrice de télévision Oprah Winfrey porta sa lutte contre l'embonpoint jusque dans nos salons en perdant 30,4 kilos (67 livres) au vu et au su de tous les téléspectateurs, à l'aide d'un régime à base de protéines liquides appelé «Optifast».

Le chemin parcouru jusqu'au régime Hippocrate a été long, mais, avec le recul, il est plus facile de voir ce qui n'était que publicité et ce qui pouvait être dangereux, et de déterminer la raison de la faillite totale de la plupart des régimes amaigrissants.

Mourir de faim pour être beau

Les régimes amaigrissants ordinaires sont éminemment pauvres en éléments nutritifs. Le régime aux pamplemousses, les jeûnes et les milliers de «régimes de sept jours» annoncés en page couverture des magazines féminins privent le corps de bien plus que de calories et de gras. Ils restreignent le carburant même dont le corps a besoin pour rester en vie et bien fonctionner.

Parce que ces régimes fournissent trop peu de vitamines, de minéraux et d'autres éléments nutritifs essentiels, le corps, dans un effort désespéré pour satisfaire ses besoins, exige de plus en plus de calories. Que se passe-t-il alors? Lorsqu'elle devient incapable d'ignorer sa faim plus longtemps, la personne se met à manger à l'excès. Cette surconsommation d'aliments peu nutritifs produit des déchets toxiques que le corps ne parvient pas à éliminer et que, pour tenter de survivre, il emmagasine dans sa couche de graisse sous-cutanée. Le fait que le corps a besoin de plus d'énergie que ce que la plupart des régimes amaigrissants peuvent lui fournir engendre ainsi une consommation excessive, de mauvaises habitudes alimentaires et une prise de poids supplémentaire.

Le jeûne est une autre technique d'amaigrissement qui est populaire mais dangereuse et nuisible. Lorsque le corps est incapable de tirer suffisamment de glucose des hydrates de carbone (parce qu'il n'en consomme pas), il se tourne vers ses propres protéines et sa propre graisse pour satisfaire ses besoins énergétiques. Il emprunte des protéines à ses tissus, à ses muscles et même à ses organes, puis les transforme en glucose pour les utiliser comme carburant. Lorsqu'un long jeûne se termine, le corps a déjà utilisé l'énergie d'une énorme quantité de ses propres protéines ainsi qu'une quantité moindre de sa graisse. En général, l'affaiblissement des organes et des tissus est si avancé qu'il faut plusieurs années pour réparer le dommage, et cela ne sera possible que si le régime de cette personne lui fournit suffisamment d'hydrates de carbone, pour l'énergie, et de vitamines, de minéraux, de protéines et d'enzymes, pour l'assimilation. Et, pour couronner le tout, le corps est plus porté à gagner du poids après un jeûne à cause de son état de faiblesse.

Se limiter à compter les calories est un autre moyen de saboter un régime. Se contenter de réduire ou d'augmenter le nombre de calories est un mauvais système de contrôle du poids. Les calories contenues dans un aliment ne sont pas seules à déterminer si le corps va convertir cet aliment en graisse et l'ajouter à sa réserve. Dans bien des cas, les aliments nutritifs contiennent plus de calories que les aliments vides, mais il n'y a que les aliments nutritifs (riches en enzymes, en oxygène, en oligo-éléments et en nutriments) que le corps peut absorber et utiliser sans prendre de poids. Les aliments de mauvaise qualité ne sont ni absorbés ni éliminés facilement et le corps n'a d'autre choix que de les conserver sous forme de graisse. Vous remarquerez que, dans ce chapitre, on n'utilise jamais le mot « calorie » mais plutôt le mot « énergie » en parlant du programme de santé Hippocrate, d'abord parce qu'un programme de contrôle de poids raisonnable ne doit pas être centré sur les calories, surtout que le mot « énergie » décrit bien mieux ce que nous tirons de notre nourriture.

Des « régimes de santé » qui ont mal tourné

Les régimes Atkins, Scarsdale et Stillman, fort populaires dans les années 70, ont modifié la conception que les gens avaient de la perte de poids volontaire. Prétendument basés sur les besoins nutritionnels du corps humain, ces régimes avaient été élaborés par des médecins. Des centaines de milliers de gens ont acheté leurs livres, participé à leurs ateliers, et consacré énormément de temps et d'efforts à ces régimes amaigrissants. Mais, à long terme, presque tous ont échoué.

En 1972, le livre du Dr Atkins intitulé *Diet Revolution* a reçu un accueil formidable sur le marché. Il garantissait que toute personne pouvait perdre du poids en contrecarrant le déséquilibre métabolique qui conduit à engraisser. Il est vrai qu'un métabolisme déséquilibré fait prendre du poids, mais le Dr Atkins préconisait le rétablissement de l'équilibre par l'élimination des hydrates de carbone. Or, on sait maintenant que les hydrates de carbone contribuent à la perte de poids car ils « brûlent » efficacement et proprement, se transformant en eau et en gaz carbonique. De plus, le Dr Atkins s'est permis d'ignorer (ou ne comprenait pas bien à ce moment-là) le potentiel de destruction des aliments à forte teneur en gras. Tout heureux de pouvoir dire aux personnes qui adoptaient son régime qu'elles pouvaient perdre du poids sans compter les calories, le Dr Atkins se targuait d'avoir pu « faire maigrir des gens qui prenaient du bacon et des œufs au petit-déjeuner, mettaient de la crème dans leur café, de la mayonnaise dans leurs salades et du beurre fondu sur leur homard, et qui mangeaient des côtes levées, du canard rôti et de la viande fumée. Où le Dr Atkins croyait-il que l'excès de gras contenu dans son régime allait se retrouver ? De nombreux adeptes désillusionnés ont découvert que c'était dans les tissus de leur propre corps.

En 1974, le Dr Stillman publia son programme de « mise en forme en 14 jours » *(14-Day Shape Up Program),* dans un livre populaire préconisant l'amaigrissement à l'aide d'une combinaison de régime alimentaire et d'exercices. C'était une bonne idée, déjà éprouvée, mais le « miracle » d'une perte de 11,3 kilos (25 livres) ou plus en 14 jours, que le docteur Stillman garantissait à partir d'une diète riche en protéines et pauvre en hydrates de carbone et de seulement dix minutes d'exercice par jour, était réellement « trop beau pour être vrai ». Et le Dr Stillman garantissait aussi à ses lecteurs qu'ils pourraient revenir à leur diète normale après le programme de 14 jours. Bien sûr, ils perdaient du poids avec ce régime, qui contenait de 80 à 90 pour cent de protéines et seulement 5 pour cent d'hydrates de carbone et 5 pour cent de gras, mais ce genre de perte ne peut être soutenue pendant plus de quatorze jours, et le poids perdu est ensuite rapidement repris.

En 1978 parut *The Complete Scarsdale Medical Diet,* par le Dr Herman Tamower. Ce régime très restrictif ne permettait la consommation que de 34,5 pour cent d'hydrates de carbone et de 43 pour cent de protéines, tout en insistant fortement sur le compte des calories. Les gens devaient se limiter à mille calories par jour et s'en tenir à un menu quotidien très strict accompagné d'un avis de ne manger « que ce qui est prescrit, exactement et sans aucune substitution ». Le Dr Tamower n' avait peut-être pas une connaissance complète de la psychologie de la privation, qui menace tout régime imposant des limites, mais il aurait dû savoir que toute personne, active ou inactive, homme ou femme, a besoin de plus de mille calories par jour pour survivre sans souffrir de fatigue extrême et éventuellement, de malnutrition. Encore une fois, des milliers de personnes ont suivi ce programme. Épuisées, étourdies, malades, elles persistaient néanmoins à ignorer les besoins de leur corps.

Les régimes Atkins, Stillman et Scarsdale prétendaient tous augmenter le métabolisme des graisses et la production de cétones. Les cétones sont le produit d'une métabolisation incomplète des graisses. « Lorsque vous produisez des cétones, disait le Dr Tamower, c'est que votre corps « brûle » les aliments à un rythme accéléré, que vous jouissez d'un métabolisme des graisses ultrarapide, et c'est ce que nous recherchons. » Il semble bien que Atkins, Tamower et Stillman n'étaient pas au courant du danger que représentent les cétones. Étant acides, ils peuvent modifier la quasi-neutralité du pH du sang. Or, dans le chapitre 3, nous avons vu les effets désastreux d'un sang acidifié sur la santé du corps. De plus, un changement de régime brusque peut causer une augmentation rapide du taux d'acidité engendrant un état semblable au diabète. Et l'acidose causée par un excès de cétones peut même être fatale.

Les régimes Atkins, Scarsdale et Stillman recommandaient aussi une forte consommation de protéines, ce qui explique les pertes de poids spectaculaires qui étaient rapportées. Dans leur effort pour diluer les sous-produits toxiques d'un excès de protéines, les tissus du corps perdent une forte quantité d'eau après le début d'un tel régime. Le poids de la personne diminue rapidement avec l'élimination de l'eau et des toxines mais, après une semaine environ, il atteint un plateau. Et sitôt que la personne cesse le régime, son poids augmente rapidement. Comme le reconnaît le Dr Atkins lui-même : « La caractéristique la moins attrayante de ce régime est la rapidité avec laquelle vous allez reprendre du poids si vous abandonnez. »

Mais la rapidité de la reprise de poids n'est pas le pire. Les régimes riches en protéines, ou aux protéines liquides (comme l'Optifast d'Oprah), causent surtout des dommages physiques : cétose (une maladie qui endommage les reins), goutte, hausse des taux de cholestérol et de triglycérides, stress cardiaque, maladie de foie, constipation (à cause d'une trop grande consommation d'aliments de source animale), fatigue, affaiblissement de la masse osseuse et carie dentaire (à cause d'une perte de vitamines et de minéraux), ou même augmentation du risque de certains types de cancer. Il est maintenant très clairement établi que non seulement la diète riche en protéines est inefficace pour perdre du poids, mais qu'elle est carrément dangereuse.

Une victoire dans la guerre des régimes

En 1979, Nathan Pritikin publia *The Pritikin Programfor Diet and Exercise.* Il s'agissait du premier régime à déclarer la guerre aux aliments transformés, au gras, au sucre, aux protéines, au sel, à la caféine et à l'alcool. Pritikin recommandait un régime pauvre en protéines et riche en hydrates de carbone, qui limitait la consommation de viande et de poisson à moins 113 grammes (d'un quart de livre) par jour. Il déclarait que : « les aliments riches en hydrates de carbone complexes, comme les céréales, les fruits et les légumes, sont ce que nous pouvons manger de mieux » et rejetait le compte des calories et la privation jusque-là étroitement associés au mot « régime ». Pritikin, s'appuyant sur des preuves médicales, affirmait que la santé reposait sur le contrôle du poids et sur un régime sensé, équilibré, accompagné d'exercices. Bien qu'il refusât de reconnaître la dimension psychologique des raisons pour lesquelles les gens mangeaient trop, et la tournât même en dérision, la formule élaborée par Pritikin a eu le mérite d'attirer l'attention de la communauté mondiale sur un programme de contrôle du poids basé sur un régime riche en hydrates de carbone qui, en toute légitimité, promettait une perte de poids et une bonne santé.

Pourquoi perdre du poids ?

Nathan Pritikin nous a apporté plus qu'une nouvelle forme de diète, il nous a fourni de nouvelles raisons de perdre du poids. La vanité et les pressions sociales qui avaient justifié les régimes amaigrissants auparavant étaient dorénavant reléguées au second plan, derrière le souci d'une bonne santé. Pritikin démontra qu'un régime alimentaire sain et le maintien d'un poids équilibré avaient une influence directe sur la santé d'un individu.

Nous savons aujourd'hui que les personnes obèses vivent moins long-temps que les personnes maigres, et surtout qu'elles sont en moins bonne santé. L'obésité augmente les risques de diabète, de maladies cardiaques, d'hypertension, d'artériosclérose, de problèmes de vésicule biliaire et de certains types de cancer. De plus, elle aggrave les symptômes de l'arthrite, endommage le foie et provoque des complications de la grossesse et de l'accouchement.

Le fait de trop s'alimenter crée un stress au niveau du cœur et des vaisseaux sanguins. En ralentissant, la circulation du sang et des lymphes provoque une hausse de la tension artérielle. Chez les hommes entre 35 et 50 ans, le risque de maladie cardiaque augmente de 30 pour cent par tranche de 4,5 kilos (10 livres) excédant le poids idéal.

Aux États-Unis, l'obésité (définie comme un poids excédentaire de 20 pour cent ou plus) cause 20 millions de maladies nouvelles et 300 000 décès par an. Selon Judith Stem, vice-présidente de l'American Obesity Association : « Nous sommes littéralement au cœur d'une épidémie d'obésité. » Mais, des milliers de personnes qui se soumettent à un régime pour perdre du poids, presque toutes celles qui y réussissent reprennent ce poids dans les cinq années qui suivent. Pas surprenant que tant de gens aient perdu tout espoir.

Pourquoi pas ?

Plus on se trouve de raisons pour maintenir à un poids approprié, plus on cherche des excuses pour ne pas maigrir.

« Je suis toujours à la diète mais je ne perds jamais de poids. » Un excès de poids n'est pas nécessairement causé par un excès de nourriture, c'est la conséquence d'une mauvaise alimentation. La diète typique de notre époque contient trop de gras et trop peu d'hydrates de carbone. La transformation a éliminé les fibres de la plupart des aliments et ce qui reste est trop gras, trop condensé, mal équilibré, et impossible à absorber ou à éliminer. Le corps est forcé de le conserver sous forme de dépôts graisseux, d'où l'obésité.

« J'ai un problème d'ordre médical, qui m'empêche de maigrir. »

Certains disent ne pouvoir maigrir parce que leur glande thyroïde fonctionne au ralenti. En fait, l'hypothyroïdie est rarement la cause de la prise de poids et elle est facile à traiter. D'autres prétendent que leur glande pituitaire ne répond plus aux signaux que leur corps émet lorsqu'il n'a plus faim, c'est pourquoi ils continuent à manger. Ce peut être vrai pour quelques rares personnes, mais pour la plupart d'entre nous ce n'est probablement pas le cas.

« On est tous gros dans ma famille. »
Certaines personnes cherchent l'explication de leur excès de poids dans la génétique. Il est vrai que certains types de corps peuvent supporter plus de poids, mais cela ne les empêche pas de devenir minces. La plupart des gens qui sont gros depuis leur naissance ont un nombre de cellules graisseuses absolument normal, mais la quantité de gras qu'elles contiennent est, elle, tout à fait anormale. Un métabolisme bien réglé est la clef du maintien d'un poids idéal, et le programme Hippocrate peut aider à l'obtenir.

LA SCIENCE MODERNE
ET LES SUBSTITUTS DU GRAS

La science moderne a trouvé un moyen de nous permettre de perdre du poids sans renoncer à nos habitudes. En 1996, la FDA *(Food and Drug Administration)* a autorisé la fabrication et la vente d'un substitut du gras appelé « olestra » par la compagnie Procter & Gamble. L'olestra, un produit synthétique fabriqué à partir de sucre et d'acides gras, ne fournit pas de calories puisqu'il peut passer à travers le corps sans jamais être absorbé. De plus, l'olestra possède, comme le gras, une consistance riche et crémeuse en bouche. Son utilisation dans la fabrication des chips, du maïs éclaté et des craquelins a été approuvée, et on devrait en autoriser d'autres usages bientôt.

La FDA reconnaît toutefois que l'olestra n'est pas totalement dépourvu d'effets secondaires négatifs. L'emballage de tout produit contenant de l'olestra doit obligatoirement porter l'avertissement suivant: «Ce produit contient de l' olestra. L'olesta peut causer des crampes abdominales...

Parce que l'olestra empêche l'absorption de certaines vitamines et d'autres nutriments, on y a ajouté des vitamines A, D, E et K.» Mais, pour dire toute la vérité, il faudrait que l'avis soit beaucoup plus long. Le Dr Sheldon Margen, professeur de santé publique à l'université de Californie, à Berkeley, et Dale A. Oger, directeur de la rédaction de la *Wellness Letter* de cette université, ont fait part de leurs préoccupations dans un article conjoint intitulé *Nutrition and You*.

- L'olestra peut chasser du corps les vitamines solubles dans les graisses comme les vitamines A, D, E et K, de même que le bêtacarotène et d'autres caroténoïdes importants. Au cours d'une des études effectuées par la multinationale Procter & Gamble elle-même, on a découvert que la consommation de six chips seulement réduisait le niveau de caroténoïdes de moitié.

- Des études effectuées sur des animaux montrent certaines transformations au niveau des cellules du foie, ce qui augmente les soupçons quant aux risques de cancer potentiel.

- On connaît déjà la diarrhée et les crampes comme conséquences de la consommation d'olestra. Les caractéristiques physiques de ce substitut du gras ressemblent à celles de l'huile minérale, qui est un laxatif bien connu. Et l'usage prolongé de tout laxatif est néfaste pour la santé.

Les efforts pour créer des produits qui nous permettent de profiter à la fois «du beurre et de l'argent du beurre» répondent à toutes les excuses que nous invoquons pour ne pas surveiller notre poids. Mais les faits demeurent: pour être mince et en bonne santé, il faut faire un effort et apprendre ce dont le corps a besoin pour conserver un poids approprié. Et le régime Hippocrate n'a besoin d'aucun «avertissement»!

LA FORMULE HIPPOCRATE DE CONTRÔLE DU POIDS

Vous vous demandez maintenant comment le programme de santé Hippocrate se situe par rapport à l'ensemble de ces régimes alimentaires? La réponse est simple et directe. Le programme de santé Hippocrate est imbattable lorsqu'il s'agit de réduire ou de maintenir son poids à long terme, de façon efficace et sécuritaire. Il combine l'exercice et la diète, il reconnaît l'importance des facteurs psychologiques dans un régime et propose un programme infaillible.

Pour perdre du poids

Le régime Hippocrate contient beaucoup d'hydrates de carbone, de vitamines et de minéraux et peu de gras. Une formule qui ressemble à celle des plus efficaces des programmes modernes de perte de poids (comme le régime Pritikin). Mais le régime Hippocrate a un atout supplémentaire unique, les enzymes. Les enzymes décomposent l'excès de gras pour en permettre l'élimination. L'examen des dépôts graisseux chez des individus pesant entre 136 à 227 kilos (de trois cents et cinq cents livres) a révélé un niveau anormalement bas de lipase, une enzyme qui permet l'hydrolyse des lipides. Seules les enzymes peuvent décomposer et éliminer les dépôts graisseux, c'est pourquoi, si restrictif ou faible en calories soit-il, tout régime amaigrissant à long terme qui ne comporte que des aliments pauvres en enzymes finit par frustrer ceux qui l'adoptent. La plupart des régimes amaigrissants, même parmi les meilleurs, ne réussissent pas à produire les résultats promis parce qu'ils ne contiennent pas d'enzymes. Étant dépourvus d'enzymes, les aliments cuits font engraisser, alors que, en quantité égale, les aliments crus ne le font pas.

Contrairement à d'autres régimes qui travaillent contre la nature, le régime Hippocrate travaille avec elle. Suivre un régime à base d'aliments vivants ne signifie pas se priver, mais adopter une alimentation de qualité supérieure produisant une perte de poids lente, régulière et saine. Cela n'impose ni compte des calories ni pesée de portions alimentaires infimes sur une balance de cuisine, et n'engendre pas l'impression de privation (lorsqu'on ne mange pas) ou de culpabilité (lorsqu'on mange) caractéristiques des autres régimes. Le même régime d'aliments vivants qui nourrit et guérit ceux qui souffrent de diabète ou d'arthrite fait merveille pour les obèses.

Le régime Hippocrate contribue à la perte de poids en aidant les mécanismes de digestion naturels du corps à effectuer les tâches suivantes :
1. éliminer la sensation de faim en fournissant tous les nutriments et les calories dont le corps a besoin ;
2. restaurer le bon fonctionnement du système digestif et permettre de tirer le maximum des aliments consommés, puis d'éliminer les déchets avant qu'ils ne se transforment en graisses indésirables ;
3. fournir les enzymes nécessaires à la désintégration et à l'élimination des dépôts graisseux.

Après avoir consommé des aliments vivants pendant quelques semaines, vous en arriverez à manger moins tout naturellement. Les aliments vivants vous permettront de vous sentir rassasié parce qu'ils contiennent un grand nombre de fibres naturelles et de nutriments essentiels. Votre corps cessera d'en demander toujours plus. Ces terribles fringales qui vous poussent à l'excès et à l'obésité sont reliées aux aliments cuits.

Le diagnostic final est le suivant : le taux d'obésité augmente parce que nous mangeons trop d'aliments riches en calories mais dépourvus d'enzymes et de fibres, et pas assez de fruits, de légumes, de germinations, de fèves et de céréales, crus et non transformés. Les aliments transformés contiennent une trop forte densité de calories et fournissent trop peu d'énergie. Il faut trente épis de maïs pour extraire la quantité d'huile requise pour frire une seule portion de frites. Il faut un kilo (deux livres) de betteraves pour extraire le sucre nécessaire à l'assaisonnement du morceau de tarte aux fruits et de la boisson gazeuse qui composent un repas-minute typique. Ces articles (et d'autres aliments trop raffinés ou concentrés) fournissent moins de fibres que les aliments entiers pour remplir l'espace vide dans votre estomac. Tout en consommant plus d'aliments transformés que vous n'auriez consommé d'aliments entiers (avec un surplus de calories, bien entendu), vous pouvez vous sentir moins rassasié. Si vous consommez des aliments vivants entiers, en équilibrant les aliments fournissant plus ou moins d'énergie, il est impossible de vous remplir l'estomac suffisamment en trois repas pour devenir obèse. C'est aussi simple que cela.

Des conseils pour maigrir

J'ai travaillé avec des milliers de personnes souffrant d'embonpoint à l'Institut, et toutes ont connu une réduction immédiate de leur poids grâce au régime Hippocrate. La plupart des fruits et des légumes crus consommés en salade sont des aliments dépourvus de gras mais riches en vitamines et en minéraux. Une erreur communément commise par les gens après avoir quitté l'Institut consiste à manger beaucoup de salades maigres, mais à compter sur les aliments cuits pour assurer la majeure partie de leur diète. Pour de meilleurs résultats, la majorité des unités énergétiques fournies par votre diète devrait provenir d'aliments crus.

Pour tenter de perdre du poids avec le régime Hippocrate, il vous faudra consommer chaque jour des aliments crus et fortement « énergisés » comme des fèves germées, des légumes, des céréales germées, certains fruits frais et des fruits à écale comme des noix, ainsi que des recettes préparées avec ces aliments. Ceux-ci sont très nourrissants : vous vous sentirez rassasié sans être « bourré » et vous aurez une bonne réserve d'énergie.

Ces aliments contiennent aussi une bonne source d'enzymes, qui assurent une digestion efficace et complète. Les enzymes alimentaires contenues dans le régime Hippocrate attaquent les réserves de graisses et de tissus indésirables, pour les désintégrer cellule par cellule et les éliminer. Rappelez-vous que seules les enzymes sont capables de décomposer les cellules de gras et d'en éliminer les déchets. La digestion des aliments vivants et des jus requiert moins de sucs gastriques que celle des aliments cuits, ce qui permet à l' « équipe de nettoyage » de votre corps d'utiliser la force de ces enzymes pour décomposer et éliminer les cellules graisseuses indésirables. Chez les gens qui consomment des aliments cuits, à moins qu'ils ne se soumettent à une privation extrême cette réserve d'enzymes est monopolisée par la digestion et n'est plus disponible pour l'élimination des graisses. Avec le régime Hippocrate vous pouvez manger des aliments vivants tant que vous voulez et continuer à perdre du poids d'une manière sûre et saine.

Il est possible de maximiser votre perte de poids en consommant surtout des aliments vivants naturellement faibles en calories et capables de régulariser votre métabolisme, tout spécialement des germinations de fèves ou de céréales, de la verdure et des légumes en salade, ainsi qu'une abondance de jus de germinations. Le faire pendant une semaine chaque mois devrait suffire amplement. Pendant les trois autres semaines du mois, suivez le régime Hippocrate ordinaire en utilisant tous les aliments et groupes d'aliments, y compris ceux qui apportent une plus grande quantité d'énergie. Les aliments vivants à haute teneur en calories devraient vous aider à vous sentir rassasié.

Si vous souffrez d'embonpoint mais que vous êtes physiquement actif (consultez la section suivante intitulée « Perte de poids et exercice »), vous devriez facilement perdre de 0,5 à 1,5 kilo (1 à 3 livres) par semaine en vous en tenant aux recommandations du régime. N'essayez pas de maigrir trop vite, une baisse trop rapide pourrait occasionner une perte de masse musculaire et de protéines, une déshydratation, une acidose, des troubles menstruels, des douleurs au dos et une hypoglycémie (baisse du taux de sucre dans le sang). Mangez! Au petit-déjeuner, prenez un jus de pastèque ou mélangez un tiers de jus de fruit avec deux tiers d'eau. Si cela ne vous suffit pas, prenez des céréales en grains avec de l'eau de riz. Le midi, mangez une grosse salade de pousses avec une sauce de graines, d'avocat ou de légumes, une poignée d'amandes germées ou du pain et une pâte à tartiner à base de fèves germées. Au dîner, prenez une soupe, des croustilles de céréales, un pâté de légumes et, à l'occasion, deux heures après le repas, mangez un morceau de tarte aux fruits crus. Il n'est pas nécessaire que votre diète soit ennuyeuse ou que vous vous sentiez affamé. Il suffit d'y consacrer un peu de temps, de créativité et d'effort et vous aimerez beaucoup votre nouveau régime.

La perte de poids par l'exercice

Vous ne pouvez vous en remettre exclusivement à l'exercice pour vous débarrasser des livres ou kilos que vous avez en trop. Même avec le programme d'exercices le plus astreignant, si vous continuez à nourrir votre corps avec des aliments vides ou transformés vous ne perdrez presque pas de poids. Cependant, en le combinant au régime Hippocrate, le moindre exercice pourra vous aider à perdre du poids. Une demi-heure ou plus d'un exercice léger — une marche accélérée, par exemple — stimule la sécrétion d'épinéphrine (ou adrénaline), ce qui aide à couper l'appétit. Par contre, une activité trop légère pourrait favoriser une remontée de l'appétit. Il est donc important de déterminer le niveau d'exercice adéquat dans votre plan de réduction de poids.

Autrefois on pensait que les exercices aérobiques hautement actifs étaient ce qu'il y avait de mieux pour perdre du poids, mais on comprend aujourd'hui que les effets transmis aux os et aux différentes parties du corps par ces exercices peuvent engendrer un stress dangereux, déplacer certains organes et contribuer à la formation des rides. Des activités énergiques, mais plus passives, comme la marche, la natation, le cyclisme et le patinage sont un meilleur type d'exercice aérobique. Des gymnases et autres salles spécialement aménagées permettent d'exercer ses muscles à l'aide de tapis roulants, de bicyclettes stationnaires, d'escaliers d'exercice et d'appareils permettant de faire des mouvements correspondant à ceux de l'escalade, du ski, de la natation et de mille et une autres activités physiques. Il y a bien des façons de s'activer pour perdre les livres ou les kilos en trop.

L'exercice est le meilleur ami de ceux qui veulent perdre du poids, non seulement parce qu'il brûle des calories mais aussi parce que c'est le moyen le plus rapide pour modifier le métabolisme, c'est-à-dire augmenter la proportion d'aliments qui sont convertis en énergie et en muscles plutôt qu'en graisse. Et cette activité métabolique peut être maintenue à un niveau élevé pendant presque quatre heures après la fin de l'exercice. Cela signifie que vous continuez à brûler de l'énergie longtemps après avoir cessé de faire votre gymnastique. Pour convertir les aliments et la graisse corporelle en énergie nous avons besoin de l'oxygène tiré de l'exercice. Sans lui, nous nous sentons fatigués et paresseux parce que nous n'arrivons pas à produire suffisamment d'énergie.

La quantité d'exercice nécessaire à la perte de poids varie d'une personne à l'autre. La recommandation la plus courante est de faire de l'exercice cinq jours par semaine, à une cadence permettant d'élever le rythme cardiaque, pendant au moins trente minutes chaque fois.

Maintenant que vous avez découvert le programme Hippocrate, vous pouvez abandonner le petit jeu des hausses et des baisses de poids en dents de scie, cesser de gaspiller des centaines de dollars chaque année et de risquer de compromettre votre santé avec des régimes qui vous permettent de continuer à consommer toutes sortes d'aliments gras et susceptibles de vous rendre malade. Ce dont vous avez besoin c'est de nourriture et d'enzymes, non de privations. Le programme Hippocrate modifiera la qualité de ce que vous mangez en remplaçant les aliments gras, comme le beurre, le fromage, les œufs, la viande rouge et les huiles raffinées, de même que le sucre et certains végétaux à haute teneur en gras, par de la verdure, des fruits, des légumes et des germinations. De plus, il fera de l'exercice une partie intégrante de votre vie et de votre programme de diminution de poids.

L'AUGMENTATION ET LE MAINTIEN DU POIDS

Toutes les discussions au sujet du poids idéal des personnes tendent à se concentrer sur le besoin de perdre du poids et à ignorer le fait que des milliers de gens dont le corps est svelte n'ont pas besoin de maigrir, sans parler de tous ceux dont le poids est inférieur à la moyenne ou qui ont fortement maigri par suite d'une maladie prolongée. Le programme Hippocrate répond aussi aux besoins de toutes ces personnes. Nous devrions tous consommer des aliments vivants en quantité suffisante, et développer une bonne masse musculaire à l'aide d'exercices de résistance.

Le bon équilibre

Si vous croyez que les dimensions de votre corps correspondent exactement aux dimensions souhaitables en fonction de votre âge et de votre taille, le régime Hippocrate vous procurera l'énergie quotidienne nécessaire pour maintenir ce poids. Il se pourrait toutefois que vous perdiez un peu de poids au cours des premières semaines, parce que le corps se débarrasse de ses déchets, comme le gras, les dépôts de calcium et les toxines. Ce grand ménage peut réduire votre poids. Mais ensuite, à mesure que les muscles recommencent à se développer grâce à une nutrition salutaire et à des exercices de résistance, votre poids reviendra graduellement à la normale et votre apparence sera améliorée ! Si vous le désirez, vous pourrez, pendant cette période, suivre les recommandations faites ci-dessous pour gagner du poids, jusqu'à ce que votre poids normal soit atteint et stabilisé.

Augmenter son poids

Après la période initiale de désintoxication qui suit votre adhésion au régime Hippocrate (voir le chapitre 6 concernant la désintoxication), le programme peut vous aider à augmenter votre poids et vous redonner force et vitalité du même coup. Hélas ! trop de gens maigres se gavent d'aliments gras dans l'espoir de gagner quelques livres et d'améliorer leur santé. Ils ne se rendent pas compte que le corps ne peut recouvrer sa vitalité si les aliments qu'il consomme contiennent peu ou pas de nutriments, et si ses cellules ont perdu leur capacité d'absorber des nutriments à cause du manque d'enzymes et d'oxygène.

Dans le programme Hippocrate, le processus d'augmentation du poids est basé sur deux facteurs : une augmentation de l'énergie tirée des aliments et des exercices de résistance. Vous devrez vous assurer que votre menu quotidien contient de bonnes portions d'aliments à haute énergie comme les avocats, les céréales et les fèves germées, les semences et les fruits à écale. Vous pouvez choisir parmi les recettes données dans le chapitre 11, celles qui sont basées sur ces ingrédients-là. (Essayez surtout les pains aux céréales germées et les repas à base de fèves.) Avec le potentiel élevé d'énergie et la haute valeur nutritive de ces aliments, votre corps recevra tout ce dont il a besoin pour augmenter son poids.

L'augmentation du poids par l'exercice

Si vous désirez gagner du poids, vous pouvez vous fier aux exercices aérobiques. Vous ne voulez pas « brûler » de l'énergie en faisant de l'exercice, vous voulez développer des muscles forts. C'est pourquoi l'entraînement par déploiement de la force (ou entraînement de résistance) devrait faire partie de votre programme de santé quotidien. De nos jours, on trouve des poids et haltères, et toutes sortes d'appareils d'exercice, dans presque tous les gymnases et centres de mise en forme (Nautilus, Énergie Cardio, etc.). D'autres formes d'exercices de résistance, comme la natation à contre-courant ou avec poids et palmes, les exercices isométriques ou la gymnastique douce, peuvent vous permettre de varier votre programme et rendre vos efforts plus agréables.

Vous pouvez aussi utiliser le poids de votre propre corps pour vos exercices de résistance, en faisant des pompes ou des tractions, des exercices abdominaux ou des extensions dorsales, ou en sautant à la corde. C'est un moyen pratique et efficace, en utilisant la gravité et des mouvements fonctionnels, de renforcer les muscles du tronc, des jambes, des bras et du dos. De plus, en faisant vos exercices de résistance plus vigoureusement et en comptant quatre ou cinq secondes entre chacun, vous ajoutez les bénéfices de l'aérobie à votre perte de poids.

On compte, parmi les bénéfices que nous pouvons tirer des exercices de résistance et qui valent amplement l'effort déployé :
- l'augmentation de la force et de la résistance des muscles ;
- un corps ferme bien proportionné ;
- la prévention et la réduction du risque d'ostéoporose ;
- l'augmentation de la résistance musculaire locale ;
- l'amélioration de la force et de l'équilibre autour des articulations ;
- l'augmentation de la force globale du corps ;
- une protection contre les blessures et une convalescence plus rapide en cas de blessure.

Cette liste est naturellement incomplète. Elle ne mentionne pas l'augmentation du poids de l'individu, par exemple. Un muscle ferme et solide pèse plus qu'un muscle mou et flasque. Vous pouvez donc augmenter votre poids et améliorer votre apparence sans engraisser d'un gramme.

Il est conseillé de faire des exercices de résistance à raison de trente minutes à la fois, trois fois par semaine, d'abord avec des poids légers et des mouvements rapides, puis en alourdissant graduellement les poids.

NOTRE ATTITUDE PSYCHOLOGIQUE VIS-À-VIS DES ALIMENTS

Des centaines de régimes ont échoué à faire perdre ou gagner du poids parce qu'ils ne tenaient pas compte de l'attitude mentale et émotionnelle que nous avons tous vis-à-vis des aliments. Il est trop simple de dire : « Il suffit de manger moins pour maigrir. » Si c'était aussi facile, une industrie faisant un milliard de dollars d'affaires par an ne se serait pas construite sur la lutte contre la nourriture. Les aliments symbolisent toutes sortes de choses différentes selon les individus : amour, récompense, consolation, célébration, liens familiaux, etc. Et tous ces facteurs émotionnels influencent notre perception de notre poids et de notre image. C'est pourquoi, en plus de ses recommandations quant au régime et à l'exercice, le programme de santé Hippocrate inclut ce genre de considération psychologique dans son plan de contrôle du poids.

Chez les gens qui mangent trop, souvent le besoin de manger ne découle pas d'une véritable faim physique, mais plutôt d'une faim émotionnelle. C'est notre cœur qui crie famine, notre âme qui demande à être nourrie. Nous avalons nos déceptions, nos peines, notre colère, notre orgueil. Nous mangeons quand nous sommes surexcités, nous mangeons lorsque nous sommes tristes et lorsque nous en avons trop à faire, ou pas assez. Quand nous souffrons intensément, la nourriture semble apaiser notre douleur du moins c'est ce que nous croyons. Mais ce n'est pas le cas. Cela ne fait qu'augmenter et prolonger notre douleur. Pourtant nous préférons quand même ignorer ces effets négatifs parce que nous sommes trop obsédés par le plaisir transitoire mais bien réel que la nourriture nous procure. De leur côté, ceux qui mangent trop peu utilisent la privation de nourriture pour traiter leur douleur mais se retrouvent finalement avec un corps amaigri et affaibli.

Le programme Hippocrate n'exige pas que vous arrêtiez de manger ou que vous changiez de personnalité, mais il vous donne toute l'information nécessaire pour adopter une attitude positive, valorisante et créatrice de vie. Il renforce la prémisse extrêmement importante qui veut que la nourriture ne soit pas notre ennemie mais notre alliée dans la poursuite de la santé et de la longévité. Dans le programme Hippocrate vous encouragez votre corps à poursuivre ses efforts pour retrouver sa forme et sa vitalité, en le libérant de ses toxines ; en vous donnant les moyens de faire face à vos émotions (à l'aide de techniques de relaxation, de renforcement psychologique et d'exercices) ; en utilisant les aliments comme source de vie, sans en abuser pour des raisons d'ordre émotionnel ; et en vous nourrissant d'aliments vierges non traités et facilement transformables en ces nutriments dont vous avez été affamé. En confiant votre vie à des aliments vivants, vous vous libérerez de cette fausse perception de votre corps qui habite votre esprit. Vous vous débarrasserez de vos vieilles habitudes alimentaires. Et vos émotions ne dicteront plus la quantité ou la qualité de ce que vous mangez.

Si le contrôle de votre poids est la principale raison de votre adhésion à un nouveau régime alimentaire et à un nouveau style de vie, vous pouvez atteindre cet objectif en suivant le programme Hippocrate décrit dans ce livre. Mangez n'importe quel aliment recommandé dans les chapitres 6 et 8, buvez les mélanges de germes et de jus de légumes recommandés dans le chapitre 9, et goûtez à n'importe quelle recette que vous trouverez dans le chapitre 11. Oui, ce même programme qui peut vous permettre de vous sentir en pleine forme est aussi le meilleur moyen de contrôler votre poids.

6

ADOPTER LE VÉGÉTARISME AUX ALIMENTS VIVANTS

La plupart des gens qui se convertissent à un régime végétarien aux aliments vivants ont l'habitude d'une alimentation comprenant beaucoup de viande, de produits laitiers, de volaille et de poisson, et sont « accros » aux aliments cuits et transformés. Bien que ce régime ne soit pas des meilleurs pour la santé, je me rends compte que, psychologiquement, ces personnes sont attachées à leurs habitudes alimentaires, et qu'il n'est pas facile d'aborder le régime Hippocrate à partir de ce point de départ. Dans la plupart des cas, en l'absence de toute urgence vitale, si vous êtes inquiet devant l'obligation de changer radicalement et rapidement vos habitudes alimentaires, vous pouvez entreprendre une conversion lente et graduelle au régime de santé Hippocrate.

UN PLAN DE SIX MOIS

Commencez par vous faire un plan de conversion étalé sur six mois. Vos premières démarches consisteront à éliminer vos dépendances à la caféine, au sucre, à la nicotine, à l'alcool et, s'il y a lieu, aux drogues. Même pour les végétariens, pourtant conscients de leur santé, cette obligation représente une sérieuse difficulté, mais l'élimination de ces poisons est absolument essentielle.

La caféine, le sucre, la nicotine, l'alcool et les drogues sont des polluants nocifs, qui détruisent les nutriments et augmentent le niveau d'impureté du sang. Ils laissent dans le corps des déchets que les globules blancs doivent éliminer. En conséquence, au lieu d'être affectés à leurs tâches régulières de préservation de la santé, les globules blancs sont surchargés de travail et leur efficacité diminue, parce qu'ils sont affectés au nettoyage des débris laissés par ces substances. Tous ces voleurs d'immunité doivent donc être éliminés de votre alimentation. Même si vous gardez une seule « mauvaise » habitude, ce pourrait être la plus nuisible à votre santé.

En même temps que vous éliminez certains aliments nocifs, commencez à ajouter des aliments vivants à votre menu quotidien. Augmentez graduellement la quantité de ces nouveaux venus, de manière à ce qu'assez rapidement la proportion d'aliments vivants devienne plus importante que celle de tous les autres aliments. Ensuite, si vous ne l'avez déjà fait, commencez à éliminer la viande et les produits laitiers en réduisant chaque semaine le nombre de repas comprenant des aliments de ces catégories. Planifiez vos achats et vos menus à l'avance (voyez les chapitres 8 et 11) afin de n'être pas tenté de sauter sur n'importe quel morceau d'aliment mort lorsque vous manquez de ce qu'il vous faudrait pour un repas plus sain. En suivant ce programme ne vous attendez pas à un progrès rapide, mais vous remarquerez que vous vous sentez de mieux en mieux, graduellement mais de façon définitive.

LA PERSONNALISATION DU PROGRAMME

C'est votre corps qui vous dira jusqu'où vous devez aller dans la stricte observance d'un régime d'aliments vivants, pour atteindre l'état de bien-être physique auquel vous aspirez. Pour corriger des problèmes sérieux, il faut, au départ, adhérer à cent pour cent au régime Hippocrate : fruits, légumes, céréales, germinations, fèves, noix (ou autres fruits à écale) et graines de culture organique. Cependant, si vous êtes en assez bonne santé et visez une longévité productive, il ne serait pas nuisible de vous offrir une variété d'aliments cuits minutieusement sélectionnés, tels que des pâtes à base de farine entière, des fèves, des céréales, et des légumes cuits à la vapeur. Des études à long terme sur les niveaux d'enzymes et d'oxygène ont permis de découvrir qu'un individu sain peut se maintenir en bonne santé tant que la proportion des aliments vivants dans sa consommation quotidienne est d'au moins un quart. Ainsi, en vous assurant que votre diète quotidienne contient au moins 75 pour cent (au poids) d'aliments vivants, vous verrez que vos efforts pour que votre corps soit en pleine santé seront récompensés au-delà de vos espérances.

Tableau 6-1 : exemple d'un repas facile à préparer et se conformant aux exigences d'un régime à base d'aliments vivants.

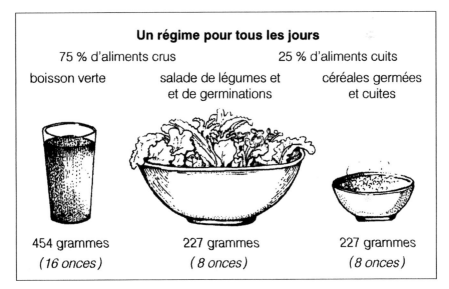

Un régime pour tous les jours		
75 % d'aliments crus		25 % d'aliments cuits
boisson verte	salade de légumes et et de germinations	céréales germées et cuites
454 grammes (16 onces)	227 grammes (8 onces)	227 grammes (8 onces)

QUE PUIS-JE MANGER ?

Une diète d'aliments vivants n'est pas une diète sévère, mais elle s'éloigne néanmoins de la diète d'aliments transformés la plus courante dans le monde occidental et à laquelle vous êtes probablement habitué. Tout comme les végétalo-végétariens, les végétariens adeptes des aliments vivants éliminent tout produit animal ou laitier. Mais ils vont encore plus loin, premièrement en éliminant tout aliment vide *(junkfood)* ou transformé, et deuxièmement en consommant au moins 75 pour cent d'aliments non cuits.

Ce régime contient tous les aliments de la nature bénéfiques au corps humain (incluant des boissons vertes faites d'aliments comme les concombres, le persil, le céleri, le cresson et les germinations).

Prenez note que la liste qui suit n'est que partielle.

Les légumes frais

La majeure partie de vos aliments quotidiens devraient provenir de légunes tels que ceux-ci.

Légumes à salade	Germinations et pousses	Racines et tubercules
arugula	haricot azuki	betterave
chou chinois	luzerne	bardane
chicorée	sarrasin	carotte
chou à roselle	trèfle	radis daïkon
pissenlit	fenugrec	ail
ail vert	pois chiches	gingembre
chou frisé	ail	poireau
laitues	lentilles	oignon
pousses de moutarde	haricots mung	panais
échalote	moutarde	radis rouge
épinards	oignon	rutabaga
poirée (bette à cardes)	pousses de pois	patate douce
feuillage du navet	radis	navet
cresson	fèves germées	Igname
feuillage de tournesol		

Légumes	Herbes fraîches	Végétaux aquatiques
Légumes	basilic	*alaria*
asperge	ciboulette	aramé
poivrons	coriandre	dulse
brocoli	aneth	hijiki
chou	menthe	varech
chou-fleur	origan	nori
céleri	persil	wakamé
maïs	sauge	
concombre	sarriette	
haricots verts	oseille	
champignons	estragon	
pois frais	thym	
courges d'été		
courges d'hiver		
courgettes (zucchini)		

Les fruits

Il ne faudrait pas que votre diète comporte plus de 15 pour cent de fruits. Même les fruits de culture organique sont souvent cueillis

Les meilleurs	À consommer occasionnellement	À éviter*
pomme	avocat	abricot
banane	baies	noix de coco brune
cerise (rouge foncé)	cantaloup	dattes
raisin	*cherimole*	fruits séchés
kiwi	pamplemousse	mangue
citron	melon d'Antibes	orange
papaye	kaki (mous)	pêche
poire	ananas	prune
pastèque (melon d'eau)	*sapote*	
	carambole	
	mandarine	

* Ces fruits sont trop souvent récoltés avant d'être mûrs, si bien qu'il leur manque les vitamines et les minéraux essentiels qui ne sont produits qu'au moment de la maturation. Et les dattes et les fruits séchés sont trop sucrés.

Les graines, les légumineuses, les céréales entières et les fruits à écale

Dix pour cent de votre diète (en poids) devrait être tirée de graines, de légumineuses, de céréales à grains entiers ou de fruits à écale. Tous les articles mentionnés dans la liste qui suit doivent être achetés crus puis germinés ou mis en culture avant d'en consommer les germes ou les pousses, crus ou cuits selon le cas.

Graines	Légumineuses à grains entiers*	Fruits à écale	Céréales
lin	haricots azuki	amandes	amarante (3)
citrouille	pois chiches	noix de coco	riz basmati
sésame	lentilles	vertes	sarrasin
tournesol	fèves de Lima	avelines	décortiqué (5)
	pacanes	noix de	millet (1)
	haricots mung	Grenoble	quinoa (2)
	pois Jaunes ou verts		seigle
	fèves pinto		épeautre
	fèves nordiques blanches		le teff (4)

* Les chiffres indiqués à droite des céréales à grains entiers indiquent un ordre de préférence. Celles qui n'ont pas de chiffre devraient faire l'objet d'une consommation restreinte.

Ces aliments de base abondamment offerts constituent plus des trois quarts du régime recommandé par le programme Hippocrate, dont 60 pour cent doivent se composer de pousses et de légumes, 15 pour cent de fruits et 10 pour cent de graines, de fruits à écale, de céréales et de légumineuses. Les 15 pour cent restants doivent venir d'une variété d'aliments facilement offerts dans les magasins d'aliments naturels. Dans le chapitre 8 vous trouverez une longue liste d'aliments minute et de friandises pouvant apaiser vos fringales et vos envies d'aliments vides comme les chips, la pizza, les hot dogs, le fromage, le lait, les bagels, le beurre de cacahuètes, les boissons gazeuses, le chocolat et le sucre. Vous vous rendrez compte que le régime Hippocrate n'est pas une torture ni un sacrifice, mais un excitant défi. Le temps est venu d'explorer de nouvelles façons de donner à votre corps les aliments dont il a vraiment besoin.

RESSENTIR UN CHANGEMENT AVANT DE SE SENTIR MIEUX

Pendant leurs premières semaines de séjour à l'Institut Hippocrate, j'entends souvent les gens dire : « Je ne comprends pas pourquoi je ne me sens pas très bien après avoir mangé tous ces bons aliments-là. » Ce que ces gens ne comprennent pas, c'est comment le corps se débarrasse des déchets toxiques laissés par tous ces aliments de provenance animale, cuits et transformés, bourrés de polluants chimiques. Au début d'une diète aux aliments vivants, ces déchets sont rejetés dans le sang par vos cellules, vos organes, vos artères et vos veines, pour être ensuite éliminés par le corps. Mais, avant de nous quitter, ils poussent un dernier cri que vous pouvez entendre comme un symptôme de maladie.

Ce processus interne ressemble au grand ménage d'une maison. Avez-vous déjà pénétré dans une maison qui est restée fermée pendant plusieurs années ? Les choses ont l'air relativement propres et en ordre ... jusqu'à ce que vous preniez le balai et que vous commenciez à soulever un nuage de poussière. Si, ensuite, vous prenez un seau d'eau savonneuse et une brosse et que vous commencez à frotter le plancher, vous allez vous retrouver au milieu de flaques de boue, vous demandant si vos efforts en valent la peine.

Il en va de même avec votre corps. Son nettoyage vaut certainement les efforts que vous y mettez, mais les symptômes que vous éprouvez peuvent vous décourager si vous ne comprenez pas vraiment ce qui se passe. Le rejet de ces toxines vous préservera des maladies plus sérieuses que vous pourriez contracter si vous les gardiez en vous plus longtemps : hépatite, désordres rénaux, pathologies sanguines, maladies cardiaques, arthrite, dégénérescence nerveuse ou même cancer.

Pendant que votre corps sera occupé à nettoyer la « saleté » qui s'est logée dans toutes et chacune de ses cellules au moyen des enzymes et de l'oxygène qu'il tire des aliments vivants, voici quelques-uns des symptômes désagréables que vous pourriez ressentir :

une flatulence accrue	des douleurs diverses
des éruptions cutanées	de la fièvre
une plus grande soif	un état de faiblesse
des fringales	de la diarrhée
le nez qui coule	de l'œdème
des maux de tête	des nausées
de l'irritabilité	un rhume et des symptômes de grippe
de la constipation	une mauvaise haleine
de l'insomnie	des étourdissements
de la nervosité	des mictions plus fréquentes
une langue pâteuse	des cauchemars
de la fatigue	une perte d'appétit

Les symptômes ressentis varieront selon les toxines éliminées et l'état des organes participant à leur élimination. Si vous aviez déjà l'habitude de consommer des aliments cuits de bonne qualité et d'éviter ces indésirables que sont la caféine, la nicotine, le sucre et l'alcool, les symptômes accompagnant votre désintoxication pourraient être beaucoup plus légers. En revanche, si vous devez effectuer un changement radical de diète et de style de vie, les symptômes pourraient être plus sévères.

La bonne nouvelle c'est que, en se désintoxiquant, votre corps rajeunit et acquiert une meilleure santé, jour après jour, au fur et à mesure que vous le débarrassez de ces toxines qui, à la longue, auraient causé des maladies, de la souffrance et toutes sortes d'inconvénients. Pour la plupart des gens, la promesse d'une meilleure santé, d'une vitalité renouvelée et d'une longévité quasi assurée rend ces symptômes moins pénibles et plus acceptables.

La durée du processus de nettoyage est relative au nombre d'années pendant lesquelles votre corps a été soumis à une mauvaise alimentation. La période initiale de désintoxication au cours de laquelle l'intensité des symptômes peut varier, peut être d'une semaine ou deux. Cependant, le processus de désintoxication lui-même se poursuivra, avec des hauts et des bas, caractéristiques, mais beaucoup moins flagrants, jusqu'à ce que votre corps se soit complètement régénéré. Pour cela, il vous faudra environ sept ans (pour plus de détails sur ce cycle de sept ans, lisez la section suivante intitulée «Les trois phases du programme de santé Hippocrate»). Mais vous devriez commencer à noter une réduction graduelle des symptômes liés à la désintoxication dès le début, au fur et à mesure que votre corps s'accoutume à votre nouveau régime aux aliments vivants.

L'élimination par les organes majeurs

Bien que chaque cellule de votre corps dispose de «travailleurs» qui l'aident à éliminer ses toxines, certains organes sont plus particulièrement spécialisés dans la gestion des déchets. Consultez la liste ci-dessous, qui indique aussi des moyens de les aider au cours de la période de désintoxication initiale.

Le côlon

C'est l'organe le mieux adapté à la gestion des déchets solides de votre corps. Des spécialistes médicaux ont déjà trouvé des individus ayant jusqu'à 37 kilos (quatre-vingts livres) de mucosités et d'une substance d'allure caoutchoutée collées aux parois de cet organe. Le nettoyage du côlon peut être une tâche passablement difficile.

Pour seconder les efforts du côlon pour se débarrasser des déchets accumulés, vous pouvez recourir à l'hydrothérapie à base d'implants au jus de blé en herbe (consultez la section intitulée «Le nettoyage du côlon» dans le chapitre 7). Ceux-ci sont très efficaces pour réduire les réactions négatives au nettoyage.

Les reins

Ces organes jumeaux sont l'usine de gestion des eaux de votre corps. Leur tâche principale consiste à préserver l'alcalinité du sang en filtrant les déchets acides en solution.

Pour aider vos reins dans cette tâche, vous pouvez boire beaucoup d'eau purifiée, et une certaine quantité de jus alcalin frais, calculée en fonction de votre poids, soit 3,25 ml par kilo (une demi-once par livre), quotidiennement. Parmi les jus alcalins on compte le jus de concombre, le jus de céleri, le jus de tournesol vert et le jus de germe de sarrasin vert.

Le foie

Cet organe est le centre de recyclage de notre corps. Il procède au triage des toxines qu'il dirige ensuite vers l'organe qui peut le mieux les éliminer. Si celui-ci est surchargé, le foie fait alors de son mieux pour réorienter les toxines vers un autre organe.

Les implants à l'herbe de blé (voir la section intitulée « Le nettoyage du côlon » du chapitre 7) fouettent le foie pour le pousser à extirper les toxines du sang plus rapidement.

Les poumons

Ce sont les purificateurs d'air de notre corps. Ils alimentent le sang en oxygène en même temps qu'ils évacuent les gaz produits dans toutes les cellules du corps.

La respiration profonde à partir du diaphragme est ce qu'il y a de meilleur pour les poumons. Il importe aussi de respirer de l'air non pollué. Si vous habitez en ville, essayez de trouver un endroit où l'air soit plus pur pour effectuer vos exercices aérobiques.

Les lymphes

Les conduits reliant les glandes du système lymphatique sont les voies d'évacuation des déchets de l'organisme. Ce réseau complexe transporte la majeure partie des déchets depuis les cellules jusqu'aux organes d'élimination. Les principales glandes lymphatiques sont l'appendice, la rate, le thymus et les amygdales. Celles-ci ont tendance à enfler pendant la désintoxication.

Des exercices réguliers (tant aérobiques que de résistance) et les massages favorisent le fonctionnement du système lymphatique. Vous pouvez aussi contribuer à la dilution et au transport des toxines à travers le corps en buvant beaucoup.

La peau

C'est l'organe qui présente la plus grande surface d'élimination. En plus de contrôler la température et le niveau d'humidité du corps, la peau agit souvent comme suppléant des autres organes d'élimination. Lorsque le côlon est bloqué, par exemple, la peau peut évacuer les toxines, ce qui peut provoquer toutes sortes de dérèglements, irritations, acné, etc.

Pour aider la peau à éliminer les toxines par la respiration et la transpiration, vous pouvez boire beaucoup et avoir recours au brossage à sec, aux massages et aux exercices.

Des boissons fortifiantes
pour contrer les effets de la désintoxication

Voici quelques antidotes que vous pouvez essayer lorsque vous commencez à ressentir les effets désagréables de la désintoxication.

1. Prenez un verre d'eau citronnée au réveil. Mettez-y le jus d'un citron et une demi cuillerée à thé (ou moins) de poivre de Cayenne. Cela accélère la désintoxication en contribuant à la dilatation des vaisseaux du système circulatoire et à l'augmentation de l'alcalinité des liquides organiques.

2. Soumettez-vous à un jeûne d'un jour chaque semaine, en vous limitant à des boissons vertes faites de jus fraîchement pressé (voir la sous-section intitulée « L'extraction des jus » au chapitre 9), des jus de légumes, de l'eau purifiée et des tisanes. Ces jours de jeûne favorisent l'évacuation des toxines à action lente *avant* qu'elles ne causent des dommages sérieux. Comme vous changez l'huile de votre moteur avant qu'il ne tombe en panne.

3. Qu'ils soient aérobiques, de résistance ou d'extension, les exercices quotidiens accélèrent le processus d'élimination.

4. N'utilisez ni médicaments ni vitamines contre les symptômes de désintoxication. Autrement dit, n'essayez pas de guérir les symptômes de la guérison !

5. Ignorez toute fièvre de moins de 39,4 °Celsius (103 degrés Fahrenheit). Une telle fièvre indique seulement que le corps « fait des heures supplémentaires » pour se nettoyer.

6. Reposez-vous. Le corps a besoin d'énergie pour expulser les toxines. Plus vous dormirez et vous vous reposerez en présence des symptômes de désintoxication, plus ils seront légers et disparaîtront rapidement.

Le seul moyen qu'a le corps de se débarrasser d'une accumulation excessive de toxines, c'est de tomber malade. Ne vous inquiétez pas lorsque vous ressentez les effets de la désintoxication, réjouissez-vous des efforts déployés par votre corps en sachant que vous en sortirez avec plus de vitalité, plus d'énergie et une bien meilleure santé.

LES TROIS PHASES DU PROGRAMME DE SANTÉ HIPPOCRATE

Le programme de santé Hippocrate comporte trois phases dont chacune dure sept ans. En adoptant un régime végétarien à base d'aliments vivants, vous faites le premier pas d'une aventure qui va durer vingt et un ans et qui, en bout de ligne, vous portera au paroxysme de la santé tant physique et mentale qu'émotionnelle et spirituelle.

La santé du corps et de l'esprit est le fondement de votre développement à venir et c'est le sujet du présent livre. Mais il y a plus encore ; dans ce qui suit, vous allez voir jusqu'où le programme de santé Hippocrate peut vous conduire.

Phase 1 : de quoi suis-je fait ?

Dans la phase 1 vous construisez et revitalisez votre corps physique en soignant ses cellules à l'aide d'aliments vivants électriquement chargés et d'exercices. Vous y trouvez la réponse à la question « De quoi suis-je fait ? » Bien qu'il faille sept années complètes pour atteindre le bien-être physique total, en quelques semaines seulement vous constaterez déjà des changements qui correspondent à une amélioration évidente de votre santé.

Par exemple, vous vous apercevrez que :
- votre constitution physique est plus robuste ;
- votre corps est plus flexible ;
- vous avez plus de mobilité et plus d'agilité ;
- votre système digestif fonctionne mieux ;
- votre poids est plus stable ;
- votre taux de cholestérol est moins élevé ;
- votre lucidité, votre perception et votre sensibilité sont accrues.

Toutes ces transformations physiques sont le résultat de réactions biochimiques qui se produisent au cœur des milliards de cellules de votre corps. Le renouvellement des cellules, la restructuration des os, le rétablissement d'une circulation normale et le rajeunissement de toutes les fonctions corporelles transforment littéralement l'aspect physique du corps et peuvent même agir sur des maladies potentiellement mortelles.

Il faut du temps pour effectuer un renouvellement complet. Quoique les cellules se renouvellent constamment (nous offrant de nouveaux poumons tous les soixante-dix jours et un nouveau cœur tous les trente jours, par exemple), la dégénérescence et les mutations cellulaires qui causent la maladie et un mauvais état général ont leur propre rythme. Elles ne disparaîtront pas totalement avec le renouvellement de la structure cellulaire. Mais, avec une diète à base d'aliments vivants, les cellules en mutation, faibles ou dépourvues d'oxygène reprennent lentement leur état normal, à travers les cycles de régénération successifs, sur une période de sept ans. Bien que les cellules affectées se renouvellent elles-mêmes, le dérèglement ou la maladie ne peut se répandre ou empirer parce que les tissus qui l'entourent ne sont plus faibles et vulnérables ; ils sont devenus forts et résistants. Le cancer, le fibrome, le dépôt de calcium ou le virus est alors incapable de progresser et de maintenir son emprise dans le corps.

Phase 2 : qui suis-je ?

Après sept ans d'un régime à base d'aliments vivants le corps est physiquement rajeuni, et vous êtes prêt à entreprendre la seconde étape de sept ans qui conduit à la santé émotionnelle. Si la santé émotionnelle doit attendre aussi longtemps pour s'installer, c'est qu'une véritable stabilité émotionnelle ne devient possible qu'après que les besoins physiques du corps ont été satisfaits. La santé physique nous donne la force et la largeur d'esprit nécessaires pour scruter notre cœur et notre âme plus profondément, afin de répondre à la question « Qui suis-je ?

Au cours de la deuxième période de sept ans du programme de santé Hippocrate, vous pouvez espérer atteindre les objectifs suivants :

- avoir le désir de vous engager plus activement dans la vie, au lieu de demeurer à l'écart en spectateur ;
- avoir la capacité de vous concentrer sur ce que vous voulez ;
- avoir le dynamisme nécessaire pour vous fixer des objectifs et les atteindre ;
- avoir des relations de meilleure qualité ;
- élargir votre vision de la vie et de l'avenir.

Phase 3 : pourquoi suis-je ici ?

La troisième partie du programme Hippocrate vous amène à l'étape spirituelle. Une fois que vous avez trouvé une réponse aux deux questions « De quoi suis-je fait ? (étape physique) et « Qui suis-je ? » (étape émotionnelle), vous êtes prêt à risquer une réponse à la troisième question « Pourquoi suis-je ici ? » La spiritualité embrasse beaucoup plus de choses que toute formation religieuse que nous ayons pu recevoir ; c'est elle qui fait que nous pouvons être nous-mêmes à chaque seconde, et que nous savons où nous allons et ce que nous allons faire dans la vie. Si nous pouvons aller plus loin dans notre spiritualité au cours de cette troisième phase du programme, c'est que nos besoins physiques et émotionnels ont déjà été satisfaits.

Rétrospective

Ces cycles de sept ans m'apparaissent très clairement dans ma propre vie. M'étant converti au végétarisme à base d'aliments vivants il y a plus de vingt ans, je puis regarder en arrière et voir comment ce processus évolutif s'est déroulé. Le seul brin de tristesse que je ressente rétrospectivement provient du fait que ce cycle est un processus normal qui devrait commencer à la naissance. Dans les sept premières années de vie, nous devrions construire notre base physique, dans les sept années suivantes, nous occuper de notre croissance émotionnelle pour découvrir qui nous sommes, et parvenus à l'âge de 21 ans nous devrions être prêts à répondre à la question « Pourquoi suis-je ici ? ». Mais la consommation d'aliments cuits, transformés ou vides nous a empêchés d'asseoir notre santé physique sur une base solide dans l'enfance, et nous avons dû entreprendre ce cheminement à l'âge adulte. Par contre, une fois en route, nous ne devrions jamais plus regarder derrière. Nous devons regarder devant, vers le moment où nous aurons enfin atteint la santé physique, émotionnelle et spirituelle parfaite qui nous a été promise.

En modifiant vos habitudes alimentaires pour répondre aux besoins de votre corps, automatiquement vous commencez à construire la base physique à partir de laquelle vous pourrez poursuivre votre croissance émotionnelle et spirituelle. Le végétarisme à base d'aliments vivants ne fait pas que vous assurer une meilleure santé, il amorce un réveil graduel qui vous permettra de comprendre la relation mutuelle existant entre tous les êtres humains et le monde dans lequel nous vivons.

7

TIRER LE MAXIMUM
DU PROGRAMME DE SANTÉ
HIPPOCRATE

Tout individu se nourrissant d'aliments vivants bénéficie d'une amélioration automatique de sa santé, d'un ralentissement des effets du vieillissement, d'une amélioration de ses facultés mentales et d'un renforcement de son système immunitaire. Mais le programme de santé Hippocrate est plus qu'un régime alimentaire. Combinés à une diète aux aliments vivants, d'autres éléments de ce programme garantissent des résultats complets et optimaux. En plus de modifier votre régime alimentaire, nous vous recommandons les mesures suivantes: la surveillance minutieuse des combinaisons alimentaires, le jeûne, le nettoyage du côlon au moyen d'exercices, le brossage à sec de la peau, l'aromathéraphie, les saunas, les bains de vapeur et les bains à remous, les massages et les thérapies aux fréquences électriques ou au laser.

LES COMBINAISONS ALIMENTAIRES

L'un des buts du régime Hippocrate est de fournir des aliments rapidement absorbables et favorisant l'élimination des déchets corporels. Il m'arrive régulièrement de donner une conférence à l'Institut, pour expliquer aux clients comment ce processus peut être rendu plus facile ou plus difficile, selon les combinaisons d'aliments qu'on consomme à un même repas. Même en mangeant un repas composé exclusivement d'aliments vivants, vous pouvez perdre un certain nombre des avantages rattachés à chacun d'eux si leur combinaison dans le tube digestif ne se fait pas harmonieusement.

Les principes régissant ces combinaisons sont ceux-ci :

1. Les aliments sont composés d'éléments chimiques naturels, et notre corps est comme une éprouvette. Et, comme dans les expériences de laboratoire, en combinant les bons éléments on peut provoquer des réactions plus ou moins explosives. Par exemple, l'absorption de féculents requiert des sucs digestifs alcalins qui sont d'abord produits dans la bouche, alors que celle des protéines fait appel à des sucs digestifs acides produits dans l'estomac. Le mélange des sucs acides et des sucs alcalins tend à neutraliser l'action des deux. La combinaison de féculents et de protéines dans un même repas retarde l'absorption et peut provoquer une indigestion.

2. La digestion d'aliments variés se fait à un rythme différent et requiert des proportions non similaires de sucs alcalins et acides. On pourrait comparer cela à des automobiles qui ont chacune leur propre rythme d'accélération et leur propre vitesse maximale. Lorsqu'une voiture rapide est précédée par une voiture lente sur une route à une seule voie, la plus rapide devra nécessairement ralentir pour éviter un accident. Si vous reproduisez la même situation dans votre tube digestif, l'aliment le plus « rapide » rencontrera l'aliment « lent », provoquant ainsi un accident, c'est-à-dire une indigestion, des ballonnements ou une mauvaise absorption.

Les combinaisons alimentaires de base

Dans les pages qui suivent, les aliments sont compilés selon leur temps de digestion, du plus rapide au plus lent. Les aliments ayant un rythme de digestion semblable devraient être mangés ensemble et ceux dont le rythme de digestion est trop différent devraient être consommés séparément. Mais ce n'est qu'un échantillonnage et vous pouvez consommer bien d'autres aliments et les ajouter à la liste que vous jugez appropriée, selon la durée approximative de leur digestion.

De 15 à 30 minutes : l'herbe de blé

L' herbe de blé (abondamment mentionnée dans le chapitre 9) devrait être consommée avec l'estomac vide ou avant les repas, seule ou avec d'autres légumes et des jus de fruits.

De 15 à 30 minutes : le melon

Le melon devrait toujours être consommé seul parce qu'il se digère rapidement. Lorsqu'on le combine à d'autres fruits, dans une salade par exemple, l'absorption de certains de ces fruits peut en ralentir la digestion, causant ainsi de la fermentation. Parmi les melons on compte le cantaloup, le melon Crenshaw, le melon au miel ou melon d'Antibes, le melon d'eau (la pastèque), etc.

De 1 à 4 heures : les fruits

Bien que certains fruits autres que les melons aient pratiquement la même durée de digestion, il n'est pas recommandé de les manger ensemble. Le contenu en sucre et en eau d'un fruit diffère selon qu'il est acide, semi-acide ou sucré, et la digestion en est plus facile si l'on s'en tient à une seule et même catégorie.

Fruits acides (de 1 heure à 1 heure et demie)
pamplemousse, citron, orange, grenade, ananas, fraise

Fruits semi-acides (de 1 heure et demie à 2 heures)
pomme, abricot, la plupart des baies, raisin, kiwi, mangue, poire, pêche, cerise sucrée

Fruits sucrés (4 heures)
banane, fruits séchés, kaki

De 2 à 3 heures : les légumes

Pousses vertes
luzerne, *arugula,* sarrasin, chou, trèfle, ail, chou frisé, lentilles, fèves mung, moutarde, radis, tournesol

Légumes de type « fruit »
concombre, poivron rouge, courge d'été, courgette (zucchini)

Légumes à feuilles
arugula, chou chinois *(bok choy)*, chou, bette à cardes, chou à roselle, chou frisé, laitue, *mizuna,* pousses de moutarde, échalote, épinards, cresson

Racines comestibles pauvres en féculents
betterave, bardane, carotte, panais, radis, navet

3 heures : les féculents

Pousses de céréales
amarante, orge, millet, quinoa, seigle, *teff,* blé

Pousses de légumineuses
pois chiches, lentilles, pois

Courges d'hiver
cougeron, courge musquée, courge de Hubbard, courge turban, courge spaghetti

Patates
patate douce, igname

4 heures : les protéines

Graines
citrouille, sésame, tournesol

Fruits à écale

amandes, noix du Brésil, avelines, pacanes, pignons, noix de Grenoble (les cacahuètes et les noix de cajou sont exclues parce qu'elles contiennent une huile de qualité inférieure, difficile à digérer)

La meilleure façon de faire des combinaisons consiste à choisir des aliments du même groupe à chaque repas. Mais si vous décidez de combiner les groupes, voici les suggestions de l'Institut Hippocrate :

- On ne doit pas mélanger les fruits et les légumes. Les sucres et les acides contenus dans les fruits ralentissent la digestion des hydrates de carbone contenus dans les légumes, ce qui peut causer de la fermentation, des ballonnements et des gaz. Il vaut mieux consommer fruits et légumes séparément, à des repas différents. Occasionnellement, on peut manger un dessert aux fruits 2 heures après un repas de légumes ou de germinations.

- Il vaut mieux éviter de manger des fruits acides en même temps que des fruits sucrés. Si vous désirez quand même combiner d'autres fruits à des fruits acides ou sucrés, choisissez-les semi-acides. De toute façon, limitez les fruits à un maximum de 15 pour cent de votre diète quotidienne.

- Les légumes, les pousses et les germinations, y compris l'avocat, se combinent très bien ensemble et les sauces à base d'avocat, de graines ou de noix les accompagnent parfaitement. Évitez toutefois les combinaisons trop complexes au cours d'un même repas. Une bonne règle de base consisterait à ne jamais mélanger plus de cinq de ces aliments à la fois.

- Évitez de mangez du pain, des germinations ou des croustilles de céréales avec des fruits.

- Essayez d'éviter de boire aux repas. Il vaut mieux prendre un jus 15 ou 30 minutes avant, ou 2 ou 3 heures après. Boire en mangeant diminue l'efficacité des sucs digestifs, et il n'est pas nécessaire d'étancher sa soif en consommant des aliments naturels car ils contiennent beaucoup d'eau.

- Mangez les aliments crus avant les aliments cuits, quel que soit le repas, sans quoi les aliments cuits retarderaient la digestion des aliments crus, qui pourraient fermenter et produire des gaz causant un certain inconfort.

Bonnes combinaisons
- protéines, pousses et verdures en feuilles ;
- féculents, pousses et légumes ;
- fruits d'une même catégorie.

Mauvaises combinaisons
- fruits et féculents ;
- fruits et protéines ;
- fruits et légumes ;
- féculents et protéines.

(L'avocat, l'oignon et l'ail font exception à la règle concernant les fruits et les légumes ; la possibilité de les combiner sans problème aux fruits ou aux légumes en fait vraiment des aliments polyvalents et importants.)

Il faut un apprentissage plus ou mois long pour maîtriser l'art des combinaisons alimentaires, parce qu'il remet en question bon nombre de nos conceptions concernant les « bons » aliments. Prenons, par exemple, une tablette « granola ». Elle comprend habituellement de l'avoine (féculent), des noix (protéines), de même qu'une combinaison délicieuse — mais désastreuse — de miel (sucre) et de fruits sucrés séchés. Le mélange de protéines et de féculents engendre des gaz, notamment du soufre, et la combinaison de féculents et de fruits sucrés provoque une fermentation qui crée de l'alcool.

Avec de la pratique et de la patience, vous en arriverez à choisir vos aliments non seulement en fonction de leur valeur nutritive individuelle mais aussi des bénéfices pouvant découler de leur combinaison.

Tableau 7-1 : les combinaisons alimentaires

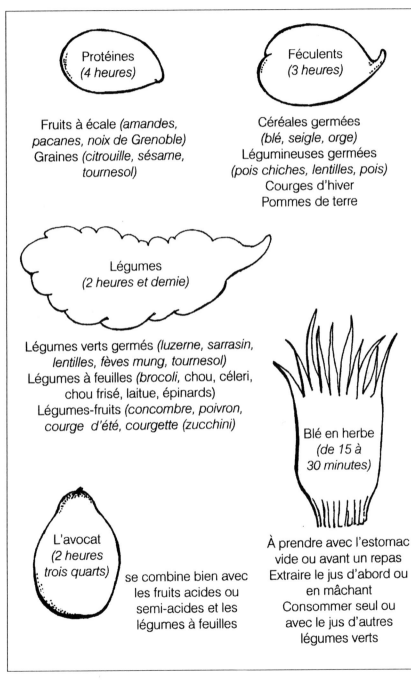

Protéines
(4 heures)

Fruits à écale *(amandes,
pacanes, noix de Grenoble)*
Graines *(citrouille, sésame,
tournesol)*

Féculents
(3 heures)

Céréales germées
(blé, seigle, orge)
Légumineuses germées
(pois chiches, lentilles, pois)
Courges d'hiver
Pommes de terre

Légumes
(2 heures et demie)

Légumes verts germés *(luzerne, sarrasin,
lentilles, fèves mung, tournesol)*
Légumes à feuilles *(brocoli, chou, céleri,
chou frisé, laitue, épinards)*
Légumes-fruits *(concombre, poivron,
courge d'été, courgette (zucchini)*

Blé en herbe
*(de 15 à
30 minutes)*

L'avocat
*(2 heures
trois quarts)* se combine bien avec
les fruits acides ou
semi-acides et les
légumes à feuilles

À prendre avec l'estomac
vide ou avant un repas
Extraire le jus d'abord ou
en mâchant
Consommer seul ou
avec le jus d'autres
légumes verts

Tableau 7-1 : les combinaisons alimentaires *(suite)*

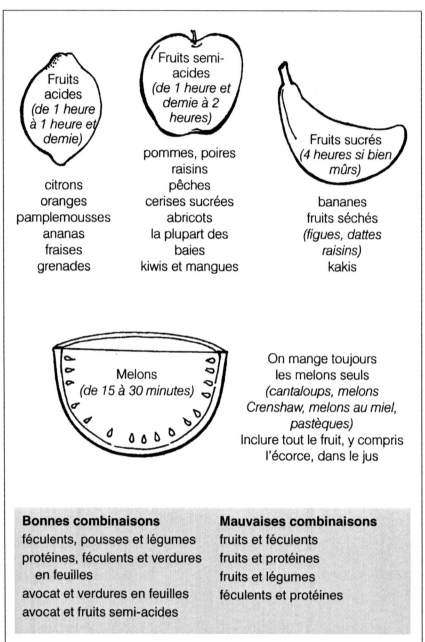

Fruits
acides
*(de 1 heure
à 1 heure et
demie)*

Fruits semi-
acides
*(de 1 heure et
demie à 2
heures)*

Fruits sucrés
*(4 heures si bien
mûrs)*

	pommes, poires	
	raisins	
citrons	pêches	bananes
oranges	cerises sucrées	fruits séchés
pamplemousses	abricots	*(figues, dattes*
ananas	la plupart des	*raisins)*
fraises	baies	kakis
grenades	kiwis et mangues	

Melons
(de 15 à 30 minutes)

On mange toujours
les melons seuls
*(cantaloups, melons
Crenshaw, melons au miel,
pastèques)*
Inclure tout le fruit, y compris
l'écorce, dans le jus

Bonnes combinaisons	**Mauvaises combinaisons**
féculents, pousses et légumes	fruits et féculents
protéines, féculents et verdures en feuilles	fruits et protéines
avocat et verdures en feuilles	fruits et légumes
avocat et fruits semi-acides	féculents et protéines

LE JEÛNE

Je crois que la plupart des maladies sont déclenchées par une accumulation de toxines ou un blocage au niveau émotionnel et mental qui emprisonne l'énergie à l'intérieur du corps. Cependant, en suivant le programme Hippocrate et en jeûnant une journée par semaine vous pouvez libérer cette énergie, qui lui permettrait d'envahir tout le champ émotionnel, mental et spirituel et de le renforcer. Tout au long de l'histoire, de grands leaders spirituels et politiques ont utilisé le jeûne comme moyen d'améliorer leur santé et d'élever leur pensée.

Bien que la plupart des partisans de la santé naturelle croient aux bienfaits du jeûne, deux écoles de pensée bien distinctes s'affrontent sur le sujet, avec des arguments assez convaincants des deux côtés. Certains prônent le jeûne à l'eau, affirmant que toute autre nourriture liquide dénature le traitement. Mais je crois personnellement que le jeûne au jus de légumes et de pousses vertes donne de bien meilleurs résultats, sans les effets secondaires graves qui accompagnent souvent le jeûne à l'eau. En ne buvant que de l'eau on accélère le processus de nettoyage, ce qui chasse de grandes quantités de toxines du corps et cause un stress indésirable pour les organes d'élimination. Le jeûne au jus, bien que tout aussi efficace, cause moins de stress et d'inconfort, et surtout il vous permet de vous nourrir et de conserver vos forces au lieu de vous affaiblir.

Comment débuter

Voyons maintenant les premières questions que posent généralement les clients qui séjournent à l'Institut.

1. Qu'est-ce que je dois boire durant ma journée de jeûne ?

Selon notre expérience et les résultats de recherches, on devrait consommer, pour de meilleurs résultats, principalement des boissons vertes au cours de cette journée (voir les recettes au chapitre 11). On peut y ajouter de l'eau purifiée et citronnée, du jus de pastèque ou de concombre, des tisanes ou de petites quantités de jus de fruits fraîchement extrait et dilué.

2. Quelle quantité devrais-je boire dans la journée?

Je suggère de boire environ 2 litres (huit verres de 8 onces) de liquide au cours de la journée, la plus grande quantité devant être bue au cours de la matinée et le dernier verre au moins trois heures avant le coucher, si possible.

3. Qu'est-ce que je devrais manger le lendemain du jeûne, et quand?

Consommez du liquide en vous éveillant. Si le sucre ne vous affecte pas trop, mélangez une partie de jus de pastèque, de pomme ou de poire et deux parties d'eau. Si le sucre vous dérange, essayez un jus de concombre ou de courge, ou une tisane de camomille ou de menthe verte, mais faible. En agissant ainsi, vous permettez à votre corps de terminer son ménage. Votre premier repas solide devrait être léger. Le meilleur choix serait un morceau de fruit mûri naturellement ou quelques pousses vertes et légumes légers, ce qui permettrait à votre système digestif de se réveiller lentement. Vous pouvez manger trente minutes après votre boisson du matin. Ensuite, pour le repas du midi et le dîner, vous pouvez reprendre vos habitudes alimentaires normales.

Quand c'est terminé

Une fois votre premier jeûne terminé vous vous poserez peut-être d'autres questions, comme celles qui suivent:

1. Je me sentais fatigué et irritable, et j'avais mal un peu partout au cours de cette journée, est-ce que c'est normal?

Lorsqu'on n'en est qu'à son premier ou à son deuxième jeûne d'un jour, on peut, certes, s'attendre à de tels effets, qui correspondent à l'élimination des toxines emmagasinées dans les cellules. Réjouissez-vous de ces manifestations, qui indiquent que des poisons pouvant causer des maladies sont expulsés. Pour atténuer ces sensations, vous pouvez augmenter votre consommation de liquides, particulièrement de boissons vertes, durant la journée.

2. Quel intervalle dois-je respecter entre les jeûnes d'un jour?

Une semaine. Choisissez la journée la moins exigeante pour vous, celle où vous pouvez le mieux vous permettre de laisser votre corps et votre esprit vous dicter leur volonté pendant que le nettoyage s'opère. Vos performances en seront améliorées durant les six autres jours de la semaine. Les gens qui suivent ce programme disent que leur journée de jeûne est la plus productive de la semaine. Si vous vous sentez malade, faible, ou si vous avez un problème de glycémie (taux de sucre dans le sang), autorisez-vous une diète plus nourrissante, basée sur l'absorption d'un seul aliment, par exemple, des salades vertes et un peu plus de jus.

3. Puis-je poursuivre mon jeûne au-delà d'une journée?

C'est une possibilité, mais seulement si vous êtes en très bonne santé, et sans dépasser trois jours. Si vous voulez jeûner pendant plus de trois jours, faites-le dans un centre spécialisé et sous la surveillance d'un personnel qualifié.

Le menu d'un jeûne

Considérez votre journée de jeûne comme une journée ordinaire au cours de laquelle vous consommez vos aliments sous forme liquide et non solide. Un menu convenable pour une journée de jeûne pourrait ressembler à ce qui suit :

Petit-déjeuner

Du jus de melon d'eau (pastèque) ou de concombre (incluant les graines et l'écorce) ou du jus de pomme, de raisin, de poire ou de baies. Sauf pour le melon d'eau, tout autre jus doit être dilué à raison d'une partie de jus pour deux parties d'eau.

Collation entre les repas

De l'eau purifiée, de l'eau citronnée ou une tisane, à volonté.

Repas du midi

Boisson verte ou jus de légumes.

Collation entre les repas
De l'eau, de l'eau citronnée ou une tisane, à volonté.

Dîner
Boisson verte ou jus de légumes.
(Essayez de ne plus boire après le dîner)

Faites un essai

Dans le programme de santé Hippocrate le jeûne n'est pas obligatoire, mais il vient appuyer les efforts que vous déployez pour améliorer votre santé. Offrez-vous le plaisir d'expérimenter la sensation de libération et d'allégement que peuvent vous procurer ces journées d'alimentation liquide. Thomas Edison, Albert Einstein, Mohandas Gandhi, Franklin D. Roosevelt et bien d'autres ont utilisé ce moyen de purification et de libération extrêmement simple.

LE NETTOYAGE DU CÔLON

La littérature médicale est unanime concernant le besoin de maintenir le côlon propre et en bonne santé pour qu'il puisse bien assimiler les nutriments et éliminer les déchets corporels. Pourtant, des millions de personnes ont un côlon congestionné, déformé et bourré de déchets toxiques, qui peuvent leur causer une multitude de désordres intestinaux et de maladies chroniques. Ce n'est pas très surprenant, même si un individu va à la selle chaque jour, son côlon peut contenir une accumulation de plusieurs jours de déchets, voire d'une semaine. Un côlon très congestionné peut contenir plus de 4,5 kilos (dix livres) de matières fécales à un moment donné. Voilà qui constitue un terrain fécond pour la multiplication des bactéries, pouvant occasionner des maux de tête et de la flatulence, ou même causer une indigestion, une colite ou un cancer de l'intestin. Avec une telle accumulation de déchets, le côlon, affaibli, effectue mal son travail et la constipation s'ensuit. Les dépôts se logent dans les poches de la paroi du côlon et durcissent, nuisant au mouvement péristaltique (les contractions musculaires naturelles au moyen desquelles l'intestin fait avancer les matières fécales) et provoquant de plus en plus de blocages qui, en retour, entravent les dernières étapes du processus d'absorption et de digestion des aliments. Dès lors, au lieu que les nutriments qu'ils contiennent soient absorbés, les aliments non digérés se putréfient et deviennent toxiques.

Conseils rapides pour un côlon en santé

Voici trois moyens simples que vous pouvez employer pour avoir un côlon en bonne santé :

1. Répondez à l'appel de la nature lorsque vous ressentez le besoin d'aller à la selle. Essayez de vous entraîner à une évacuation routinière chaque matin, au lever. Toute la nuit, vos fonctions intestinales ont été très actives sur le plan bactérien, mais inactives du point de vue métabolique. Elles ont besoin d'être soulagées le matin venu. Essayez d'évacuer une deuxième fois si possible.

2. Mettez vos pieds sur un petit banc ou une boîte lorsque vous êtes assis sur la cuvette des toilettes. En surélevant ainsi les pieds vous adoptez une position accroupie beaucoup plus naturelle, facilitant l'évacuation. (La forme des cuvettes de toilette modernes a certainement contribué à bien des cas de constipation.)

3. Faites de l'exercice. Les exercices empêchent l'affaissement des muscles abdominaux et augmentent l'afflux de sang fraîchement oxygéné vers les intestins, ce qui redonne santé et vitalité aux cellules. Ces exercices stimulent aussi les mouvements péristaltiques (mais il ne faut pas en faire immédiatement après avoir mangé parce que la digestion requiert beaucoup d'énergie).

Les lavements et les implants

En plus des trois moyens simples suggérés ci-dessus, les lavements et les implants peuvent aussi aider le côlon à retrouver son tonus musculaire et sa force. Ils sont particulièrement utiles au cours des premières semaines d'une nouvelle diète, lorsque toutes les parties du corps expédient leurs déchets vers les intestins pour être éliminés.

Le lavement

On peut se faire soi-même un lavement complet à l'aide d'un long tube spécialement conçu et attaché à un sac habituellement rempli de 1 à 3 litres (une à trois pintes) d'eau. Étendu sur le dos, avec un coussin sous les fesses, il suffit d'insérer le tube lubrifié dans le rectum (sans jamais forcer). Laissez pénétrer lentement la quantité d'eau qu'il vous est possible de retenir dans le côlon sans effort, puis relâchez-la dès que vous en ressentez le besoin. (Ne le relevez jamais de force.)

L'implant

Les implants servent à purger le côlon et le foie. Ils constituent une nourriture puisqu'ils sont absorbés par le côlon, ce qui préserve la force et le bon état des électrolytes partout dans le corps. L'implant devrait suivre un lavement. Pour vous l'administrer vous-même, mettez au moins 118 ml (quatre onces) d'un liquide contenant beaucoup de chlorophylle dans le sac à lavement. Ce peut être du jus de blé ou d'orge. On peut aussi utiliser des algues bleu-vert, de la poudre acidophile en solution dans l'eau, ou du jus de pousses vertes (recettes au chapitre 11) pour une action moins puissante. Suivez la procédure suggérée pour le lavement pour « implanter » ces substances dans votre côlon, puis retirez le tube et restez étendu, sans bouger. Retenez l'implant de quinze à vingt minutes avant de l'évacuer. Des années de recherche avec les clients de l'Institut Hippocrate m'ont démontré que les lavements et les implants rétablissent réellement un meilleur équilibre des électrolytes dans le côlon.

L'hydrothérapie du côlon

Certains de nos clients ont le côlon tellement congestionné et endommagé qu'il faut en entreprendre le nettoyage au moyen de l'hydrothérapie. L'irrigation du côlon est un lavement continu administré par un professionnel de la santé spécialisé en la matière. Sous l'effet du courant continu baignant les moindres recoins sur toute la longueur du côlon, peu à peu des morceaux se détachent des dépôts durcis; ils sont immédiatement évacués avec l'eau contaminée. On peut trouver un établissement spécialisé pratiquant l'irrigation du côlon à peu près n'importe où dans le monde, en cherchant dans un magazine de santé ou un annuaire téléphonique.

L'EXERCICE

Pour bien des gens, les exercices ne sont utiles qu'à ceux qui veulent perdre du poids, raffermir leur corps, acquérir de la flexibilité ou augmenter leur force musculaire. En réalité, ces améliorations esthétiques sont beaucoup moins importantes que les bénéfices internes que le corps peut en tirer.

Le bon fonctionnement de nos systèmes lymphatique, circulatoire, digestif, immunitaire et respiratoire dépend de l'exercice physique. Notre équilibre émotionnel en tire lui aussi avantage, parce que l'exercice atténue le stress, l'anxiété, la léthargie et la dépression.

Le plan de santé Hippocrate comprend un programme d'exercices. Des exercices vigoureux ont un effet direct sur trois fonctions importantes du système circulatoire :

1. Le sang transporte les nutriments extraits des aliments que vous mangez vers toutes les cellules de votre corps. En faisant de l'exercice vous accélérez le mouvement de ces nutriments vers leur destination, en même temps que vous procurez d'importantes quantités d'oxygène à votre sang. Ensuite, au moment où il atteint chaque cellule, ce sang fortement oxygéné assure une meilleure combustion des nutriments. Voilà comment les exercices contribuent à l'alimentation de nos cellules.

2. Le système circulatoire est aussi «l'égout» du corps humain, puisqu'il transporte les déchets produits par la combustion du carburant, c'est-à-dire de la nourriture, vers leur point d'évacuation. On peut, en effet, comparer chacune de nos cellules à un minuscule moteur à combustion interne, ce qui explique que notre corps soit chaud. Cette description est peut-être simpliste mais elle illustre le fait que, de par sa capacité d'accélérer la circulation sanguine, l'exercice permet une meilleure élimination des résidus et des déchets toxiques du corps.

3. Une circulation sanguine plus rapide maintient les veines et les artères dilatées, et empêche le cholestérol de s'accumuler et de se déposer sur les parois internes. Et lorsque les artères et les veines sont libres de toute obstruction, la tension artérielle demeure parfaitement normale.

Un programme d'exercices

Un programme d'exercices efficace doit viser le conditionnement de tout le corps et développer les principaux groupes de muscles. En effet, toute omission ou exagération concernant l'un d'entre eux cause un déséquilibre.

Il y a trois sortes d'exercices que vous devez inclure dans votre programme.

L'entraînement aérobique

En augmentant le rythme des battements cardiaques, les exercices aérobiques augmentent l'apport d'oxygène à toutes les cellules, permettent une meilleure utilisation des nutriments disponibles, neutralisent les toxines partout à travers le corps, et améliorent le processus d'élimination. Vous pouvez faire du cyclisme et de la marche à l'extérieur, utiliser les escaliers, un tapis roulant, un trampoline ou une bicyclette stationnaire à l'intérieur, et pratiquer la natation en toute saison.

L'étirement

L'étirement assouplit les articulations et rend les muscles plus flexibles. Pour effectuer un bon étirement, bougez lentement jusqu'à la position désirée en prenant bien soin d'éviter toute douleur. Ensuite, relâchez un peu l'étirement maximum et maintenez cette position entre 10 et 30 secondes. Attention, évitez tout effet de rebondissement !

Les exercices de résistance

Le plus souvent, les exercices de résistance s'effectuent à l'aide de poids ou d'appareils, mais vous pouvez aussi faire des exercices aquatiques, de la gymnastique non compétitive ou du yoga, par exemple. Un heureux mélange de poids et haltères, d'appareils et d'exercices isométriques permet des résultats maximums et une bonne variété. La levée de poids lourds à

Tableau 7-2 : trois type d'exercices

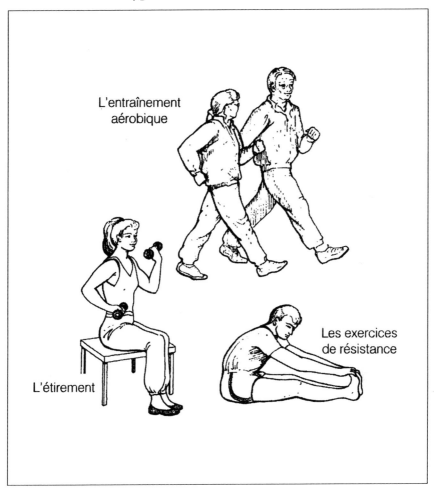

L'entraînement aérobique

L'étirement

Les exercices de résistance

faible répétition augmente la masse musculaire, alors que celle de poids légers à haute fréquence la tonifie.

En général, pour obtenir de bons résultats, il faut que l'exercice fatigue les muscles. Cependant, on ne doit jamais s'imposer des efforts tels qu'on se sente meurtri le lendemain.

Programmez des exercices de musculation ou de renforcement trois ou quatre fois par semaine (une fois tous les deux jours serait l'idéal). Des exercices quotidiens ne sont pas recommandés, sauf s'il s'agit d'exercices de faible résistance à haute répétition (des poids aux poignets et aux chevilles, par exemple). Les jours où vous n'avez rien de programmé, vous pouvez quand même faire des exercices aérobiques à faible impact, comme de la marche rapide ou de la natation, ou encore de la montée d'escalier ou du ski stationnaire.

En maintenant un niveau d'intensité suffisant et des pauses-repos entre les exercices, il est possible d'en faire beaucoup en trente minutes.

Imposez-vous toujours une période de réchauffement avant vos exercices. Ce pourrait être un peu de marche rapide, du saut à la corde, de la bicyclette stationnaire ou de la gymnastique suédoise (douce), afin d'augmenter la respiration, d'élever la température du corps, et d'étirer les ligaments et les tissus conjonctifs.

LE BROSSAGE À SEC DE LA PEAU

Votre peau est constamment en train de respirer et d'éliminer des toxines (Une personne moyenne élimine environ deux livres (1 kilo) de déchets par jour!). Si vos pores sont bloqués et incapables de fonctionner normalement, vos reins, votre foie et votre système lymphatique tenteront de compenser et seront très vite surchargés de toxines. Un brossage à sec de la peau avant une douche, un bain sauna ou un bain de vapeur aide à éliminer les toxines des pores et stimule les systèmes lymphatique et circulatoire. Essayez de le faire chaque jour.

Vous aurez besoin d'une brosse à long manche et à poils raides et naturels pour le corps, et d'une brosse plus douce pour la figure et les parties sensibles. Avec des mouvements circulaires et linéaires orientés vers le cœur, frottez vigoureusement toute la surface de la peau en commençant par les pieds (y compris le dessous), puis remontez le long des jambes, en avant et en arrière, en effectuant une espèce de balayage. Brossez ensuite les bras à partir des mains jusqu'aux épaules, avant de passer au dos et aux fesses. Brossez un peu plus doucement sur le devant (ventre, poitrine et cou). Non seulement le brossage à sec aide à débarrasser la peau d'un kilo (deux livres) de déchets qu'elle doit évacuer chaque jour, mais il la rajeunit.

L'AROMATHÉRAPIE

L' aromathérapie est une discipline complémentaire qui vise à améliorer la santé physique, mentale et spirituelle par l'usage d'huiles essentielles. Les huiles essentielles sont des substances liquides, aromatiques et naturelles, souvent considérées comme la force vive des plantes. Elles peuvent produire un état d'harmonie et de bien-être dans le corps, l'esprit et l'âme, en même temps qu'elles favorisent et maintiennent la santé en augmentant le niveau de résistance et d'immunité du corps devant la maladie.

Les huiles essentielles peuvent pénétrer dans le corps humain de deux façons. On peut utiliser un atomiseur pour en disperser les effluves dans une pièce, ce qui permet d'en inhaler les gouttelettes ou de les absorber à travers la peau, mais on peut aussi s'en frotter, à certains endroits sélectionnés. De toute façon, qu'elles se présentent sous forme de liquide ou de vapeur, la petitesse des molécules de ces huiles essentielles leur permet de pénétrer à travers la peau. Ensuite, elles sont absorbées dans le flot sanguin et le système lymphatique. Elles accélèrent l'élimination des vieilles cellules en stimulant la croissance de nouvelles qui les remplacent, retardant ainsi le vieillissement. En fait, elles aident certaines hormones à effectuer des changements au niveau des cellules. Différentes huiles affectent différentes hormones, mais les transformations subtiles qui se produisent sont toujours les mêmes : les cellules les plus faibles abandonnent leur poste et celles qui restent sont renforcées. Cela retarde donc le vieillissement en stimulant la croissance des nouvelles cellules et l'élimination des vieilles. Parmi les autres effets possibles, il y a aussi l'amélioration de la circulation, le soulagement de la douleur, la diminution de la rétention d'eau et l'apaisement de la nervosité.

Lorsqu'elles sont bien utilisées, ces essences organiques et aromatiques naturelles ne présentent aucun danger. Elles sont préférables aux médicaments parce qu'elles ne produisent pratiquement aucun effet secondaire et que, une fois évacuées, elles ne laissent aucun résidu toxique. Cependant, étant donné que, en plus des centaines d'huiles essentielles ayant chacune leur utilité dans la promotion de la santé, il existe d'autres huiles dont les effets peuvent être toxiques lorsqu'on les utilise mal ; la sagesse ne recommande le recours à l' aromathérapie que sous la surveillance d'une personne ayant la formation nécessaire pour utiliser ces huiles, comme les spécialistes en soins de la peau travaillant dans certains établissements de cure.

LES SAUNAS, LES BAINS DE VAPEUR ET LES BAINS À REMOUS

Ces différentes formes de bains ont des effets thérapeutiques et relaxants.

Les saunas
La chaleur sèche d'un sauna peut réduire la teneur en gras des organes à forte teneur de graisse, comme le foie et la vésicule biliaire.

Les bains de vapeur
La chaleur humide d'un bain de vapeur a un effet thérapeutique sur les organes à forte teneur d'eau, comme les reins, la vessie et les poumons.

Les bains à remous
La stimulation que procure un bain à remous a un effet positif sur les systèmes nerveux et lymphatique.

LE MASSAGE

Le massage ne réduit pas seulement le stress émotionnel et mental, il profite aussi à la masse musculaire, au système lymphatique, au système nerveux et à la structure osseuse du corps. Bien que la valeur curative du massage soit connue et utilisée depuis des milliers d'années, des études ne nous ont appris que tout récemment l'importance de ses effets. La directrice de l'Institut de thérapie du toucher de l'université de Miami, Tiffany Field, Ph.D., a dirigé des études sur la valeur du massage sur les plans psychologique, psychiatrique et pédiatrique. Ses travaux ont démontré qu'à la suite d'un massage, les cellules du système immunitaire favorisent la production d'endorphines par le système nerveux. Les endorphines sont des agents chimiques qu'on trouve dans le cerveau et qui peuvent faire baisser la tension artérielle et régulariser le rythme cardiaque.

LES THÉRAPIES AUX FRÉQUENCES ÉLECTRIQUES OU AU LASER

Ces thérapies sont déjà considérées, un peu partout dans le monde, comme un traitement sécuritaire pour un certain nombre d'affections, ainsi que pour le maintien de la santé. En Europe, par exemple, la médecine sportive utilise les thérapies aux fréquences électriques depuis plus de soixante-quinze ans. Elles accélèrent la récupération à la suite de blessures en restaurant les circuits électriques du corps, ce qui contribue aussi à débarrasser le corps de ses blocages et de ses maladies. On comprend que les lasers à basse fréquence peuvent servir aux mêmes fins. La thérapie au laser permet de réorganiser les structures cellulaires à l'intérieur des tissus, ce qui contribue au rétablissement de l'équilibre circulatoire et électrique du corps.

La thérapie à base d'énergie électromagnétique à haute fréquence est devenue monnaie courante dans le traitement des traumatismes. Ce traitement sans douleur élimine l'œdème, résorbe les hématomes et accélère la circulation sanguine, ce qui réduit considérablement la douleur et l'enflure dans les tissus endommagés. On a rapporté une accélération importante de la guérison lors de l'application de l'énergie électromagnétique à des cas de brûlures, de chirurgie plastique, de transplantation de doigts et de réparations de nerfs. On a noté que cette forme de thérapie réduisait la douleur et l'inflammation dans les cas d'arthrite dégénérative non articulaire, et on l'a aussi utilisée avec succès pour le traitement des fractures (à travers les bandages et les plâtres). On a rapporté la réduction ou l'élimination de toutes sortes d'affections — des douleurs arthritiques aux tumeurs — grâce à des séries de tels traitements sans intrusion.

Beaucoup de médecins et autres praticiens de la santé, comme les naturopathes, les ostéopathes et les allopathes progressistes, utilisent maintenant ce genre de technologie dans leur pratique. Informez-vous auprès de ceux que vous connaissez pour savoir si ces thérapies pourraient vous aider.

8

CHOISIR SES ALIMENTS EN FONCTION DE SA SANTÉ

Les aliments dont vous aurez besoin avec le régime Hippocrate sont assez faciles à trouver. Au début, il vous faudra peut-être chercher un peu pour découvrir un magasin offrant des aliments complets. Mais ensuite, vous ferez votre marché comme vous l'avez toujours fait : vous dresserez une liste, vous achèterez ce qu'il vous faut. Vous passerez à la caisse et vous rentrerez à la maison. Rien de nouveau à cela, sauf la nature des produits. Ce chapitre vous servira de guide, qu'il s'agisse de connaître les boutiques d'aliments naturels et les entreprises de vente par correspondance, de choisir les aliments organiques, les suppléments, les légumes de mer et les algues, de comprendre l'étiquetage des produits et de sélectionner les aliments de base qui doivent garnir votre garde-manger.

LES BOUTIQUES D'ALIMENTS NATURELS

Devant l'accroissement de la demande, de plus en plus de supermarchés offrent des aliments de santé. En lisant les recettes du chapitre 11, vous constaterez que bon nombre des ingrédients suggérés se trouvent déjà dans votre armoire ou sur les rayonnages de votre supermarché. Cependant, vous aurez aussi besoin de produits qui ne sont vendus que dans des boutiques d'aliments naturels. Il vous faudra alors vous souvenir de ce qui suit.

Il y a trois sortes de boutiques d'aliments naturels :

1. **Les boutiques de suppléments :** de nombreuses chaînes d'établissements identifiés comme boutiques d'aliments naturels, qui se multiplient présentement à travers le monde, offrent surtout des suppléments alimentaires qui permettent la plus grande marge de profit. Il vaudrait mieux éviter ces boutiques qui ne sont pas vraiment dédiées à la santé.

2. **Les boutiques hybrides :** dans ces établissements, qui accordent également un espace démesuré aux suppléments, on trouve aussi de véritables aliments naturels, quoique en quantité moindre. Un acheteur avisé peut donc se procurer certains des aliments nécessaires au régime Hippocrate dans ces boutiques.

3. **Les boutiques d'aliments entiers :** physiquement, ces établissements ressemblent aux magasins conventionnels, mais ils vendent des aliments entiers, naturels et sains. Ils consacrent beaucoup d'espace aux étalages de produits organiques et peuvent avoir leur propre restaurant ou un comptoir à jus. Ils offrent des aliments santé spécialisés tels que des craquelins cuits au four, des chips sans huile, ou des cornichons crus sans vinaigre. En général, ils vendent des produits à base d'aliments vivants, comme de la choucroute, des algues, des céréales organiques, des fèves, des graines et des noix. Certains offrent même des aliments-minute : fèves à cuisson rapide, croquettes aux pois chiches, pâtes de grain entier et soupes instantanées.

Quel que soit le genre de boutique d'aliments naturels que vous trouverez dans votre secteur, soyez prudent. Il ne faut pas présumer que tous les aliments qu'on y vend sont bons pour la santé. Les mentions telles que « naturel », « aliment-santé » ou « choix santé », que l'on peut lire sur l'emballage de certains produits, n'offrent aucune garantie qu'ils sont meilleurs pour vous que tous les autres produits qui remplissent les rayonnages des supermarchés. Souvent, la seule vraie différence réside dans leur prix : ils sont beaucoup plus chers.

Méfiez-vous de produits dits « naturels » comme des soupes en boîte, des bonbons, des gâteaux, des tartes, des chips, de la crème glacée et des pâtés « sans viande » congelés. Vérifiez soigneusement la liste des ingrédients et la valeur nutritive sur l'étiquette, en portant une attention particulière au taux de gras, ainsi qu'aux additifs et agents de conservation ajoutés.

LES ACHATS PAR CORRESPONDANCE

Pour tous ceux qui n'ont pas accès à une boutique d'aliments naturels, cette formule répond à un besoin vital. Pour suivre le régime Hippocrate, beaucoup de musiciens, de comédiens et de vendeurs itinérants, par exemple, commandent leurs aliments à partir d'un catalogue et se les font livrer à l'avance, à l'hôtel où ils devront loger dans les jours suivants. Et beaucoup d'anciens pensionnaires de l'Institut Hippocrate qui voyagent beaucoup, ou sont trop malades pour se rendre à une boutique, font de même.

On peut trouver une entreprise de vente par correspondance sérieuse en consultant la page arrière de certains magazines consacrés aux aliments naturels, comme *Vegetarian Times* ou *Organic Gardening,* par exemple. Commencez par une petite commande, pour vérifier la qualité des aliments et la fiabilité de l'entreprise. Vous pouvez même essayer plusieurs maisons avant de choisir celle qui vous satisfait et avec laquelle vous pourrez traiter sur une base régulière. Tenez-vous au courant : cette sphère d'activité est encore relativement nouvelle et de nouvelles compagnies s'ajoutent continuellement aux anciennes pour vous offrir tout ce dont vous avez besoin pour pouvoir continuer à bien vous nourrir en toute commodité.

LES ALIMENTS ORGANIQUES

Si vous suivez le régime Hippocrate, votre liste d'épicerie comportera surtout des végétaux vivants. Pour tirer le maximum de ce régime, assurez-vous que les fruits et les légumes que vous achetez sont de culture organique. Non seulement les aliments organiques ont été cultivés sans engrais chimiques, sans herbicides, sans fongicides et sans insecticides, mais ils n'ont pas été irradiés non plus. Ces aliments ont une saveur accrue et une valeur nutritive supérieure.

Le marché des produits chimiques

Jusqu'au milieu des années 40, la culture des aliments était tout naturellement organique. À la fin de la Deuxième Guerre mondiale, une quantité incroyable de produits chimiques (conçus pour estropier les gens) se trouvait encore en entrepôt et constituait non seulement un encombrement mais encore un inventaire soumis à l'impôt. On résolut ce problème en vendant ces produits pour les incorporer dans le sol ou les utiliser dans les entrepôts agricoles, dans le but de tuer les insectes et les mauvaises herbes qui détruisaient une partie des réserves de nourriture, créant ainsi un marché nouveau.

Les premières récoltes obtenues par ces moyens ont été si spectaculaires que, dans les années 50, le monde a connu une croissance exponentielle de l'usage des fertilisants artificiels et des pesticides, les États-Unis étant en tête du peloton, bien entendu. Une industrie nouvelle et gigantesque venait de naître. Or, on se mit aussi à utiliser des substances chimiques pour promouvoir la croissance, comme fongicides, comme herbicides et comme insecticides. Ainsi, on effectue parfois jusqu'à une douzaine d'arrosages chimiques au cours d'une même saison de croissance et pour la production d'une seule récolte.

Les problèmes à long terme

Au lieu d'éliminer les prédateurs naturels, ces produits chimiques ont déséquilibré nos sols, ce qui a réduit la qualité de nos aliments, dont la vulnérabilité aux infestations diverses est plus élevée que jamais. Rachel Carson avait déjà prédit cette situation il y a trente ans, dans son livre *Silent Spring* (Le printemps silencieux). Au cours de ces dernières années les déficiences de ces pesticides sont devenues de plus en plus difficiles à ignorer : des insectes bénéfiques sont détruits et des « super-insectes » apparaissent, ayant développé une résistance aux produits chimiques. En 1946, lors de la mise en marché du DDT, le premier pesticide synthétique à être utilisé à grande échelle, on crut que c'était le produit miracle qui allait éliminer les insectes nuisibles à tout jamais. Auparavant, les fermiers américains perdaient environ un tiers de leurs récoltes à cause des insectes, des mauvaises herbes et des maladies. De nos jours, avec un choix de vingt et un mille pesticides pour un coût annuel dépassant les quatre milliards de dollars, les pertes des fermiers se situent toujours au même niveau : le tiers de la récolte. Mais le consommateur en a plus... plus de produits chimiques nocifs dans son sac à provisions !

Les pesticides ont aussi un effet désastreux sur la valeur nutritive des aliments. Il y a cinquante ans, la teneur en protéines du blé cultivé dans l'État du Kansas était de 14 pour cent. Aujourd'hui, avec les engrais chimiques et la monoculture, la teneur moyenne du blé en protéines dans cette région est tombée à 8 pour cent. Les comparaisons entre une pomme de culture organique et une pomme de culture conventionnelle ont démontré que la première contient 300 pour cent plus de vitamine C et 61 pour cent plus de calcium que la seconde.

Non seulement les fruits et légumes ordinaires offrent une valeur nutritive inférieure, mais ils représentent un risque sur le plan médical. On a identifié quelque cinq cents substances chimiques étrangères dans le sang humain. Ce n'est pas surprenant si l'on considère que l'Américain moyen absorbe environ un kilo (deux livres) de résidus chimiques dans sa nourriture annuellement. Plus intéressant encore, on établit maintenant une corrélation entre l'ingestion de pesticides et le cancer. Dans une étude récente, par exemple, Mary Wolff, chercheur au Centre médical Mount Sinai de New York, a découvert que les femmes ayant un niveau élevé de DDE (un dérivé du DDT) dans le sang, avaient quatre fois plus de risques de développer un cancer du sein que celles chez qui ce niveau était bas. Je pense que ce genre d'études/devraient sonner l'alarme chez tous les consommateurs.

Quelle est l'ampleur du problème ?

Si vous ne voulez pas absorber des produits chimiques avec les végétaux que vous consommez, une étude publiée en 1995 par le département des marchés agricoles du ministère de l'Agriculture américain confirme que les aliments de source organique représentent votre seule option. En 1993, ce département a analysé 7 328 fruits et légumes frais, dont des pommes, des bananes, du brocoli, du céleri, des carottes, des haricots verts, des pamplemousses, de la salade verte, des oranges, des pêches et des pommes de terre. Les pommes ont été lavées et on en a retiré le cœur, les bananes ont été pelées et tous les autres fruits ou légumes ont été préparés comme si on allait les cuire ou les servir.

Les scientifiques ont découvert des traces de 10 329 pesticides dans ces produits, ce qui signifie que certains d'entre eux en contenaient plus d'une sorte. Ce sont les pommes (le fruit le plus populaire) qui comptaient le plus haut taux de résidus, avec 97 % des 654 échantillons. Le céleri venait en deuxième place avec 93 %, puis les pêches, avec 91 %. Le pourcentage tombait à 79 % pour les oranges et les pommes de terre, 75 % pour les raisins et 72 % pour les pamplemousses. Ensuite venaient les haricots verts à 66 %, les carottes à 65 %, les bananes à 61 %, la salade verte à 51 % et le brocoli à 25 %.

Bien que l'agence de protection environnementale américaine (EPA) affirme que la plupart des taux d'insecticides décelés dans ces aliments sont en deçà du seuil jugé dangereux pour la santé, cela n'a rien de rassurant. Certains de ces niveaux dépassaient largement les limites légales (notamment celles concernant les produits importés) et l'approche gouvernementale, qui consiste à réglementer chacun de ces pesticides individuellement, ne tient pas compte de l'effet sur le corps humain des combinaisons trouvées dans certains végétaux. Elle ignore aussi les effets de ces pesticides sur les bébés et les enfants qui, comparativement aux adultes, consomment une plus grand proportion de fruits et sont plus sensibles que les adultes.

Le prix de la qualité

Tout cela montre clairement que tous les fruits et légumes que vous consommez devraient provenir de cultures organiques, même si vous devez payer un peu plus cher pour une telle garantie de qualité. Il y a plusieurs bonnes raisons pour que le prix des aliments de culture organique soit plus élevé. Le gigantisme de notre industrie agricole est en partie responsable des bas prix que nous avons toujours payés pour nos aliments.

Ces prix reflètent l'existence de subsides gouvernementaux ou de programmes d'aide à l'agriculture qui, la plupart du temps, ne s'appliquent pas à la culture organique (mais, heureusement, cette situation est en train de changer).

De plus, la production des récoltes intermédiaires et du fumier vert fournissant l'azote organique requiert beaucoup plus de temps. Et les frais de main-d'œuvre encourus pour le désherbage, la plantation et la récolte de produits organiques sont beaucoup plus élevés. Enfin, la plus grande partie des cultures organiques se faisant sur des terres moyennes ou petites, les activités n'y sont pas mécanisées et exigent plus de main-d'œuvre. On estime que la production d'aliments organiques peut coûter de 10 à 20 % plus cher, et que, chez le détaillant, le prix de ces produits peut dépasser celui des autres de 15, 30 ou parfois même 100 %.

Les produits végétaux organiques sont peut-être plus chers, mais en bout de ligne c'est la qualité qui compte : une plus grande qualité justifie un prix plus élevé. Et le prix ne pourra baisser que si l'approvisionnement et la demande continuent à augmenter.

Où les trouver ?

Au fur et à mesure que la demande augmente et qu'un marché lucratif se développe, les aliments organiques deviennent plus faciles à trouver. Traditionnellement, on ne pouvait trouver des fruits et légumes de culture organique que dans les boutiques d'aliments naturels, les coopératives d'alimentation naturelle, les boutiques de santé et les marchés publics. Mais aujourd'hui, certains supermarchés géants en offrent. Souvent, les grandes chaînes d'alimentation offrent aussi des produits organiques — pommes, salades vertes, carottes, citrons et brocoli, par exemple — en quantité limitée. Les maisons de vente par correspondance et les clubs d'achats en commun, annoncés sur les pages arrière des magazines consacrés aux aliments naturels, sont aussi de bonnes sources d'approvisionnement en aliments organiques.

Recherchez l'authenticité

En achetant vos aliments organiques, vérifiez l'authenticité de leur provenance. Il existe un programme de certification volontaire par lequel les agriculteurs, les producteurs et les marchands intermédiaires s'engagent à respecter un code de règles strictes établi par des associations de maraîchers à l'échelle locale, régionale, nationale et internationale. La certification, qui garantit l'authenticité de la provenance des produits étiquetés comme étant « de culture organique », a une grande importance, tant sur le plan de la crédibilité de l'industrie que de la confiance qu'on lui accorde. L'achat d'aliments organiques certifiés est une manière de soutenir cette industrie et de lui assurer la durabilité et la croissance qu'elle mérite.

Actuellement, un tiers des états américains ont des lois définissant les aliments de culture organique, et l' Organic Foods Production Association of North America (OFPANA) a publié des normes nationales pour servir de guide aux autorités fédérales, qui envisagent d'autoriser la certification des aliments organiques par le ministère de l'Agriculture.

Entre-temps, vous pouvez acheter les aliments dont l'étiquette indique qu'ils sont certifiés « organiques », avec une certaine confiance. En revanche, tout produit végétal ou aliment en vrac ne portant pas l'étiquette et le symbole de certification devrait être considéré comme pouvant ne pas être organique.

Les aliments non organiques

Il peut arriver que vous soyez dans l'impossibilité d'acheter des aliments organiques. Dans ce cas, voici quelques conseils pour réduire les effets dommageables des pesticides, des herbicides, des fongicides et des engrais chimiques.

1. Évitez les produits provenant de l'extérieur de l'Amérique du Nord. Certaines compagnies américaines exportent des pesticides comme le DDT, dont la vente est défendue aux États-Unis. Par la suite, les importateurs achètent toutes sortes de fruits et de légumes provenant de pays où ces mêmes pesticides sont utilisés, que les supermarchés s'empressent de mettre en vente.

2. Lavez la surface de tous les fruits et légumes frais à l'eau claire, ce qui éliminera la plupart des résidus de pesticides. Une faible quantité de savon à vaisselle naturel dissous dans l'eau peut aussi vous aider à vous débarrasser des résidus les plus coriaces.

3. Lorsqu'il convient de peler les légumes, faites-le. Cela éliminera tous les résidus de pesticides en surface. Quant aux résidus logés à l'intérieur du fruit ou du légume, ils ne disparaîtront pas avec la pelure. (Malheureusement, certains des nutriments contenus dans les aliments frais se trouvent dans la pelure, et vous les perdez en procédant de cette manière.)

4. Cultivez vos propres aliments. Mais oui, pourquoi ne pas vous faire un jardin organique ? Vous pourriez planter des légumes dans un petit espace ensoleillé, ou même dans un assemblage de pots ou de jardinières de grande dimension. Les germinations végétales sont ce qu'il y de plus facile à faire pousser, elles croîtront rapidement et en abondance dans votre cuisine si vous le voulez (le chapitre 9 vous dira comment faire).

LES SUPPLÉMENTS

Si vous ne savez pas trop ce que vous cherchez, ou si vous vous laissez facilement influencer par la publicité, la recherche de suppléments alimentaires appropriés peut être la tâche la plus difficile de vos emplettes alimentaires. Beaucoup de boutiques d'aliments naturels consacrent plus d'espace aux suppléments qu'aux aliments. Pourtant, une enquête effectuée par le magazine *Money* en 1995 a révélé que la valeur médicale de plus de 90 % des produits vendus aux enquêteurs dans des boutiques d'aliments naturels était pour le moins douteuse.

Se faisant passer pour des clients ordinaires, les reporters de *Money* ont visité 186 boutiques dans trente et une villes. Ils ont demandé aux commis de les aider et leur ont dit qu'ils avaient entendu dire que les vitamines et les minéraux pouvaient les aider, mais qu'ils ne savaient pas quoi acheter. Les commis ont alors vendu pour 26,13 $ de produits divers à chacun des reporters, pour un total de 4 860,18 $, un gaspillage quasi absolu. On a en effet estimé à 4 590,42 $ la valeur totale des produits qui ne répondaient pas aux exigences des spécialistes de la santé engagés par le magazine ou dont l'emballage n'indiquait aucune date limite, ce qui n'offrait aucune assurance quant à l'efficacité résiduelle du produit. Dans la seule région de Los Angeles, les suppléments vendus par les commis de cinq des six boutiques visitées ne portaient aucune date limite de consommation.

Jetons un coup d'œil sur l'historique des suppléments alimentaires, pour comprendre comment les bonnes intentions qui ont présidé à leur création ont été vite gâchées par l'industrie commerciale. »

L'histoire des herbes et des suppléments : la première génération

La nature a d'abord donné les herbes aux humains, qui les ont utilisées à des fins médicinales. Pendant des siècles, les formules et les recettes naturelles n'étaient administrées que par des individus sélectionnés, souvent les leaders spirituels de tribus et de nations un peu partout dans le monde.

La deuxième génération

Deux événements importants ont enclenché cette deuxième génération :
1. Des soignants et des profanes éclairés ont commencé à comprendre le rôle des herbes et se sont mis à les utiliser pour traiter les maladies. Et parmi les leaders de ce mouvement on retrouvait Arnold Ehret, Paul Bragg, John Tilden, Gaylord Houser et Jethro Kloss.
2. Pour la première fois, on avait la possibilité d'encapsuler et d'embouteiller les aliments et les herbes, et le docteur Royal Lee fut le premier à les prescrire sous ces nouvelles formes à ses patients. On les séchait d'abord, après quoi on les broyait et on les encapsulait pour en préserver l'efficacité. Cette façon de procéder respectait l'intégrité totale des aliments et des herbes ainsi transformés.

Malheureusement, cette génération de suppléments alimentaires est tombée en disgrâce au cours des années 30, lorsque l'industrie pharmaceutique s'est immiscée dans ce marché de plus en plus lucratif.

La troisième génération

Les aliments et les herbes encapsulés donnaient de si bons résultats que les «remèdes de charlatans» commencèrent bientôt à faire leur apparition. Au cours de cette génération, l'industrie pharmaceutique élargit le marché en commençant à fabriquer des suppléments synthétiques en laboratoire, pour une fraction seulement du coût engendré par le séchage et le broyage d'aliments et d'herbes véritables. Ces produits supplantèrent les produits naturels, plus coûteux.

On introduisit alors des suppléments vitaminiques et minéraux individuels. On les extrayait de sources alimentaires pour en faire des comprimés ou des capsules, mais sans leurs cofacteurs, c'est-à-dire toute la gamme des nutriments qui agissent en symbiose pour favoriser l'absorption par la cellule humaine. On a ainsi utilisé des quantités de vitamines et de minéraux isolés au détriment des aliments entiers, selon un processus qui éliminait les enzymes et l'oxygène.

Malgré cette altération de la qualité, l'industrie continua à progresser, passant de 500 millions de dollars de chiffre d'affaires en 1972 à 4,3 milliards en 1993.

Tout cet argent est-il le prix de la santé? Pas du tout. Les promesses de la publicité et toutes les espérances mises dans ces petits comprimés et ces poudres magiques peuvent nous procurer un effet placebo (voyez le chapitre 4), mais les ingrédients nécessaires au développement des cellules de notre corps sont absents, remplacés par des teintures, des agglutinants chimiques et synthétiques, des recouvrements de plastique et des nutriments synthétisés dépourvus de la capacité de symbiose des aliments complets.

Comment votre corps réagit-il à cette intrusion? Eh bien, reconnaissant que ces suppléments ne sont pas des aliments qu'il peut utiliser, il alerte le système immunitaire qui lance une attaque contre ces substances étrangères. Il y a quelque ironie dans le fait que des millions de personnes prennent des suppléments chaque jour en espérant renforcer leur système immunitaire, sans savoir que, en réalité, elles ne font que miner la force et la résistance de leurs cellules immunitaires.

Nous constatons maintenant que le milieu médical commence à tourner le dos à ces pilules miracles. Selon plusieurs associations et instituts (American Diabetes Association, American Institute of Nutrition, American Society of Clinical Nutrition, National Council Against Health Fraud, American Medical Association), les fortes doses de suppléments vitaminiques constituent plus qu'un énorme gaspillage d'argent, elles sont aussi très dangereuses. Les fameuses thérapies aux « mégavitamines » peuvent endommager le système nerveux et causer des hémorragies internes, ainsi qu'une foule d'autres problèmes de santé. Tout récemment, en 1995, le comité chargé de faire des recommandations sur les lignes directrices en matière d'alimentation (Dietary Guidelines Advisory Committee) s'est prononcé contre l'usage abusif de suppléments plutôt que d'aliments pour l'obtention des vitamines, des minéraux et des fibres alimentaires.

« Mais, direz-vous, les vitamines sont censées être bonnes pour nous. » Il faut comprendre que 96 % des études sur l'efficacité des suppléments sont commanditées par les compagnies qui les fabriquent et qui les vendent. Quand une compagnie investit des millions pour le développement d'un produit, on peut présumer qu'elle fera tout son possible pour « prouver » que le supplément qu'elle fabrique fonctionne.

Dans le passé, je n'ai jamais recommandé l'usage de suppléments comme compléments diététiques parce que, en ce domaine, je crois qu'une bonne variété d'aliments entiers, non transformés et non cuits, est intrinsèquement supérieure, mieux équilibrée et la plus facilement absorbable. Toutefois, maintenant que nous sommes en présence d'une quatrième génération de suppléments, je suis fier de pouvoir en recommander un certain nombre en tant que compléments d'une diète aux aliments vivants.

La quatrième génération

Au milieu des années 70, un petit groupe de partisans de la deuxième génération ont amené une renaissance des suppléments par l'utilisation des meilleurs procédés technologiques de la troisième génération. L'émergence de ces nouveaux produits marquait le retour des aliments entiers et des herbes sur le marché. Les suppléments actuellement offerts préservent la symbiose sans laquelle les aliments ne peuvent satisfaire les besoins du corps humain. Ces suppléments sont transformés à des températures de moins de 43,3 degrés Celsius (110 degrés Fahrenheit) afin d'en préserver les enzymes, l'oxygène et les cofacteurs alimentaires importants, ce qui permet aux nutriments qu'ils contiennent de demeurer bioactifs. Ce groupe de suppléments comprend la plus récente génération de poudres dites de « puissance verte », contenant des algues unicellulaires d'eau douce telles que la chlorelle et la superbe bleu-vert, que toute personne souhaitant s'assurer une santé meilleure et permanente devrait prendre quotidiennement.

Les herbes sauvages et les remèdes homéopathiques font aussi partie de ce groupe, mais il est nécessaire de lire l'étiquette du produit pour connaître le traitement qu'on leur a fait subir. Ils sont parfois trempés dans l'alcool, ce qui en modifie la valeur médicinale et en réduit substantiellement l'efficacité. Depuis quelques années des producteurs réussissent à présenter leurs herbes ou produits homéopathiques en suspension dans une substance neutre, comme la glycérine ou l'eau. Ainsi préparés, ces produits peuvent utilement être ajoutés à une diète d'aliments vivants. Cependant, contrairement aux aliments entiers mentionnés précédemment, ces suppléments ne devraient être dispensés que par des personnes très adéquatement formées et consommés pendant de très courtes périodes (rarement plus de deux semaines), qu'il s'agisse de l'hydraste, de l'échinacée ou de la « griffe de chat ». Les herbes plus légères comme la camomille, la menthe verte et la menthe d'hiver peuvent être utilisées plus souvent en tisanes. Quand vous achetez des suppléments, choisissez toujours ceux qui sont bioactifs (faits d'aliments vivants) et assurez-vous que les algues et pollens qu'ils contiennent n'ont pas été chauffés. Pour obtenir une liste tenue à jour des meilleurs fournisseurs, écrivez à l'Institut Hippocrate.

Justement, notre institut a effectué une série d'études afin de déterminer les avantages offerts par cette quatrième génération de suppléments. Cela nous a permis de découvrir que, lorsque les gens essaient d'adopter des habitudes de vie plus saines ou tentent de guérir d'une maladie quelconque, les suppléments bioactifs peuvent contribuer à leur regain de santé dans une proportion pouvant aller jusqu'à 30 pour cent. Mais une fois que le fonctionnement de leur système a été régularisé à la suite d'un changement de style de vie touchant aux exercices, aux émotions et à l'alimentation, leur santé physiologique ne dépend des suppléments que dans une proportion de 7 %. Toutefois, beaucoup de gens qui sont en bonne santé, continuent d'utiliser des suppléments bioactifs pour acquérir plus d'endurance physique et d'acuité mentale, tout en tenant compte de leurs limites.

Les légumes de mer

N'oubliez pas d'inclure des légumes de mer dans votre liste d'épicerie. Les millions de plans d'eau de notre planète, et surtout les mers et les océans, constituent la plus grande réserve de minéraux qui soit. Et la végétation provenant de ces eaux constitue la meilleure source de ces minéraux, la plus accessible surtout. Des mille sept cents variétés de légumes de mer produits par nos océans, la mieux connue est une algue, le varech. Les plantes de mer, qu'il s'agisse de plantes exotiques au nom peu familier, comme l'aramé, la wakamé, le nori ou l'hijiki, ou de variétés mieux connues, comme le varech et la dulse, contiennent une douzaine de minéraux de première importance.

Parmi les avantages attribués aux algues, il y a leur capacité de stimuler la fonction digestive des intestins. De plus, les hydrates de carbone contenus dans les algues n'augmentant pas le taux de sucre du sang, les gens qui ont un problème de glycémie peuvent en manger en toute sécurité.

Le monde occidental a commencé à s'intéresser aux algues lorsqu'un jour, en Californie, on a décidé d'ajouter des algues à l'alimentation habituelle de certains bovins. La consommation de ces végétaux de mer s'est révélée tellement efficace dans l'éradication de plusieurs maladies affectant ces animaux qu'on a décidé d'effectuer d'autres essais sur des humains souffrant de maladies liées à des carences alimentaires. On a ainsi découvert que les algues pouvaient être considérées comme un supplément nutritionnel parfaitement sécuritaire et fiable, permettant de corriger certaines carences alimentaires.

L'iode est le seul minéral provenant de la mer, et la thyroïde a besoin d'iode pour fabriquer la thyroxine, une hormone qui aide à la digestion. Sans une quantité suffisante de thyroxine, les aliments mettent tellement de temps à être digérés qu'ils se transforment en gras. Le cerveau a aussi besoin d'iode pour bien fonctionner, et toute carence peut se traduire par une paresse mentale ou une arriération plus ou moins prononcée. L'iode détruit aussi certaines bactéries nuisibles dans le sang, au cours du passage que celui-ci effectue à cette fin à travers la thyroïde, toutes les dix-sept minutes. Enfin, une carence en iode est un facteur qui peut contribuer aux végétations adénoïdes (hypertrophie obstruant les fosses nasales, spécialement chez les enfants), à la fatigue, aux rhumes et aux infections.

Bien d'autres minéraux ayant une valeur thérapeutique se retrouvent en abondance dans les plantes de mer. On peut prévenir l'anémie et une mauvaise formation des os et des dents à l'aide d'une consommation appropriée de cobalt. Le bon état du sang et la fertilité dépendent du zinc et du fer. L'hypophyse a besoin de chlore et de manganèse, les surrénales, de magnésium et le pancréas, de nickel et de cobalt. Aucune autre source ne pourrait vous fournir une aussi généreuse quantité de tous ces minéraux essentiels, à l'état le plus naturel et le plus facilement assimilable, que ces algues que vous pouvez vous procurer dans les meilleures boutiques d'aliments naturels.

Les algues d'eau douce

En 1987, après presque deux ans d'étude, l'Institut Hippocrate a ajouté un nouveau groupe d'aliments à son régime alimentaire : les algues unicellulaires, bleu-vert ou vertes. Au cours des cinq dernières années, les résultats d'autres recherches ont confirmé ce que nous avions nous-mêmes découvert, à savoir que la nutrition offerte par les algues – leurs acides aminés simples, leurs enzymes et leur codage génétique — fournit des éléments essentiels qui manquent aux aliments terrestres ordinaires, et favorise la régénération des cellules au niveau le plus fondamental, celui des chromosomes.

Ces plantes toutes simples contribuent à la transformation des déchets toxiques en substances inoffensives, elles protègent contre les radicaux libres et fournissent un bon assortiment de vitamines, de minéraux et d'acides aminés essentiels et non essentiels. Elles procurent aussi des enzymes nutritives qui facilitent la digestion des aliments, plus spéciale-ment des aliments cuits, en décomposant les protéines, les hydrates de carbone et les graisses.

Les trois plus importantes

Je vous recommande d'incorporer à votre diète ces trois variétés d'algues unicellulaires.

La superbe bleu-vert

Cette algue pousse à l'état naturel et en abondance dans un seul lac au monde, le lac KIamath, dans le sud de l'Oregon, et le principal distri-buteur en est la compagnie Cell Tech. Cette entreprise a révolutionné la commercialisation des algues en introduisant et en perfectionnant la cryodessication, un procédé de séchage à froid également appelé lyophili-sation, qui préserve les nutriments et les enzymes. Cette algue se présente sous deux formes, la forme « Alpha » qui régénère les cellules corporelles, et la forme « Omega » dont on rapporte qu'elle améliorerait sensiblement les facultés mentales.

La spiruline

D'abord introduite par Christopher Hill, la spiruline est la première algue bleu-vert à avoir été considérée comme un aliment aux États-Unis. Elle pousse à l'état sauvage dans bien des endroits du monde mais on la cultive aussi, pour répondre à la demande. Actuellement, c'est la Californie et

Hawaii qui produisent le plus de spiruline. Stimulatrice de l'immunité, la spiruline n'est pas facilement absorbée par la cellule humaine à cause de sa couche extérieure qui ressemble à une coquille d'œuf. Nous recommandons la spiruline hawaïenne parce qu'elle est plus digestible.

Pendant des années on séchait cette algue à très haute température, mais récemment, les compagnies embouteillant la spiruline ont adopté la technique de cryodessication qui en a fait un produit de qualité supérieure. Assurez-vous que la spiruline que vous achetez a bien été séchée par cryodessication (ou lyophilisation).

La chlorelle

Cette algue verte est d'abord devenue populaire en Asie, et plus particulièrement au Japon. Il est bien connu que cette algue unicellulaire, forte en ADN et en ARN, procure un bien-être physique général. Et on a découvert qu'elle est aussi efficace dans le renforcement du système immunitaire, la normalisation des fonctions intestinales et la lutte contre les effets de la radiation.

Un programme de consommation quotidienne d'algues

Différents programmes de consommation quotidienne d'algues ont été élaborés par la compagnie Cell Tech, dont les trois mentionnés ci-après. Le premier (A), qui offre les bénéfices de base, coûte moins cher que les deux autres, et celui (C) qui offre le maximum de bénéfices est aussi celui qui coûte le plus cher.

A. programme « Omega et Chlorelle » de Cell Tech ;
B. programme « Omega, Spiruline et Chlorelle » de Cell Tech ;
C. programme « Omega, Alpha et Chlorelle » de Cell Tech.

Le dosage

Celui-ci peut varier d'une personne à l'autre et aussi d'un produit à l'autre : lisez bien les recommandations sur l'emballage. Au début, diminuez les quantités recommandées si vous voulez minimiser les réactions éventuelles à la désintoxication, puis augmentez-les graduellement, sur plusieurs semaines, si vous vous sentez à l'aise. Les gens disent que plus longtemps ils utilisent les algues, mieux ils se sentent. (Bien qu'on recommande la poudre à cause de son efficacité, certaines personnes trouvent les algues en comprimés et en capsules plus commodes.)

Quand prendre des algues?

Il est préférable de prendre des algues immédiatement avant les repas ou avec ceux-ci. Bien des gens aiment à les saupoudrer sur leurs aliments. Vous pouvez aussi les prendre avec votre premier verre de jus, le matin.

Après une possible première réaction à la désintoxication qui se produit au cours du nettoyage des déchets emmagasinés dans les cellules du corps, on constate habituellement une amélioration lente, mais constante. Dans les trois premiers mois vous devriez ressentir un regain d'énergie et une clarification de la pensée.

LES ANTIOXYDANTS

Les antioxydants sont des substances complexes auxquelles on attribue la capacité de soutenir l'action du système cellulaire en nous débarrassant des dangereux radicaux libres qui peuvent causer le cancer. On a réussi à isoler ces substances complexes, naturellement présentes dans les aliments vivants, et à les reproduire sous forme de suppléments synthétiques, et ces petits comprimés font maintenant l'objet d'un commerce gigantesque. Selon le directeur du National Cancer Institute, le plus populaire de ces antioxydants, le bêtacarotène, qu'on trouve dans beaucoup d'aliments comme les carottes, les courges, les cantaloups et les pêches, rapporte quelque 75 millions de dollars (US) chaque année. Cependant, comme pour d'autres suppléments synthétiques, les énormes espoirs qu'entretiennent ceux qui prennent ces comprimés sont loin d'être confirmés par les nouvelles en provenance des laboratoires.

Deux études, financées par le National Cancer Institute des États-Unis et publiées en 1996, révèlent que la prise de bêta-carotène sous forme de suppléments n'équivaut nullement à la consommation d'un bon régime de fruits et de légumes. En fait, elle peut même causer des problèmes.

Une vaste enquête concernant l'efficacité du bêta-carotène et du rétinol, qui a duré quatre ans, s'est terminée lorsque les enquêteurs ont dit aux 18 314 participants de cesser de prendre leurs suppléments. Les résultats d'études intérimaires indiquaient que ces suppléments ne comportaient aucun avantage et pouvaient même causer du tort. On a constaté que l'incidence du cancer du poumon avait été de 28 %, plus élevée, et celle des décès, de 17 % plus élevée chez les personnes à qui on avait fait prendre des comprimés de bêta-carotène que chez les membres du groupe à qui on n'avait donné qu'un placebo.

Dans un autre essai à l'échelle nationale, l'étude sur la santé des médecins de l'hôpital Brigham and Women, les chercheurs ont examiné les effets de ces suppléments sur un échantillon national de 22 071 médecins de sexe masculin, pendant plus de douze ans. Ils en ont conclu que la prise de bêta-carotène ne comportait aucun avantage ou inconvénient. Le chef du département de médecine préventive de l'hôpital Brigham and Women, le Dr Charles Hennekens, s'est fait l'écho de mes propres convictions en disant que « les suppléments ne remplacent pas une alimentation saine ».

Bien des chercheurs croient maintenant que c'est la combinaison des antioxydants et d'autres composants moins connus des aliments, en même temps que certains autres aspects d'un régime de vie sain, qui sont conjointement à l'origine des avantages associés aux antioxydants.

LES ÉTIQUETTES DES PRODUITS

Jusqu'à 25 % des aliments que vous consommez peuvent être des aliments transformés et pris sur les rayons d'un magasin. Vous devez donc apprendre à bien lire les étiquettes sur les emballages. La plupart du temps, le devant du contenant contient très peu d'information — ou une information trompeuse — sur l'aliment que vous achetez. Aussi, prenez l'habitude de lire la liste des ingrédients de même que les informations concernant la valeur nutritive de tout ce que vous devez manger, et suivez les conseils ci-après.

La liste des ingrédients

Habituellement, plus cette liste est courte, mieux c'est.

- Recherchez des produits qui ne contiennent aucun des dangers reconnus que constituent les ingrédients suivants : viande, poisson, poulet, blé, produits laitiers, œufs, sucres raffinés (tous les ingrédients dont le nom se termine en « ose »), sel, vinaigre, levure, huiles chauffées et agents de conservation.
- Éliminez ou limitez la consommation de produits contenant des succédanés du sucre raffiné, comme le malt d'orge, le sirop de riz brun, le sucre de datte, le miel ou le succanat (sucre cru). Comme substitut, utilisez le stévia.
- Le tofu et les autres dévirés des fèves soja sont difficiles à digérer, mangez-en peu. C'est une bonne source de protéines mais difficile à utiliser.
- Au mieux, les vitamines et les minéraux ajoutés ont une valeur douteuse. Nous les considérons comme des agents potentiels de maladie et de dysfonction immunitaire. Évitez-les si possible.

Information nutritive

Une observation comparative s'impose quand on achète des hydrates de carbone, des gras et des protéines. Aux États-Unis, les nouvelles règles concernant l'étiquetage facilitent l'évaluation de la quantité de ces composants dans un aliment. Pour chaque portion de 28 grammes (une once), suivez les recommandations suivantes :

- moins il y a de gras et de protéines, mieux c'est ; autant que possible moins de 3 grammes (10 %) par portion ;
- le poids des hydrates de carbone devrait être au moins cinq fois plus élevé que le poids total de protéines et de matières grasses ; par exemple, si l'étiquette indique 2 grammes de matières grasses et 3 grammes de protéines par portion, il faudrait au moins 15 grammes d'hydrates de carbone ;

- en comparant les étiquettes, recherchez le plus faible pourcentage de gras saturés. Le gras saturé est un facteur reconnu dans la maladie coronarienne et certains cancers.

ACHETER DES ALIMENTS RÉCRÉATIFS

Les aliments récréatifs sont ceux qui répondent davantage à nos besoins émotionnels et à ceux de notre mémoire qu'à des besoins nutritionnels. Les articles énumérés ci-après ne sont pas des aliments idéaux, mais des variations améliorées d'aliments courants. La plupart d'entre eux sont offerts dans les boutiques d'aliments naturels depuis quelques années, mais ils ne sont généralement pas offerts dans les supermarchés conventionnels. Ces articles devraient constituer tout au plus 10 % de votre menu quotidien.

(Les articles marqués d'un astérisque représentent le meilleur choix dans leur catégorie.)

ALIMENTS SURGELÉS OU RÉFRIGÉRÉS

Recherchez ceux qui ne contiennent ni sous-produits du lait, ni blé, ni huile ajoutée, ni sel, aucun sucre (que ce soit du miel, des sirops d'orge, de maïs ou de riz, du fructose, du saccharose ou du maltose).

**Tablettes à la crème glacée
ou aux fruits**
sorbet organique*
tablettes aux fruits
bâtonnets aux fruits
« crème glacée » au riz

Pizza
pizza croûtée au riz
(avec fromage soja)

**Hamburgers
et hot dogs**
tempeh
hot dogs au soja
hamburgers au tofu
croquettes aux fèves

Légumes surgelés
légumes organiques surgelés

Substituts du fromage
mochi naturel
  (au comptoir charcuterie)
fromage de soja faible en gras

Substituts de bagels au blé
bagels à l'épeautre, au seigle
  ou au quinoa

ALIMENTS SECS

Faites attention à l'élimination du gras, de l'huile, du blé, des sous produits du lait, des œufs, du sel et du sucre caché.

Pains	**Céréales**	**Substituts du beurre d'arachide**
pain de seigle essénien	crème de seigle	beurre d'amandes crues
tortillas de maïs	riz soufflé	beurre de tournesol cru
pain de levain,	millet soufflé*	beurre de tahini cru
d'épeautre, de seigle	sarrasin	
ou de kumit à 100 %	*teff*	

Chips et snacks
chips de patates douces au four
chips « tortilla » cuites au four
maïs éclaté à l'air chaud*
chips de pommes cuites au four
chips de carottes cuites au four

Substituts du lait
amasaké (boisson de riz)
lait de riz
boisson aux amandes blanches

Craquelins et biscuits
biscuits au riz brun
galettes de riz
  (nature de préférence)

Substituts du sucre et du miel
sirop d'érable (65 % de sucre)
stévia*

Trempettes éclair
fèves mexicaines faibles en gras*
hummus à préparation rapide

Substitut du sel
assaisonnements de marque
  « Braggs Aminos »

Farines
de quinoa
de maïs
de seigle
d'épeautre
de *teff*
d'amarante

Substituts du beurre
huile de canola
huile de graines de lin
huile d'olive (de marque
    Carothers de préférence)
huile de sésame
tartinades non hydrogénées
    et faibles en gras

Substituts du café
tisanes (sans caféine)
substitut aux céréales
    organiques
    (de marque Yannoh)

Chocolat
poudre de caroube

Boissons douces
jus de fruits (dilués
    avec de l'eau)

DRESSEZ VOTRE PROPRE LISTE

Lisez les recettes du chapitre 11, choisissez-en quelques-unes que vous aimeriez essayer, notez les ingrédients et partez à la découverte de nouvelles boutiques et de nouveaux produits. Cette expérience brise la routine engendrée par l'achat et la consommation des mêmes aliments, jour après jour. Nous espérons que vous apprécierez cette promenade dans le monde des aliments vivants et sains.

9

DES ALIMENTS VIVANTS DANS VOTRE CUISINE

Certains des aliments requis par le régime Hippocrate peuvent être préparés dans votre propre cuisine. Ce chapitre parle de germination et de pousses, de la consommation des herbes et des légumes feuillus, de l'extraction des jus et de l'emballement engendré par certains aliments déshydratés ou fermentés.

LA GERMINATION ET LES POUSSES

Plusieurs civilisations anciennes connaissaient déjà la valeur de la germination et des pousses de céréales, de graines, de légumineuses et de noix. De nos jours encore, on accumule énormément d'information sur l'extraordinaire valeur nutritive de la germination.

- Les chercheurs de l'université Purdue ont découvert que les fèves germées contiennent des niveaux extraordinairement élevés de protéines de haute qualité. Plus de 25 % des calories fournies par les germes de haricots mung, par exemple, sont de source protéinique, une proportion qui surpasse même celle du steak d'aloyau. Et ce pourcentage est encore plus élevé dans les germes de soja.
- Parce qu'elles contiennent de fortes quantités d'acides aminés (les éléments constituants des protéines), de vitamines et de minéraux, les germinations sont considérées comme les plus parfaits des aliments connus.

- Le Dr P. R. Burkholder, de l'université Yale, a démontré que, lors de la germination de l'avoine, la vitamine B_2 (riboflavine) qu'elle contient augmente de 1 300 %, la vitamine B_6 (pyridoxine), de 500 % et l'acide folique, de 600 %. À cause de cette énorme augmentation du contenu en vitamines des céréales séchées et des graines que cause la germination, le Dr Burkholder recommande donc la consommation sur une grande échelle des germes et des pousses végétales.
- Au cours de la Deuxième Guerre mondiale, le gouvernement américain a retenu les services du Dr C. McCay, du département de nutrition de l'université Cornell, pour tenter de trouver des substituts acceptables aux protéines de la viande, de la volaille et des produits laitiers, en prévision de pénuries éventuelles. Après des mois de recherche, le Dr McCay a conclu que les fèves germées pouvaient très bien répondre à un tel besoin. Il rédigea même plusieurs articles contenant notamment des directives et des recettes, qui furent publiés par le *U.S. Govemment Printing Office*. Mais, comme les pénuries appréhendées ne se produisirent jamais, cette campagne d'éducation populaire sur la valeur nutritive des germinations végétales fut abandonnée.
- La recherche effectuée à l'université de Puget Sound à la fin des années 70 a révélé que six tasses (1,5 litre) de lentilles germées satisfaisaient à la norme gouvernementale concernant la consommation quotidienne de protéines (environ 60 grammes), et ce, sous une forme parfaitement digeste. Les scientifiques en conclurent que les lentilles germées pouvaient fournir une portion importante des besoins quotidiens en protéines d'une façon sécuritaire et peu coûteuse.

Sous forme de germes et de pousses, les aliments vivants constituent les sources naturelles de vitamines, de minéraux, d'enzymes et d'acides aminés (protéines digestibles) les plus concentrées qui soient. Elles fournissent aussi une abondance d'enzymes et d'énergie bioélectrique, une raison de plus de les consommer quotidiennement. On peut dire que, à poids égal, les lentilles et les fèves germées contiennent autant de protéines que la viande rouge, mais sous une forme entièrement digeste et sans le gras, le cholestérol, les hormones ou les antibiotiques qu'on trouve dans les produits de source animale de nos Jours.

La germination

La germination se produit quand des graines, des céréales, des légumineuses ou des fruits à écale sont trempés dans l'eau pendant un certain temps. L'eau élimine la protection métabolique empêchant toute invasion bactérienne au cours de la période de dormance, en général la saison hivernale. En reprenant vie au cours de la germination, la graine gagne en valeur nutritive et en digestibilité. Les inhibiteurs d'enzymes, les « phytates » (insecticides naturels) et les oxalates (écrans protecteurs empêchant la pénétration de l'oxygène) présents dans toutes les graines, noix, fèves et céréales, sont éliminés, ce qui permet à la prédigestion de commencer. Au cours de cette étape de prédigestion, les amidons sont transformés en sucres simples, les protéines sont décomposées en acides aminés, le gras est converti en acides gras solubles et les vitamines sont créées. Dans le chapitre 11, vous verrez que les germinations sont utilisées dans plusieurs recettes de sauces à base de graines ou de noix. C'est aussi la première étape menant à la pousse. Mais, même si vous avez l'intention de cuire vos céréales ou vos fèves, vous devriez les faire germer auparavant. (Par contre, à cause de leur forte teneur en huile, ne cuisez jamais les graines ou les noix.)

Il est merveilleusement simple de faire germer une graine, une noix ou un autre fruit à écale, une céréale ou une légumineuse (voir le tableau 9-1). En réalité, tout ce qu'il vous faut c'est un pot, des graines, de l'eau, de la lumière et de l'oxygène. Faites tremper les graines ou les noix dans de l'eau pure à la température de la pièce pendant le temps recommandé. Ensuite, videz l'eau brouillée (vous pouvez la conserver pour l'arrosage des plantes) et rincez à fond pour enlever toute trace d'inhibiteur avant la préparation des aliments.

Tableau 9-1 : Germination des graines, des noix, des céréales et des légumineuses

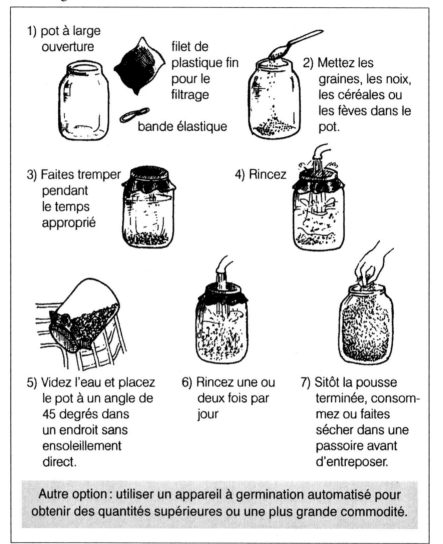

1) pot à large ouverture — filet de plastique fin pour le filtrage — bande élastique

2) Mettez les graines, les noix, les céréales ou les fèves dans le pot.

3) Faites tremper pendant le temps approprié

4) Rincez

5) Videz l'eau et placez le pot à un angle de 45 degrés dans un endroit sans ensoleillement direct.

6) Rincez une ou deux fois par jour

7) Sitôt la pousse terminée, consommez ou faites sécher dans une passoire avant d'entreposer.

Autre option : utiliser un appareil à germination automatisé pour obtenir des quantités supérieures ou une plus grande commodité.

Vous pouvez maintenant utiliser vos graines ou vos noix comme vous l'entendez.

Le temps de trempage varie selon la taille de la graine ou de la noix. Les plus petites graines (luzerne, radis, trèfle rouge, sésame, chou et moutarde, par exemple) requièrent de quatre à six heures de trempage. Les graines un peu plus grosses (blé, orge, fenugrec ou trigonelle, sarrasin et tournesol) doivent tremper entre six et huit heures. Et les plus grosses noix ou fèves (amandes, avelines, noix du Brésil, fèves pinto et pois chiches) devraient rester dans l'eau entre dix et douze heures. Toutefois, le climat et la température influencent la germination, que la chaleur peut précipiter.

Les pousses

Pour obtenir des pousses il vous faut ajouter une étape au processus de germination. Vous pouvez obtenir ainsi une grande variété d'aliments vivants, comme de minuscules plants de luzerne, de trèfle, de radis, de sarrasin ou de tournesol. (Un peu plus loin dans ce chapitre, vous apprendrez à cultiver ces deux dernières sur des plateaux.)

On peut se procurer des pousses dans bien des supermarchés, mais pour augmenter vos provisions, améliorer la qualité, ajouter de la variété et réduire les coûts, vous pouvez les cultiver vous-même très facilement.

Pour cela, vous aurez besoin de pots à large ouverture, de filets de plastique fins pour le filtrage, de bandes élastiques pour fixer le filet sur les pots, et, naturellement, de graines, de noix, de céréales ou de fèves. (Pour tous ceux qui sont trop occupés ou souvent absents, il existe des appareils automatisés. On peut également utiliser des sacs à germination pour le voyage.)

Commencez par verser une tasse de graines, de noix, de céréales ou de fèves dans un pot, et recouvrez d'une bonne quantité d'eau. Recouvrez le dessus du pot avec le filet en utilisant la bande élastique pour le fixer. Placez le pot à l'abri des rayons du soleil et laissez tremper le tout à la température de la pièce pendant le temps nécessaire (consultez le tableau de l'Institut Hippocrate, reproduit dans ce chapitre, page 197). Videz l'eau et rincez soigneusement, puis, avec un égouttoir à vaisselle ou par tout autre moyen, maintenez le pot incliné à un angle de 45° pour permettre un bon drainage et une aération appropriée. Par la suite, les graines doivent être maintenues humides, bien drainées et ventilées, dans la pénombre, durant toutes les étapes de la germination, jusqu'à ce qu'elles soient prêtes à être entreposées. Rincez-les matin et soir pour les empêcher de sécher, plus souvent si le climat est chaud et sec et qu'elles croissent donc plus rapidement et sont plus susceptibles de s'abîmer.

Lorsque tout sera prêt, vous devrez retirer la cosse des graines de luzerne, de fenugrec, de chou, de haricot mung, d'azuki et de radis. Les autres graines de céréales, de tournesol (déjà décortiquées), de sésame, de lentilles et de pois chiches peuvent être consommées telles quelles. Pour enlever ces écorces, placez les graines dans l'évier ou un bac assez profond que vous remplissez d'eau. Brassez soigneusement les pousses afin que les écorces s'en détachent et remontent à la surface, d'où vous pouvez les retirer. Ensuite, soulevez les pousses délicatement et déposez-les sur un égouttoir pour le drainage final, en prenant bien soin de ne pas déranger les écorces flottant sur les bords ou reposant au fond.

Laissez sécher les pousses fraîchement nettoyées avant de les mettre au réfrigérateur. Pour les entreposer, placez-les dans un contenant de verre ou de plastique, doublé d'une feuille de papier pour absorber l'excès d'humidité. Une fois celles-ci réfrigérées, rincez et drainez les pousses tous les trois ou quatre jours pour qu'elles se conservent plus longtemps, pendant plusieurs jours ou même plusieurs semaines. Rappelez-vous cependant que plus vite vous les mangerez, plus leur valeur nutritive sera grande.

Recommandations spéciales

- Dans le cas des noix et autres fruits à écale, jetez simplement l'eau du trempage, rincez-les et remettez-les dans de l'eau fraîche. Pour l'entreposage, laissez-les dans de l'eau fraîche au réfrigérateur.
- Les graines plus petites, celles de la luzerne par exemple, augmentent en volume et en poids après la germination. Évitez donc de trop remplir le pot au départ.
- Vous pouvez augmenter la teneur en chlorophylle des graines de petits légumes. Sitôt que vous voyez apparaître les deux premières feuilles, placez les pousses à la lumière, mais hors des rayons directs du soleil, pendant une période de douze à vingt-quatre heures, pour les faire verdir.

LA CULTURE DES HARICOTS MUNG ET AZUKI

Pour obtenir des pousses de haricots mung et azuki tendres et juteuses, suivez le procédé décrit ci-dessous.

Le trempage

Pour obtenir des pousses vraiment tendres, il faut effectuer le trempage dans une eau très chaude, entre 54,4 et 60 degrés Celsius (130 et 140 degrés Fahrenheit). Changez l'eau plusieurs fois au cours de la période de trempage ou placez le récipient dans un lieu très chaud.

La pousse

Pour obtenir des pousses longues, droites et juteuses, il faut les faire pousser sous pression dans un endroit chaud et sombre. Une façon de le faire consiste à les cultiver dans une passoire en acier inoxydable recouverte d'une assiette assez lourde. Vous pourriez penser que cela va les écraser, mais, au contraire, elles deviennent plus grosses et plus fortes.

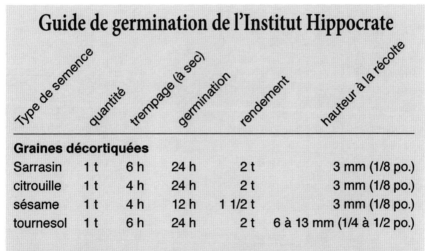

Guide de germination de l'Institut Hippocrate

Type de semence	quantité	trempage (à sec)	germination	rendement	hauteur à la récolte
Graines décortiquées					
Sarrasin	1 t	6 h	24 h	2 t	3 mm (1/8 po.)
citrouille	1 t	4 h	24 h	2 t	3 mm (1/8 po.)
sésame	1 t	4 h	12 h	1 1/2 t	3 mm (1/8 po.)
tournesol	1 t	6 h	24 h	2 t	6 à 13 mm (1/4 à 1/2 po.)

Caractéristiques nutritionnelles et bénéfices pour la santé

sarasin : lécithine

citrouille : cheveux et peau

sésame : calcium

tournesol : protéines et énergie

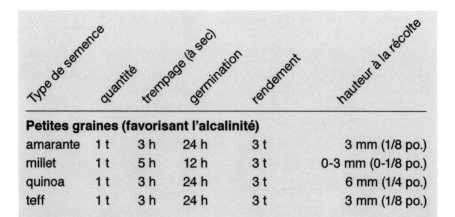

Type de semence	quantité	trempage (à sec)	germination	rendement	hauteur à la récolte
Petites graines (favorisant l'alcalinité)					
amarante	1 t	3 h	24 h	3 t	3 mm (1/8 po.)
millet	1 t	5 h	12 h	3 t	0-3 mm (0-1/8 po.)
quinoa	1 t	3 h	24 h	3 t	6 mm (1/4 po.)
teff	1 t	3 h	24 h	3 t	3 mm (1/8 po.)

Caractéristiques nutritionnelles et bénéfices pour la santé

amarante : renforce les os
millet : force et muscles
quinoa : force et énergie
teff : sang et respiration

Type de semence	quantité	trempage (à sec)	germination	rendement	hauteur à la récolte
Grosses graines (produisant plus d'acidité)					
orge	1 t	6 h	12 h	2 1/2 t	0 mm (0 po.)
maïs	1 t	12 h	36 h	4 t	13 mm (1/2 po.)
seigle	1 t	6 h	36 h	3 t	6 mm (1/4 po.)
épeautre	1 t	6 h	36 h	3 t	6 mm (1/4 po.)
triticale	1 t	6 h	36 h	3 t	6 mm (1/4 po.)
blé	1 t	6 h	36 h	3 t	6 mm (1/4 po.)

Caractéristiques nutritionnelles et bénéfices pour la santé

orge : ventricule et cœur
maïs : calcium et énergie
seigle : digestion et fibres
épeautre : vitamines et minéraux
triticale : calcium, vitamines et minéraux
blé : vitamines et minéraux

Type de semence	quantité	trempage (à sec)	germination	rendement	hauteur à la récolte
Fèves et légumineuses					
azuki*	1/2 t	12 h	5 j	4 t	25 mm (1 po.)
pois chiches	1 t	12 h	3 j	4 t	25 mm (1 po.)
lentilles	3/4 t	8 h	3 j	4 t	25 mm (1 po.)
pois vert	1 1/2 t	8 h	3 j	4 t	25 mm (1 po.)
fèves de Lima	2 t	12 h	12 h	4 t	0 mm (0 po.)
mung*	1/3 t	8 h	5 j	4 t	50 mm (2 po.)
fèves blanches	1 1/2 t	12 h	12 h	4 t	0 mm (0 po.)
fèves pinto	1 t	12 h	3 j	4 t	25 mm (1 po.)

cultiver sous pression

Caractéristiques nutritionnelles et bénéfices pour la santé

azuki : minéraux et reins

pois chiches : protéines et énergie

lentilles : dents et force

pois vert : sang et organes

fèves de Lima : ongles et yeux

haricots mung : minéraux et vésicule biliaire

fèves blanches : énergie et foie

fèves pinto : énergie et colonne vertébrale

Type de semence	quantité	trempage (à sec)	germination	rendement	hauteur à la récolte
Petits légumes					
luzerne	3 cs.	5 h	5 j	4 t	50 mm (2 po.)
chou	3 cs.	5 h	5 j	4 t	38 mm (1 1/2 po.)
trèfle	3 cs.	5 h	5 j	4 t	50 mm (2 po.)
fenugrec	1/4 t	6 h	5 j	4 t	50 mm (2 po.)
ail	1/4 t	5 h	5 j	3 t	25 mm (1 po.)
chou frisé	1/4 t	5 h	5 j	4 t	25 mm (1 po.)
moutarde	3 cs.	5 h	5 j	4 t	38 mm (1 1/2 po.)
oignon	1/4 t	5 h	5 j	3 t	38 mm (1 1/2 po.)
radis	3 cs.	6 h	5 j	4 t	50 mm (2 po.)
navet	3 cs.	6 h	4 j	4 t	38 mm (1 1/2 po.)

Caractéristiques nutritionnelles et bénéfices pour la santé

luzerne : sang et cœur

chou : intestins et estomac

trèfle : capillaires et sang

fenugrec : dissout les mucosités et les dépôts

ail : cœur et cholestérol

chou frisé : intestin

moutarde : estomac et vésicule biliaire

oignon : sang et circulation

radis : lymphe et hormones

navet : côlon et intestin

Note : ce n'est là qu'un faible échantillon des milliers de graines, noix, céréales et légumineuses que vous pouvez faire germer.

Tableau 9-2 : Culture des haricots mung ou azuki

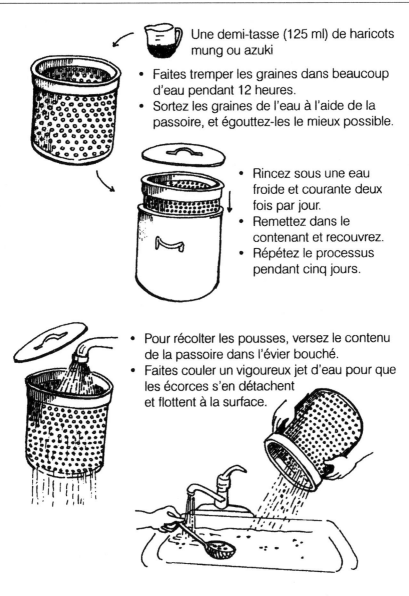

Une demi-tasse (125 ml) de haricots mung ou azuki

- Faites tremper les graines dans beaucoup d'eau pendant 12 heures.
- Sortez les graines de l'eau à l'aide de la passoire, et égouttez-les le mieux possible.

- Rincez sous une eau froide et courante deux fois par jour.
- Remettez dans le contenant et recouvrez.
- Répétez le processus pendant cinq jours.

- Pour récolter les pousses, versez le contenu de la passoire dans l'évier bouché.
- Faites couler un vigoureux jet d'eau pour que les écorces s'en détachent et flottent à la surface.

- Retirez les écorces de l'eau, soulevez soigneusement les pousses, mettez-les dans une passoire et égouttez bien, puis faites-les sécher avant de les manger ou de les ranger au réfrigérateur.

LES JUS D'HERBES

Vous pouvez préparer les herbes de blé, d'épeautre, de kumit et d'orge, qui sont des éléments importants du régime Hippocrate, dans votre propre cuisine. Ces herbes servent surtout à la préparation de jus thérapeutiques, mais on peut les utiliser autrement. Par exemple, on peut en extraire le jus en mâchant les brins et en crachant les fibres (ne pas les avaler), pour rafraîchir l'haleine ou apaiser une gorge irritée. On peut aussi en mâcher pour calmer des douleurs aux dents ou aux gencives, et en appliquer le jus sur des brûlures, des coupures, des irritations, des démangeaisons ou des piqûres d'insectes. On peut aussi les faire tremper et en faire un tampon semi-humide qu'on placera sous un pansement pour soigner les furoncles, les plaies, les ulcères, les tumeurs et autres lésions cutanées.

L'herbe de blé est l'une des plus riches sources de vitamines A et C que la nature nous offre. Elle contient tous les minéraux connus dont notre corps a besoin : calcium, fer, magnésium, phosphore, potassium, sodium, soufre, cobalt et zinc, de même que tous les acides aminés, ce qui en fait une protéine complète. Elle est aussi riche en vitamines du complexe B, et plus spécialement en vitamine B_{17}, aussi connue sous le nom de «lætrile», vitamine qu'on dit capable de détruire les cellules cancéreuses de manière sélective, sans affecter les cellules normales. L'herbe de blé facilite la digestion et peut atténuer les douleurs internes ; on l'a déjà utilisée pour traiter les ulcères de l'estomac et la colite ulcéreuse.

Les études et les essais effectués à l'Institut depuis plusieurs dizaines d'années ont démontré que cette plante tire ses pouvoirs miraculeux de la forte quantité de chlorophylle riche en vitamines qu'elle contient. L'examen de l'herbe de blé par des scientifiques a démontré qu'une fois l'eau retirée, la chlorophylle constitue un fort pourcentage de sa matière. La structure moléculaire de l'herbe de blé ressemble énormément à celle des globules rouges du sang et elle renforce leur capacité d'approvisionner toutes les cellules du corps en oxygène. Cette substance naturelle extraordinaire crée un environnement qui empêche la croissance des bactéries et permet de contrecarrer l'action des toxines ingérées dans le corps. La nature utilise la chlorophylle de l'herbe de blé pour nettoyer et régénérer le corps,

Tableau 9-3: La germination chez soi

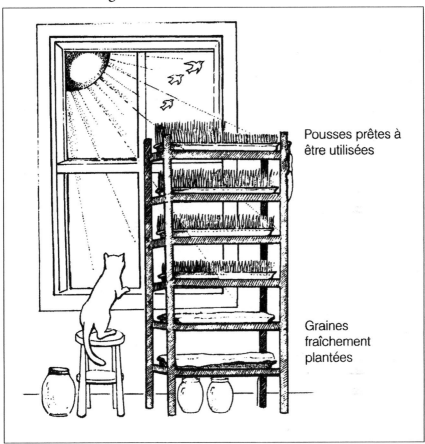

Pousses prêtes à
être utilisées

Graines
fraîchement
plantées

en même temps que pour neutraliser les toxines qui s'y accumulent et empoisonnent notre système. Cette accumulation de toxines favorise le développement d'affections dégénératives comme l'arthrite, le diabète et les maladies cardiovasculaires. Le Dr G. H. Erp-Thomas, un scientifique spécialisé en sols, qui a réussi à isoler plus d'une centaine d'éléments tirés de l'herbe de blé fraîche, en a conclu que celle-ci constituait un aliment complet. La valeur nutritive de 6,8 kilos (15 livres) d'herbe de blé équivaut à celle de 159 kilos (350 livres) des meilleurs légumes.

Culture du blé et des céréales

Pour bien préparer l'herbe de blé (ou toute autre herbe de céréale) dans votre cuisine, achetez d'abord des graines (de blé hivernal ou autres) entières dans votre boutique d'aliments naturels préférée. Procurez-vous aussi des plateaux d'environ 45 sur 35 cm (18 pouces sur 14) et d'une profondeur d'au moins 1,5 cm (un demi-pouce) . Par exemple, des plateaux de cafétéria (que l'on peut se procurer chez un fournisseur de restaurants). Ce type de plateau suffit pour contenir la terre et les graines et vous pouvez le recouvrir d'une pellicule de plastique noir ou utiliser un autre plateau comme couvercle, pour retenir l'humidité. Il vous faut du terreau organique, que vous pouvez vous procurer dans une pépinière, ou dans une forêt publique si c'est autorisé, et auquel vous ajouterez 50 % de mousse de sphaigne. Avec le temps vous pourrez produire vous-même un humus de très bonne qualité avec des déchets végétaux.

Pour obtenir de l'herbe de blé, faites tremper une tasse (250 ml) de graines de blé hivernal entières dans une bonne quantité d'eau pendant six à douze heures. Puis renversez le contenant sur un égouttoir à vaisselle (voir tableau 9-1) et laissez germer pendant douze heures. Par temps chaud, rincez au moins deux fois au cours de cette période pour éviter le dessèchement.

Disposez environ 2,5 cm (un pouce) de votre terreau sur un plateau et tracez-y des sillons de drainage, ou une rigole le long des quatre côtés. Répandez les graines germées le plus également possible sur toute la surface du plateau, en prenant soin de ne pas en mettre dans les rigoles. Essayez aussi de ne pas les empiler les unes sur les autres. Arrosez généreusement mais sans exagération (c'est-à-dire sans que l'eau s'accumule dans les rigoles). Ensuite, placez un autre plateau ou une pellicule de plastique noir par-dessus les graines et laissez reposer pendant trois jours, ou jusqu'à ce que les pousses semblent vouloir soulever le couvercle. Découvrez le plateau, arrosez-le généreusement et placez-le dans un endroit clair, mais sans ensoleillement direct. Tous les jours, arrosez le long des rigoles puis aspergez légèrement le sol et les jeunes pousses. Selon la température et le climat, vos plantules devraient être prêtes à être utilisées en sept jours à peu près. Pour récolter, coupez au ras du sol avec un couteau bien effilé ou des ciseaux.

Après la récolte, l'herbe fraîchement récoltée doit être réfrigérée sans quoi elle se détériore complètement, et, même ainsi, elle perd son efficacité au bout d'une semaine. Il est donc important de toujours avoir des plants en cours de croissance. Vous pouvez aussi vous procurer un appareil de germination automatique, pour vous épargner les efforts que requièrent la préparation du sol et la culture.

LA VERDURE EN PLATEAU

L'herbe de céréale (blé ou autre) n'est pas la seule à faire partie du régime Hippocrate. Il y a aussi les pousses de tournesol et de sarrasin. On les fait d'abord germer puis on les transplante sur des plateaux, comme l'herbe de blé. Les pousses de tournesol contiennent toute la gamme des acides aminés (les constituants de la protéine) et elles fournissent de la vitamine D, comme les produits laitiers, mais sans les inconvénients rattachés à ceux-ci. Elles contiennent en abondance de l'énergie solaire et de la chlorophylle et sont considérées comme un aliment complet. La salade de sarrasin, elle, contient beaucoup de lécithine bioactive et favorise l'élimination des dépôts accumulés sur les parois artérielles. Elle est aussi une excellente source de chlorophylle et contient de bonnes quantités de vitamines B, comme la riboflavine (qui donne la couleur rouge des tiges) et la rutine, une véritable nourriture pour le cerveau. Cultivées en plateau, ces herbes peuvent être consommées en salade sitôt récoltées ou transformées en boissons vertes (voir plus loin).

La culture des pousses vertes en plateau

Pour cultiver des pousses de tournesol ou de sarrasin en plateau on utilise un procédé similaire à celui de la culture de l'herbe de blé. Mais assurez-vous d'abord d'acheter des graines de culture organique ou biologique non décortiquées, c'est-à-dire dont l'écorce est toujours intacte.

Tableau 9-4: trois types de pousses en plateau

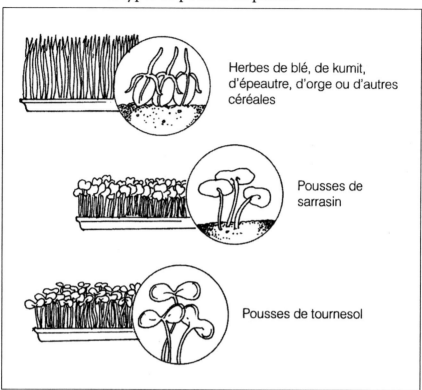

Herbes de blé, de kumit, d'épeautre, d'orge ou d'autres céréales

Pousses de sarrasin

Pousses de tournesol

Pour chaque plateau, commencez par tremper les graines dans de grands pots. Dans un pot, mettez 375 ml (une tasse et demie) de graines de tournesol et 1 litre (4 tasses) d'eau, ou 375 ml (une tasse et demie) de sarrasin sec et 500 ml (2 tasses) d'eau. Faites tremper pendant huit heures, égouttez et laissez germer pendant douze heures. Ensuite, semez et récoltez ces graines germées selon la procédure déjà décrite pour l'herbe de blé.

PROBLÈMES ÉVENTUELS

Si vous n'obtenez pas des germes ou des pousses en pleine santé, vérifiez la liste qui suit.

Les graines ne germent pas
- Vous les avez fait tremper trop longtemps.
- Les graines étaient vieilles ou déjà mortes au départ.

Les graines ont germé mais n'ont pas bien poussé
- Le sol n'a pas été maintenu suffisamment humide.
- Le sol a été maintenu trop humide.
- La qualité du sol laissait peut-être à désirer.

Il y a beaucoup de moisissures
- Les plateaux ont été maintenus trop humides, les graines étaient trop rapprochées ou n'ont pu respirer parfaitement. Vous pouvez réduire la moisissure en augmentant la circulation d'air à l'aide d'un ventilateur ou avec un purificateur d'air (générateur d'oxygène).
- L'humidité ambiante était trop élevée. Encore une fois, un ventilateur ou un déshumidificateur peut être utile. Il se peut aussi que le fait de recouvrir les graines avec une pellicule de plastique pendant les trois premiers jours soit la cause du problème : essayez sans la pellicule. Si le problème persiste, faites tremper vos graines dans 4 litres (1 gallon) d'eau auquel vous ajouterez 30 ml (2 cuillerées à table) de peroxyde d'hydrogène.

L'EXTRACTION DES JUS

Les jus frais sont aussi l'un des éléments clés du programme Hippocrate. Ces jus, extraits de légumes frais, de certains fruits, de germes ou de pousses cultivées en plateau, permettent de profiter de leur incroyable valeur nutritive sous une forme facilement assimilable. Parce qu'ils se digèrent beaucoup plus aisément, les jus entreprennent leurs tâches de nettoyage et de guérison beaucoup plus rapidement que les aliments dont ils sont issus ne peuvent le faire dans leur forme complète. De plus, à cause de leur digestion plus lente, les aliments entiers consomment beaucoup plus d'énergie.

On n'extrait pas le jus d'un aliment avec un malaxeur électrique même si on peut parvenir ainsi à le liquéfier. Un bon extracteur ne retire d'un aliment que le liquide, en rejetant la cellulose et les fibres. Nous utilisons différents types d'extracteurs pour préparer les jus frais à l'Institut. Les extracteurs non centrifugeurs de type Champion sont d'excellentes machines, idéales pour toutes sortes de jus. Les extracteurs à pression ou à vrille sont aussi parmi nos préférés. Ces machines à action lente sont capables d'extraire le jus des germes, des pousses et des herbes fibreuses, ce que les machines à haute vitesse ne peuvent faire efficacement.

Tous les jus frais doivent être consommés rapidement, avant qu'ils ne perdent leur efficacité naturelle. Les jus d'herbes, en particulier, sont instables, ils se gâtent rapidement et il est toujours préférable de les boire rapidement, dans les quinze minutes suivant leur préparation.

Notez que l'herbe de blé a une action nettoyante assez puissante et que certaines personnes peuvent avoir des nausées après l'avoir ingérée. Ce n'est là qu'une réaction à l'élimination des toxines à l'intérieur du système. Commencez par une petite dose quotidienne, de 30 ml (une once) environ, que vous augmenterez peu à peu jusqu'à 90 à 120 ml (trois ou quatre onces). (On utilise aussi le jus d'herbe de blé pour nettoyer le côlon, en l'implantant directement — voir le chapitre 7.)

Les boissons vertes

Les boissons vertes sont essentielles à une bonne santé et au bien-être général. On les fait avec des jus de tournesol, de sarrasin, de pousses et de légumes comme les concombres, le céleri, le persil, le cresson, les poivrons rouges et le chou frisé. Tous ces jus sont fabriqués à l'aide d'extracteurs rotatifs à basse vitesse. La très haute qualité curative de ces jus est due, principalement, au fait qu'ils proviennent de pousses cultivées en plateau, selon la méthode précédemment décrite. Ces aliments sont les plus «vivants» de tous, et les légumes qu'on y ajoute ne servent qu'à en modifier la saveur. Je recommande de boire au moins deux verres de 35 cl (douze onces) de boisson verte chaque jour. En plus de fournir entre un tiers et la moitié de la ration de protéines quotidienne d'un adulte, ces boissons sont une source de chlorophylle exceptionnelle. Enfin, elles ont la capacité de nettoyer le corps en même temps que d'en augmenter l'alcalinité.

Prenez vos boissons vertes dans les quinze minutes suivant leur préparation, pour en tirer le maximum d'oxygène, d'enzymes et de nutriments, avant qu'ils ne disparaissent. Il est possible de réfrigérer ces boissons, mais leur efficacité en sera nettement réduite.

LES ALIMENTS DÉSHYDRATÉS

La déshydratation est un moyen terme intéressant entre les aliments cuits et les aliments crus. Le séchage de fruits, de légumes, et de mélanges de noix et de graines, au moyen de «déshydrateurs» maison, que l'on trouve facilement sur le marché, ouvre la porte d'un autre monde d' alimentation saine, nutritive et délicieuse. Bien que certaines vitamines et certains enzymes soient sacrifiés au cours du procédé de déshydratation, il est encore de loin préférable à la cuisson des aliments.

Dans un menu à base d'aliments déshydratés, utilisez les fruits avec modération. Si un peu de fruits dans votre alimentation quotidienne peut avoir un effet bénéfique, trop de fruits apporte trop de sucre et risque d'aggraver certains problèmes de santé, comme l'hyperglycémie ou l'hypoglycémie, les infections vaginales à base de levures, le *Candida albicans,* le cancer et les infections virales. En conséquence, déshydratez plus de légumes que de fruits, et si vous êtes malade, évitez complètement les fruits.

LES ALIMENTS FERMENTÉS

Les aliments fermentés peuvent faire partie de votre régime Hippocrate, mais usez-en avec modération. Pendant de nombreuses années nous avons recommandé de consommer une grande variété d'aliments et de boissons fermentés. Certaines bactéries bienfaisantes et importantes croissent et se multiplient au cours de la fermentation. Ces bacilles favorisent un meilleur équilibre de la flore intestinale et régularisent l'évacuation. Cependant, avec le temps nous nous sommes aperçus qu'ils pouvaient aussi avoir un effet contraire. On a en effet découvert que, occasionnellement, les boissons fermentées, les fromages de grains fermentés et les pains aux noix transportent des bactéries nuisibles. Il était sans doute désirable et légitime d'inclure des aliments fermentés dans le régime de nombreuses personnes, mais certaines se sont rendu compte que cela irritait leur système. Maintenant, nous croyons que la meilleure façon de profiter des avantages de la fermentation consiste à consommer une choucroute crue à l'occasion. Nous recommandons aussi aux personnes souffrant d'infections provoquées par des champignons, des moisissures, des levures ou des bactéries, d'éviter la choucroute jusqu'à ce qu'ils soient guéris.

MATÉRIEL DE CUISINE

Avant de commencer à choisir vos recettes préférées dans le chapitre 11, prenez le temps de penser aux instruments ou appareils de cuisine dont vous pourriez avoir besoin pour suivre le régime Hippocrate. Une cuisine bien équipée devrait contenir les articles suivants :

- un extracteur de jus (de type Champion, non centrifugeur, à pression ou à vrille
- un déshydrateur
- un malaxeur *(blender)* ou un robot ménager
- des couteaux bien aiguisés
- une bonne planche à découper

Vous devriez trouver ces articles assez facilement dans votre boutique d'aliments naturels ou chez un vendeur d'électroménagers.

10

SE NOURRIR
DANS LE MONDE RÉEL

Une fois que vous êtes décidé à adopter le régime de santé Hippocrate, certaines questions d'ordre pratique se posent.

- Comment faire à manger pour ma famille ?
- Que faire quand je suis invité à manger chez quelqu'un ?
- Puis-je manger dans les restaurants ?
- Que faire en voyage ?

LES REPAS FAMILIAUX

En commençant votre nouveau programme de santé, n'essayez pas de convaincre les membres de votre famille que vous avez découvert la meilleure façon de manger, et ne tentez pas de les convertir à votre manière de faire. Faites tranquillement les changements que vous estimez nécessaires à votre propre santé, et ensuite tentez de rallier votre famille au programme, petit à petit et jour après jour.

1. Retirez les aliments les plus dangereux de votre cuisine : aliments riches en gras polyinsaturés ou en protéines, sucre, sel et additifs chimiques (y compris les suppléments vitaminiques et minéraux isolés). Débarrassez-vous aussi de l'alcool et du vinaigre, que vous pouvez remplacer par les nouveaux produits plus « sains » maintenant offerts par les boutiques de santé. Rappelez-vous, il faut y aller lentement au début. Au lieu des

céréales aux fruits essayez les céréales organiques, par exemple, et au lieu de la crème glacée, des tablettes aux fruits glacées.

2. N'emmagasinez pas trop de ces aliments malsains que votre famille n'est pas encore prête à abandonner, et laisser même passer quelques jours avant de remplir vos rayonnages. Au fur et à mesure que vous réussissez à sevrer les vôtres de ces aliments nocifs, mettez de nouveaux aliments bioactifs à leur disposition. Vous ne voulez pas qu'ils se sentent privés mais qu'ils découvrent une alimentation nouvelle et plus saine, graduellement. Remplacez lentement les produits à base de céréales raffinées par d'autres, à base de céréales complètes ; le lait, le fromage et le yogourt par des amandes à faible teneur en gras, du riz et différentes variétés de soja ; les pommes de terre blanches par des patates douces et des ignames ; et les desserts sucrés par des salades de fruits frais ou des tablettes de bananes au caroube glacées (voir les recettes du chapitre 11).

3. Remplacez les méthodes de cuisson les plus risquées, comme la cuisson au four à micro-ondes et la friture, par la déshydratation et la cuisson à la vapeur ou au four.

4. Au repas principal, occupez toujours le centre de la table avec une salade de pousses et de légumes de saison (de préférence à feuilles vertes).

5. Exercez-vous à fabriquer des assaisonnements ou des sauces à salade à base d'avocat, de noix trempées ou de fèves germées.

6. Préparez au moins une recette de ce livre pour vous-même à chaque repas (ce qui ne devrait ajouter qu'une quinzaine de minutes à la durée de préparation). Arrangez-vous pour que les membres de votre famille voient ces mets nouveaux et offrez-leur de les goûter.

MANGER CHEZ DES AMIS

Comme avec votre famille, essayez, lorsque vous mangez chez des amis, de faire ce qui vous convient le mieux, sans les offenser et sans imposer vos goûts.

1. Sachant que la nourriture est omniprésente dans tous les rassemblements sociaux, essayez de manger pour satisfaire votre appétit avant de vous

y rendre. Ainsi vous serez moins tenté de vous empiffrer d'aliments malsains lorsque vous serez en visite.

2. Informez vos amis du fait que vous êtes soumis à un régime faible en gras et en protéines, en sel, en sucres raffinés, et en produits laitiers ou à base de blé. Expliquez-leur que ce programme se conforme aux plus récentes directives des principales universités et du gouvernement américains pour la diminution des maladies chroniques. Si ce sont de véritables amis ils comprendront, peut-être même souhaiteront-ils en savoir davantage.

3. Avant de rendre visite à des amis, offrez d'emporter un mets que vous aurez préparé vous-même (une salade ou un mélange de vos amuse-gueule favoris, par exemple). Au cas où rien de ce qu'on vous offrirait ne vous convienne, cela vous assurera d'avoir au moins quelque chose à manger.

4. Ne prenez pas le risque d'offenser (ou de perdre) un ami en refusant de manger une bouchée ou deux de ce que l'on vous offre. La plupart des gens seront satisfaits même si vous ne faites que goûter ce qu'ils ont préparé pour vous, mais ils peuvent s'offenser si vous refusez de toucher la moindre parcelle de nourriture. Faites preuve de bon sens.

5. Informez-vous de l'existence de groupes végétariens dans votre voisinage ou dans votre région, des gens qui partagent vos objectifs. Votre boutique d'aliments naturels pourra sans doute vous y aider. Habituellement, ces groupes se réunissent mensuellement pour manger, s'amuser et s'instruire.

MANGER AU RESTAURANT

Voici un domaine qui va vous imposer une certaine recherche. Si vous ne découvrez aucun restaurant offrant des mets à base d'aliments organiques, n'allez au restaurant qu'une ou deux fois par mois. Par contre, si vous trouvez des endroits qui offrent des aliments dépourvus de pesticides et d'agents de conservation, mangez-y souvent et dites à vos amis à quel point la nourriture y est délicieuse. Et voici quelques conseils à suivre lors de vos sorties au restaurant.

1. Il est toujours sage de manger un peu avant d'aller au restaurant, pour éviter de succomber à l'envie de prendre tout ce qui peut vous tenter.
2. La plupart des restaurants ont au moins une salade au menu. La recette, c'est de trouver ceux qui offrent le plus grand choix de légumes crus, notamment de germes, avec le moins de pesticides possible.
3. Consultez l'annuaire téléphonique et les journaux pour trouver des endroits qui offrent une nourriture végétarienne de bonne qualité, même si la majorité des plats à la carte sont cuisinés. Téléphonez aux propriétaires ou gérants de restaurants pour leur faire part de vos préoccupations concernant les résidus de pesticides sur les aliments, les huiles chauffées et les protéines, l'excès de gras, le sucre raffiné et les agents de conservation comme le sel et le glutamate de sodium. Vous pourriez être surpris de leur ouverture d'esprit en cette matière.
4. Avant de vous rendre dans un restaurant, téléphonez d'abord et informez-vous de la possibilité de vous faire préparer un repas spécial. Demandez si on peut vous faire une salade de légumes crus. La plupart des bons restaurants, s'empresseront de vous rendre ce service.
5. Soyez prêt à suggérer un endroit lorsque l'on discute du choix d'un restaurant avec vous, en vous assurant que les omnivores (ceux qui mangent tout ce que l'on met dans leur assiette) n'auront aucune difficulté à y trouver quelque chose qui leur plaît, même s'il s'agit d'un restaurant végétarien.
6. Prenez un bon supplément d'enzymes tout usage avec tout repas à l'extérieur ou repas d'aliments cuits. Des suppléments d'enzymes (comme ceux que l'Institut de santé Hippocrate prépare) contiennent des traces d'algues marines, d'algues d'eau douce et d'herbes nutritives. Ils aident la désintégration du gras, des protéines et des hydrates de carbone, et facilitent l'absorption des nutriments en introduisant des aliments bioactifs dans le tube digestif.
7. Dans le domaine des restaurants traditionnels, votre choix devrait se porter sur les restaurants asiatiques (japonais, chinois ou thaïlandais), du Moyen-Orient (libanais, égyptiens ou turcs), grecs ou mexicains. Par contre, la plupart des cuisines traditionnelles d'Amérique et

d'Europe continentale n'ont pas grand-chose à offrir aux adeptes du régime Hippocrate.

MANGER EN VOYAGE

En voyage, nous nous trouvons souvent projetés dans un environnement non familier et le respect des préceptes du régime Hippocrate peut alors se révéler difficile. Mais on peut quand même y réussir en y pensant à l'avance.

1. Emportez toujours vos algues et vos enzymes digestives tout usage avec vous, pour continuer à vous offrir une nutrition de qualité supérieure.

2. Si vous devez prendre l'avion, n'oubliez pas de commander un repas végétarien au moment de l'achat de votre billet, et de confirmer votre demande par téléphone au moins vingt-quatre heures avant le départ. Si on ne peut vous garantir un repas végétarien, apportez votre propre salade de pousses ou un fruit mûr. Vous pouvez faire de même pour un voyage en train.

3. Si vous devez voyager en auto ou en autobus, emportez des légumes et des fruits frais dans un récipient isotherme. Si votre voyage dure plusieurs jours, refaites vos provisions avec les meilleurs produits que vous pourrez trouver en cours de route. Les annuaires téléphoniques locaux devraient pouvoir vous aider à trouver des produits biologiques.

4. Si vous devez vous rendre dans des pays étrangers, et plus particulièrement dans le tiers-monde, emportez des fruits à écale (noix, amandes, etc.), des graines et tout ce qu'il vous faut pour les faire tremper et germer en cours de route ou sur place. Emportez aussi du peroxyde d'oxygène (pour usage alimentaire), afin de laver les fruits et légumes que vous achèterez pour les débarrasser des pesticides résiduels et des parasites. Et si vous n'en trouvez pas, utilisez du vinaigre.

Il vous faudra quelque temps pour vous installer confortablement dans votre nouveau régime de vie, et il vous faudra parfois faire preuve de créativité pour résoudre certains problèmes, mais vous pouvez y arriver. Je voyage partout dans le monde, je mange dans un grand nombre de restaurants chaque année, je rends visite à bien des gens dans leur foyer, et pourtant je me conforme scrupuleusement aux exigences du régime Hippocrate. Avec les conseils de ce chapitre et grâce à votre propre ingéniosité vous verrez que votre nouveau régime alimentaire ne dérangera pas votre famille, et ne compliquera ni vos activités sociales ni vos plans de voyage.

11

DES RECETTES
AUX ALIMENTS VIVANTS

Je ne consomme que des aliments vivants depuis plus de vingt ans et je peux dire que je trouve cela de plus en plus agréable, et que la santé de ma famille s'améliore de jour en jour. Avec ma femme, mes enfants et tout le personnel de l'Institut, je recherche continuellement de nouveaux moyens d'apprécier les aliments riches en enzymes et en oxygène tout en respectant les règles des combinaisons alimentaires. Les recettes de ce chapitre ne constituent qu'un petit échantillon du livre de recettes de ma famille. Elles vous démontreront comment vous pouvez, vous aussi, composer des mets non seulement sains, nutritifs et satisfaisants mais aussi délicieux en combinant des aliments vivants avec une certaine habileté et beaucoup d'imagination. Notez que, bien que cela ne soit pas précisé, tous les ingrédients suggérés doivent être de culture organique.

Certains de ces ingrédients, qui ne vous sont peut-être pas familiers, sont marqués d'un astérisque et définis dans le glossaire à la fin de ce livre.

J'ai aussi inclus dans ce chapitre un exemple de menus typiques pour une semaine. Essayez ces repas et n'hésitez pas à utiliser votre créativité pour adapter une recette à votre goût.

Si vous inventez une recette aux aliments vivants particulièrement délicieuse et originale, je serais ravi de la connaître. Si les chefs de l'Institut Hippocrate lui donnent leur approbation, ce mets portera votre nom et nous le servirons à nos invités avec tout le faste qui s'impose.

Postez vos recettes favorites à :

Recipes
The Hippocrates Health Institute
1443 Palmdale Court
West Palm Beach, Florida
USA 33411

HORS-D'ŒUVRE

GUACAMOLE

2		poivrons rouges
1		courgette (zucchini)
(6 c. à soupe)	90 ml	varech*
2		avocats
(3 c. à soupe)	45 ml	oignon émincé
(1 c. à thé)	5 ml	persil haché
(1 c. à thé)	5 ml	paprika
(1 c. à thé)	5 ml	basilic haché
(1/2 c. à thé)	3 ml	poudre de poivre de Cayenne cru

Transformez un poivron, la moitié de la courgette et le varech en un mélange homogène à l'aide d'un mélangeur (*blender*) ou d'un robot culinaire et versez dans un bol.

Écrasez les avocats dans le mélange et incorporez les autres ingrédients.

Donne 3 tasses, soit de 8 à 18 portions.

---

* Les aliments marqués d'un * sont définis dans le glossaire, page 315.

TARTINADE AUX NOIX

(2 c. à soupe)	30 ml	huile de noix
(4 oz)	115 g	avelines moulues
(1 c. à soupe)	15 ml	beurre d'amandes crues (recette dans la section des tartinades)
1/2		poivron rouge haché
(1 c. à thé)	5 ml	paprika
(1 c. à soupe)	15 ml	poudre d'ail
(1/2 tasse)	125 ml	olives hachées
(1/8 c. à thé)	1 ml	poudre de poivre de Cayenne cru

Mélangez tous les ingrédients excepté les olives et le poivron jusqu'à former un mélange homogène, puis incorporez les olives et le poivron. Pour améliorer la saveur, laissez reposer pendant plusieurs heures avant de servir. Tartinez sur de fines tranches de courgette (zucchini) ou des médaillons de courge jaune.

Donne de 6 à 8 portions.

BÂTONNETS DE COURGETTE

(1/4 tasse)	65 ml	huile d'olive extra-vierge
(1 c. à thé)	5 ml	thym moulu
(1 c. à thé)	5 ml	feuilles de coriandre hachées
2		courgettes (zucchini) moyennes ou courges jaunes

Mélangez l'huile et les assaisonnements et enrobez les bâtonnets de courgette en les trempant ou en les tartinant. Faites déshydrater pendant 8 heures.

Donne de 6 à 8 portions.

BOULETTES À COIGNON ET AU POIVRON ROUGE

3		poivrons rouges ou jaunes
2		gros oignons Vidalia
(1/4 tasse)	65 ml	seigle germé moulu
1/4 gousse		ail

Malaxez tous les ingrédients à vitesse moyenne pendant 4 minutes roulez en boulettes de la dimension d'une balle de golf et déshydratez pendant 12 heures.

Donne de 6 à 8 portions.

TENTATIONS AUX FRUITS DE MER

(4 oz)	125 ml	aramé* séché
(1/4 tasse)	65 ml	épeautre* moulu
(1 oz)	30 ml	dulse*
(1 paquet)	25 gr	nori*
1 gousse		ail

Malaxez l'aramé, la dulse, l'ail et l'épeautre à vitesse moyenne pendant 2 minutes.

Étalez environ 115 g (4 oz) de ce mélange sur un morceau de nori et roulez serré. Coupez en 3, 4 ou 5 morceaux. Répétez l'opération autant de fois qu'il le faut avec le reste du mélange.

Donne de 4 à 6 portions.

TREMPETTE CÉLESTE

(1 tasse)	250 ml	amandes organiques broyées
(1 tasse)	250 ml	tournesol organique broyé
(1 oz)	30 ml	clous de girofle moulus
(1/4 tasse)	65 ml	eau pure*

Malaxez tous les ingrédients à vitesse moyenne pendant 1 minute et laissez reposer pendant 1 heure. Utilisez comme trempette avec des légumes séchés.

Donne de 4 à 6 portions.

TARTE AUX CÉRÉALES

(1 tasse)	250 ml	pousses de *kamut** moulues
(1 tasse)	250 ml	pousses de sarrasin moulues
(1 tasse)	250 ml	pousses d'épeautre moulues
6 gouttes		stévia* liquide
(1 c. à thé)	5 ml	cannelle
(1/8 tasse)	35 ml	eau pure*
1		fond de tarte standard (recette dans la section des desserts)

Malaxez tous les ingrédients à vitesse moyenne pendant 5 minutes et versez dans le fond de tarte. Réfrigérez pendant 2 heures et découpez en pointes minces.

Donne de 6 à 8 portions.

TREMPETTE AUX FÈVES

(2 tasses)	500 ml	fèves blanches germées
(1 tasse)	250 ml	fèves rouges germées
2 gousses		ail
(1/4 tasse)	65 ml	eau pure*

Malaxez tous les ingrédients à vitesse moyenne pendant 1 minute et laissez reposer pendant 1 heure. Utilisez comme trempette avec des légumes séchés.

Donne de 6 à 8 portions.

SAUCE PICASSO

1		poivron rouge
1		poivron jaune
1		poivron violet
(1 tasse)	250 ml	haricots mung germés
(1/2 c. à thé)	3 ml	poudre de poivre de Cayenne cru

Hachez finement la moitié des poivrons et des haricots germés, puis mettez-les dans un bol. Malaxez le reste des ingrédients à vitesse moyenne pendant 3 minutes, versez dans le bol et mélangez.

Donne de 4 à 6 portions.

PAINS

CRAQUE-PAIN AU SEIGLE ESSÉNIENS

(4 tasses)	1 l	seigle germé
(1/2 tasse)	125 ml	eau pure*
(1 c. à soupe)	15 ml	graines de carvi (facultatif)

Malaxez tous les ingrédients à haute vitesse pendant 3 minutes, versez le mélange sur un plateau déshydrateur et déshydratez pendant 8 à 10 heures.

Donne de 3 à 4 portions.

PAIN MULTIGRAIN MINCE

(1 tasse)	250 ml	quinoa* germé
(1 tasse)	250 ml	amarante* germée
(1 tasse)	250 ml	pousses de sarrasin
(1 tasse)	250 ml	pousses de millet
(1/8 tasse)	35 ml	eau pure*

Malaxez tous les ingrédients à vitesse moyenne pendant 3 minutes versez le mélange sur un plateau déshydrateur, et déshydratez pendant 24 heures.

Donne de 3 à 4 portions.

CRAQUELIN ESPAGNOL

(4 tasses)	1 l	pousses d'épeautre*
(1/4 tasse)	65 ml	eau pure*
(1 c. à thé)	5 ml	poudre de poivre de Cayenne cru

Malaxez tous les ingrédients à vitesse moyenne pendant 3 minutes versez le mélange sur un plateau à déshydratation et déshydratez pendant 16 heures. Vous pouvez ensuite briser le craquelin en petits morceaux de la taille des chips.

Donne de 3 à 4 portions.

PAIN ITALIEN ENTIER

(2 tasses)	500 ml	avoine germée
(2 tasses)	500 ml	kamut* germé
(1 tasse)	250 ml	épeautre* germé
(2 c. à soupe)	30 ml	huile d'olive extra-vierge
(1 c. à thé)	5 ml	ongan
(1/8 tasse)	35 ml	eau pure*

Malaxez tous les ingrédients à vitesse moyenne pendant 2 minutes versez le mélange sur un plateau déshydrateur, et déshydratez pendant 24 heures.

Donne de 3 à 4 portions.

DÉLICE DE CÉRÉALES

(1/2 tasse)	125 ml	orge germé
(1/2 tasse)	25 ml	avoine germée
(1/2 tasse)	125 ml	seigle germé
(1/2 tasse)	125 ml	millet germé
(1/2 tasse)	125 ml	épeautre* germé
(1/2 tasse)	125 ml	kamut* germé
(1/2 tasse)	125 ml	eau pure*
(1 c. à thé)	5 ml	cannelle
(1 c. à thé)	5 ml	stévia* en poudre

Malaxez tous les ingrédients à vitesse moyenne pendant 4 minutes et versez le mélange en petites rondelles sur un plateau déshydrateur. Vous pouvez saupoudrer chaque rondelle d'herbes, si vous le désirez. Déshydratez de 12 à 24 heures.

Donne de 4 à 6 portions.

PAIN DE CÉRÉALES GERMÉES

(8-12 tasses) 2-3 l céréales germées (au choix) (consultez le guide de germination de l'Institut Hippocrate au chapitre 9)

Broyez les céréales germées dans un robot culinaire ou un extracteur de jus, puis formez un pain avec le mélange et déshydratez pendant 24 heures.

Donne 1 gros pain, ou 2 ou 3 moyens.

TARTINADES
(SUBSTITUTS DU BEURRE)

BEURRE DE NOIX

(2 tasses) 500 ml amandes ou graines de tournesol, crues et écalées

Écrasez les amandes ou les graines à l'aide de la fonction «homogénéisation» d'un extracteur de jus de type Champion. Si vous ne disposez pas d'une machine offrant cette fonction, vous pouvez aussi les moudre finement, mais sans en séparer l' huile.

Vous pouvez conserver le beurre de noix jusqu'à trois jours au réfrigérateur. (Évitez de le manger avec du pain, étendez-le plutôt sur des légumes déshydratés.)

Donne de 4 à 5 portions.

TARTINADE DE COURGES

(1 tasse)	250 ml	courge Hubbard, coupée en dés
(1 tasse)	250 ml	orge germé
(1/2 tasse)	125 ml	courge musquée, coupée en dés
(1/4 tasse)	65 ml	eau pure*
(1 c. à soupe)	15 ml	huile de pépins de raisins

Malaxez tous les ingrédients pendant 1 ou 2 minutes, versez dans un contenant et réfrigérez pendant une période pouvant aller jusqu'à 3 jours. Tartinez sur du pain de céréales germées.

Donne de 3 à 4 portions.

TARTINADE SUCRÉE

(1 tasse)	250 ml	patate douce, hachée
(1 tasse)	250 ml	igname hachée
(2 c. à thé)	10 ml	huile de noix
(1 c. à thé)	5 ml	noix muscade
(1/4 tasse)	65 ml	eau pure*

Malaxez tous les ingrédients pendant 1 ou 2 minutes, transférez dans un contenant et réfrigérez pendant une période pouvant aller jusqu'à 3 jours. Tartinez sur tous les types de pains de céréales entières (germées évidemment).

Donne de 3 à 4 portions.

SOUPES ET POTAGES

Ces soupes font d'excellents repas froids, mais si vous le désirez, vous pouvez les réchauffer légèrement à 43 °C (110 °F). En vous limitant à ce niveau de chaleur, vous éviterez de détruire les enzymes, l'oxygène et les nutriments qu'elles contiennent.

CRÈME DE COURGE MUSQUÉE

1		courge musquée, pelée, épépinée et tranchée
1		poivron jaune
4 branches		céleri
1		oIgnon rouge
(1/2 tasse)	125 ml	beurre d'amandes (recette dans la section des tartinades)
(1 c. à thé)	5 ml	can
(1/2 c. à thé)	3 ml	muscade
(1/4 tasse)	65 ml	eau pure*
(au goût)		assaisonnement Braggs Aminos*

Mélangez tous les ingrédients et ajoutez suffisamment d'eau pour obtenir la consistance désirée. Pour décorer, vous pouvez y faire flotter des fleurs comestibles.

Donne de 2 à 4 portions.

POTAGE D'HIVER

(3 tasses)	750 ml	pousses de tournesol
(1/2 tasse)	125 ml	farine de graines de tournesol*
(1 tasse)	250 ml	haricots mung germés
(1 tasse)	250 ml	pousses de légumineuses
(1 tasse)	250 ml	cresson, haché
(2-4 c. à soupe)	30-60 ml	oignon, haché
(1 oz)	30 ml	dulse*
(1/4 c. à thé)	1,5 ml	poudre de poivre de Cayenne cru
(1/4 tasse)	65 ml	eau pure*

Mettez les pousses de tournesol, les pousses de haricots mung, les pousses de légumes et la dulse dans un grand bol. Mélangez les ingrédients restants jusqu'à consistance lisse, puis versez sur les pousses, les légumes germés et la dulse.

Variante: remplacez les pousses de tournesol par un mélange de pousses de consoude et de sarrasin, ou par un mélange de salade verte et de pousses de moutarde (omettre le poivre de Cayenne avec les pousses de moutarde).

Donne de 2 à 4 portions.

SOUPE AUX LÉGUMES

1		poivron rouge
1/2		concombre (petit)
(1/4 tasse)	65 ml	haricots verts en morceaux
1		petit oignon, coupé en tranches
1/4		patate douce ou igname
2-3		feuilles de chou
2-3		feuilles d'épinards ou de bette à cardes
(1 c. à thé)	5 ml	assaisonnement à base de légumes
(1/4 tasse)	65 ml	dulse*
(1/2 tasse)	125 ml	eau pure*

Malaxez tous les ingrédients pour obtenir une consistance lisse et crémeuse. (Utilisez n'importe quels légumes de saison pour faire des remplacements.)

Donne de 4 à 6 portions.

SOUPE AUX GRAINS

(1/2 tasse)	125 ml	graines (de tournesol, d'amandes, de sésame, de citrouille ou de pois chiches germés)
(1 tasse)	250 ml	pousses (de n'importe quelle variété)
(1 tasse)	250 ml	courge (d'été, courgette [zucchini] ou de Hubbard), râpée
(1 c. à soupe)	15 ml	oignon, haché
(1 c. à soupe)	15 ml	ail, haché
(1/4 c. à thé)	1,5 ml	poudre de poivre de Cayenne cru
(1-2 tasses)	250-500 ml	eau pure*

Réduisez les graines en poudre fine et trempez dans 1 tasse d'eau pure pendant environ 8 heures. Passez au mélangeur (*blender*) avec les pousses et assez d'eau pure pour obtenir la consistance désirée, et incorporez la courge, l'oignon, l'ail et le poivre de Cayenne avant de servir.

Pour plus de piquant, ajoutez de l'oignon et de l'ail en faisant la soupe, plutôt que de les incorporer à la fin. Pour une consistance plus épaisse, ajoutez plus de graines broyées.

Donne de 2 à 4 portions.

POTAGE À L'AVOCAT

1		avocat mûr (gros)
(2 tasses)	500 ml	salade de culture intérieure
		(de sarrasin ou de tournesol,
		par exemple)
(2 c. à soupe)	30 ml	huile de pépins de raisins
(1 c. à thé)	5 ml	ciboulette
(1 c. à thé)	5 ml	varech*
(1 c. à thé)	5 ml	tamari*
(1 tasse)	250 ml	eau pure*

Malaxez tous les ingrédients jusqu'à consistance lisse. Si vous préférez un potage plus épais, ajoutez

(1/4 tasse)	65 ml	farine de graines de tournesol
		ou avocat supplémentaire

Donne de 3 à 4 portions.

CRÈME DE LÉGUMES

(1 lb)	450 gr	haricots verts (jeunes et tendres)
1		oignon
2		courges jaunes
3 branches		céleri
1/2 paquet		cresson
(1 c. à thé)	5 ml	varech*
(un peu)		poudre de poivre de Cayenne cru
		(facultatif)
(1/4 tasse)	65 ml	eau pure*

Nettoyez et hachez les légumes et le cresson, puis malaxez tous les ingrédients jusqu'à consistance crémeuse.

Donne de 2 à 4 portions.

SOUPE AUX POUSSES DE CHOU FRISÉ

(2 tasses)	500 ml	pousses de chou frisé (sans tiges)
2 gousses		ail, haché
(1 tasse)	250 ml	pois cassés
2		oignons verts, hachés
1		carotte
4		champignons reiki
(1 c. à soupe)	15 ml	assaisonnement Braggs Aminos*
(1/4 tasse)	65 ml	eau pure*

Malaxez tous les ingrédients jusqu'à obtention d'une consistance crémeuse.

Donne de 2 à 4 portions.

GRUAU DE MAÏS GERMÉ

(2 tasses)	500 ml	maïs organique séché
(2 c. à soupe)	30 ml	eau pure*

Faites germer le maïs pendant 2 jours, puis transformez-le en purée à l'aide d'un mélangeur (blender) et servez.

Donne de 2 portions.

SOUPE D'AUTOMNE

(1 tasse)	250 ml	choux de Bruxelles (jeunes et tendres)
1		oignon (gros)
2 gousses		ail
1		poireau
(1/2 tasse)	125 ml	chou-fleur (en sections)
1/2		courge musquée, pelée
1/2 botte		persil, haché
2 branches		céleri, haché
1/2		chou rouge (petit)
3 tiges		chou frisé
(1/8 tasse)	35 ml	assaisonnement aux légumes
(1/4 tasse)	65 ml	eau pure*

Malaxez tous les ingrédients jusqu'à obtention d'une consistance crémeuse.

Donne 4 portions.

SOUPE À L'ORGE

(1 tasse)	250 ml	orge germé
1 gousse		ail
(1/2 lb)	225 g	champignons
(1 1/2 lb)	675 gr	oignons
1		panais
2 branches		céleri
1/4		chou rouge, tranché
(2 c. à soupe)	30 ml	huile de pépins de raisins
(1 c. à soupe)	5 ml	persil, séché
(2 c. à soupe)	30 ml	basilic, haché
(au goût)		assaisonnement Braggs Aminos*
(2 c. à soupe)	30 ml	herbes organiques mélangées (offertes dans les boutiques d'aliments naturels)
(1/4 tasse)	65 ml	eau pure*

Malaxez tous les ingrédients jusqu'à obtention d'une consistance crémeuse.

Donne de 2 à 4 portions.

SOUPE AU CHOU, AU CHOU FRISÉ ET AUX FÈVES GERMÉES

(2 tasses)	500 ml	chou, haché
(3 tasses)	750 ml	chou frisé, haché
(1 tasse)	250 ml	fèves de Lima germées, petites
(1 1/2 tasse)	375 ml	oignon, haché
1 morceau		kombu* (15 cm [6 po] de long)
(1 c. à thé)	5ml	sarriette
(1/4 tasse)	65 ml	miso d'orge*
(5 tasses)	1,251	eau pure*
(1/4 tasse)	65 ml	eau pure*

Faites tremper les fèves de Lima pendant 8 heures (ou toute la nuit), puis faites-les germer pendant 2 jours. Ensuite, malaxez tous les ingrédients jusqu'à obtention d'une consistance crémeuse. Si la soupe est trop épaisse, ajoutez de l'eau.

Donne de 4 à 6 portions.

SOUPE AU CÉLERI CRU

(1/2 tasse)	125 ml	jus de céleri frais
(1/2 tasse)	125 ml	jus de carotte frais
		jus de 1/2 citron
1/2		poivron rouge
(2-4 c. à soupe)	30-60 ml	oignon, haché
(2-4 c. à soupe)	30-60 ml	céleri, haché
1 gousse		ail
(2-4 c. à soupe)	30-60 ml	poivre de Cayenne cru, moulu
(1 c. à thé)	5 ml	farine d'amandes*
(1 c. à thé)	5 ml	farine de graines de sésame
(1 c. à soupe)	15 ml	huile de pépins de raisins

Malaxez les jus et les farines à vitesse moyenne jusqu'à obtention d'une consistance crémeuse. Ajoutez l'huile et malaxez à nouveau. Placez dans un grand bol et incorporez les autres ingrédients.

Donne 2 portions.

SALADE

SALADE D'AVOCAT

2		avocats, mûrs mais fermes
(1 tasse)	250 ml	pois mange-tout
(2 c. à soupe)	30 ml	thym, haché
(1/2 c. à thé)	3 ml	pousses de radis
(1/4 c. à thé)	1,5 ml	poudre de poivre de Cayenne cru
(au goût)		assaisonnement Braggs Aminos*

Pelez les avocats et coupez-les en tranches, puis mélangez-les doucement avec les autres ingrédients (à la main).

Donne de 3 à 4 portions.

SALADE EN FEUILLES À L'AVOCAT

2	avocats, mûrs mais fermes
1/2 botte	épinards
1/2 botte	cresson
1	salade verte, tendre
1 botte	oignons verts
	(la partie verte seulement)
2 brins	menthe fraîche, hachée
4	radis rouges, hachés
	jus de 1 citron
(au goût)	assaisonnement Braggs Aminos*

Coupez les avocats en deux, retirez les noyaux et faites des boules avec une cuillère spéciale. Nettoyez les légumes à feuilles et hachez-les, de même que les oignons verts. Combinez tous les ingrédients, ajoutez le jus de citron et l'assaisonnement, et mélangez.

Donne de 3 à 4 portions.

FAUSSE SALADE DE THON

1		poivron rouge
(1/2 tasse)	125 ml	céleri, haché
(2-3 c. à soupe)	30-45 ml	sauce de graines*
(2-3 c. à soupe)	30-45 ml	beurre d'amandes crues
		(recette dans la section des
		tartinades)
(1 c. à soupe)	15 ml ou plus	varech
(1/4 tasse)	65 ml	pousses de haricots mung
(1/4 tasse)	65 ml	pousses de lentilles
(1/4 tasse)	65 ml	oignon, haché
(1/4 tasse)	65 ml	persil, haché
(1 tasse)	250 ml	pousses de luzerne

Coupez le poivron en deux, retirez les membranes et les graines puis réservez. Malaxez le céleri, la sauce de graines, le beurre d'amandes et le varech à vitesse moyenne jusqu'à consistance lisse. Ajoutez les pousses de haricots mung et de lentilles, l'oignon et la moitié du persil haché. Passez au mélangeur quelques secondes, jusqu'à ce que les pousses soient légèrement hachées, et mélangez avec les pousses de luzerne. Servir dans les coupes formées par les moitiés de poivron et garnir avec le reste du persil.

Donne de 2 à 4 portions.

SALADE AU CHOU-FLEUR ASSAISONNÉE AU TOURNESOL

La salade

1/2		chou-fleur, coupé en morceaux d'une bouchée
3		poivrons rouges, hachés
1/2		poivron jaune, haché
(1/2 tasse)	125 ml	persil, haché
(1 c. à soupe)	15 ml	marjolaine

Combinez tous les ingrédients dans un bol décoratif.

La sauce

(1 tasse)	250 ml	pousses de tournesol, grossièrement hachées
(1 tasse)	250 ml	eau pure*
(1/2 tasse)	125 ml	carottes, râpées

Pour faire la sauce, malaxez les pousses de tournesol et l'eau pour les réduire en purée. Ajoutez les carottes et malaxez à nouveau. Versez la sauce sur le chou-fleur. Servez accompagné de légumes de culture intérieure et de pousses mélangées.

Variante: remplacez le chou-fleur par du brocoli.

Donne de 4 à 6 portions.

POIVRONS FARCIS

2		poivrons verts (gros)
(1 tasse)	250 ml	pousses de blé
1/4		poivron vert, haché
2-3		haricots verts, hachés
(1/4 tasse)	65 ml	pois, fraîchement écossés
(4 c. à soupe)	60 ml	huile de pépins de raisins
(1 c. à soupe)	15 ml	varech*

Coupez le dessus des poivrons et retirez les membranes et les graines. Mélangez les autres ingrédients et farcissez-en les poivrons.

Donne de 2 portions.

SALADE VERTE MÉLANGÉE

(2 tasses)	500 ml	salade verte (romaine, endive, chicorée ou autre)
(1/4 tasse)	65 ml	persil, haché
(1/4 tasse)	65 ml	ciboulette, hachée
(1/4 tasse)	65 ml	cresson en feuilles
(1/4 tasse)	65 ml	oignon vert, haché
		jus de 1/2 citron
(2 c. à soupe)	30 ml	huile de pépins de raisins
(1 c. à soupe)	15 ml	farine d'amandes

Déchiquetez la salade et mélangez-la avec le persil, la ciboulette, le cresson et l'oignon vert.

Versez le jus de citron et l' huile dans un petit pot et mélangez bien. Versez sur la salade en remuant pour bien recouvrir tous les légumes. Saupoudrez de farine d'amandes.

Donne de 2 portions.

CASSE-CROÛTE HIPPOCRATE

(2 tasses)	500 ml	pousses de luzerne
(2 tasses)	500 ml	salade de sarrasin
(1 tasse)	250 ml	pousses de haricots mung
(1/2 tasse)	125 ml	pousses de fenugrec
(1/2 tasse)	125 ml	pousses de graines de tournesol
(1/2 tasse)	125 ml	courgette (zucchini), hachée
1		poivron rouge, haché
(1 c. à soupe)	15 ml	dulse*
		sauce aux noix ou sauce d'automne (recette dans la section des assaisonnements à salade)

Placez tous les ingrédients dans un bol à salade et servez avec la sauce aux noix de votre choix.

Donne 4 portions.

SALADE DE PISSENLIT

(1 tasse)	250 ml	pousses de luzerne
10-12		feuilles de pissenlit, déchirées en morceaux
1		poivron rouge, coupé en tranches
1		poireau (partie blanche seulement) coupé en tranches

Placez les pousses de luzerne sur un plateau à servir et recouvrez à l'aide des autres ingrédients.

Donne 4 portions.

SALADE DE CAROTTES ET RUTABAGA

6		carottes (grosses), râpées
1		rutabaga (ou chou-navet) (gros), râpé
(2 c. à soupe)		huile de graine de lin
(2 c. à soupe)	30 ml	jus de lime ou citron vert
(3 c. à soupe)	30 ml	origan séché
ou	45 ml	
(6 c. à soupe)		origan frais
(au goût)	90 ml	assaisonnement Braggs Aminos*

Combinez tous les ingrédients et réfrigérez pendant 1 heure avant de servir.

Donne de 3 à 4 portions.

SALADE DE BROCOLI ET CHOU-FLEUR

(4 tasses)	1 l	brocoli, en morceaux d'une bouchée
(2 tasses)	500 ml	chou-fleur, en morceaux d'une bouchée
(1/4 tasse)	65 ml	oignon, haché
(1 c. à thé)	5 ml	raifort préparé
(1 c. à thé)	5 ml	moutarde en poudre
(1/2 c. à thé)	3 ml	estragon
(1/3 tasse)	85 ml	huile de canola
(1 c. à thé)	15 ml	assaisonnement Braggs Aminos*

Mélangez l' huile, l'assaisonnement Braggs Aminos, le raifort, la moutarde, l'estragon et l'oignon. Laissez reposer pendant 10 minutes puis versez sur le brocoli et le chou-fleur. Remuez légèrement et réfrigérez pendant 30 minutes avant de servir. (Remuez quelques fois en cours de réfrigération.)

Donne 4 portions.

SALADE DE MAIS ET CHAMPIGNONS

4		épis de maïs
(1 lb)	450 g	champignons shiitake frais, coupés en tranches
3-4 gousses		ail, haché fin
(2 tasses)	500 ml	pousses de radis
(1 c. à thé)	5 ml	graines de fenouil
(1/2 c. à thé)	3 ml	poudre de poivre de Cayenne cru
		jus de 2 limes ou citrons verts
(au goût)		assaisonnement Braggs Aminos*
(garniture)		poivron rouge et paprika

Égrenez les épis de maïs. Mélangez bien tous les ingrédients, puis garnissez de poivron rouge coupé en dés et de paprika.

Donne de 2 à 4 portions.

SALADE ENSOLEILLÉE À EORANGE

(6 tasses)	1,5 l	carottes, grossièrement râpées
(8 oz)	225 g	olives vertes, coupées en deux
(1/2 tasse)	125 ml	basilic, haché
(2 c. à soupe)	30 ml	jus de lime

Mélangez tous les ingrédients et servez.

Donne de 2 à 4 portions.

SALADE DE CHOU CRU

(4 oz)	120 ml	tahini cru
1 gousse		ail
(à volonté)		eau pure*
(2 tasses)	500 ml	chou rouge, râpé
(2 tasses)	500 ml	chou vert, râpé
(2 c. à soupe)	30 ml	baies de genièvre
(2 c. à soupe)	30 ml	graines d'aneth, écrasées
(2 c. à soupe)	30 ml	graines de carvi, écrasées
(au goût)		assaisonnement Braggs Aminos*

Mélangez le tahini et l'ail, et ajoutez suffisamment d'eau pour obtenir la consistance désirée. Versez la sauce sur le chou, les baies de genièvre et les graines d'aneth, puis remuez légèrement. Assaisonnez de Braggs Aminos.

Donne de 4 à 6 portions.

SALADE DE COURGE ET DE PATATE DOUCE

(3 tasses)	750 ml	courge jaune, en cubes
(3 tasses)	750 ml	courgettes (zucchini), en cubes
(1 tasse)	250 ml	patate douce, râpée
(1 tasse)	250 ml	carottes, râpées
(4 c. à soupe)	60 ml	estragon, haché fin
3 gousses		ail, écrasé
(3 c. à soupe)	45 ml	huile d'olive pressée à froid (ou huile de pépins de raisins)
(au goût)		assaisonnement Braggs Aminos*

Mélangez tous les ingrédients dans un bol.

Donne 4 portions.

SALADE DE BROCOLI AU SÉSAME

Les légumes

(2 tasses)	500 ml	brocoli, séparé en bouchées
(2 tasses)	500 ml	pousses de haricots mung
(1 tasse)	250 ml	poivron rouge, tranché

La sauce

(2 c. à soupe)	30 ml	huile de graines de sésame
(2 c. à soupe)	30 ml	assaisonnement Braggs Aminos*
(1 c. à soupe)	15 ml	feuilles de coriandre, hachées
(1/2 c. à soupe)	8 ml	poudre de poivre de Cayenne cru
(1/4 tasse)	65 ml	graines de sésame, trempées pendant 2 à 3 heures

Mélangez les légumes dans un bol. Transformez les ingrédients de la sauce en purée et versez sur les légumes. Remuez délicatement et laissez reposer pendant 30 minutes avant de servir.

Donne 6 portions.

SALADE « REPAS COMPLET »

(2 tasses)	500 ml	pousses de graines de tournesol, hachées
(2 tasses)	500 ml	salade de sarrasin , hachée
(2 tasses)	500 ml	pousses de trèfle
(1 tasse)	250 ml	pousses de lentilles ou de haricots mung
1-2 branches		céleri, haché
3		poivrons rouges, hachés

Mélangez tous les ingrédients et servez avec votre sauce ou assaisonnement préféré. (Voyez la section des assaisonnements pour salades, p. 266.)

Donne 4 portions.

SALADE EN ROULEAUX

1		avocat
(2 tasses)	500 ml	pousses de trèfle
(1 tasse)	250 ml	pousses de haricots mung
1		poivron rouge (gros)
(un peu)		assaisonnement Braggs Aminos*
10 feuilles		salade romaine
ou		
4 feuilles		nori*

Écrasez l'avocat avec une fourchette. Ajoutez les pousses, le poivron rouge et l'assaisonnement Braggs Aminos, et mélangez bien. Étalez un peu du mélange sur chaque feuille de laitue ou de nori et roulez en cylindres.

Donne de 2 à 4 portions.

BROCOLI SANS CHICHI

(2 tasses)	500 ml	brocoli, en morceaux d'une bouchée
(2 tasses)	500 ml	chou-fleur, en morceaux d'une bouchée
(1 tasse)	250 ml	pousses d'amandes entières
(pour le goût)		beurre d'amandes crues dilué à l'eau (recette dans la section des tartinades)

Mélangez tous les ingrédients et servez.

Donne de 2 à 4 portions.

ASSAISONNEMENTS POUR SALADES

SAUCE AU CONCOMBRE ET À CANETH

1		concombre (gros)
(3 c. à soupe)	45 ml	aneth séché
(5 oz)	150 g	tempeh* (non cuit)
(4 oz)	120 ml	lait de riz nature
1		oignon
(au goût)		flocons de légumes organiques
1 gousse		ail
(1 c. à soupe)	15 ml	tahini* cru
(1 c. à soupe)	15 ml	eau pure*

Pelez et épépinez le concombre. Placez tous les ingrédients dans un mélangeur (*blender*) et liquéfiez.

Variante: remplacez l'aneth par 15 ml (1 c. à soupe) de basilic, ou 3 ml (3/4 c. à thé) de cumin. Si vous désirez un peu plus de piquant, ajoutez une pincée (ou deux) de poudre de poivre de Cayenne cru.

Donne de 3 à 5 portions.

SAUCE À LA COURGE ET À CAVOCAT

2		avocats, mûrs, pelés et dénoyautés
2		courgettes (zucchini), pelées et hachées
3		oignons verts, hachés
1 gousse		ail
(1/2 tasse)	125 ml	thym, haché
(au goût)		assaisonnement Braggs Aminos*
(2 c. à soupe)	30 ml	eau pure*

Malaxez tous les ingrédients (en réservant une poignée d'oignons verts hachés pour la garniture) en ajoutant suffisamment d'eau pure pour obtenir la consistance désirée. Garnissez avec les oignons verts et refroidissez.

Variante: remplacez le thym par de la coriandre, de l'aneth ou de l'origan.

Donne de 2 à 4 portions.

LA DÉESSE VERTE

(1/4 tasse)	65 ml	avelines, hachées
(1 tasse)	250 ml	basilic, haché
2 gousses		ail
1		oignon, haché
(1 tasse)	250 ml	pousses de sarrasin
(1 tasse)	250 ml	chou vert, râpé
(1 tasse)	250 ml	pousses de tournesol
(2 c. à soupe)	30 ml	jus de gingembre frais
2		oignons verts, hachés (garniture)
(1/4 tasse)	65 ml	eau pure*

Malaxez tous les ingrédients en ajoutant suffisamment d'eau pour obtenir la consistance désirée. Garnissez avec l'oignon vert.

Donne de 3 à 5 portions.

SAUCE AUX OLIVES ET AU BASILIC

(1/2 tasse)	125 ml	beurre d'amandes crues (recette dans la section des tartinades)
(1/2 tasse)	125 ml	olives, salées et dénoyautées
(1/2 tasse)	125 ml	aneth
(1 c. à soupe)	15 ml	basilic
(1/4 c. à thé)	1,5 ml	thym
1		oignon, haché
(au goût)		assaisonnement Braggs Aminos*
(2 c. à soupe)	30 ml	eau pure*

Malaxez tous les ingrédients en ajoutant suffisamment d'eau pure pour obtenir la consistance désirée.

Donne de 2 à 4 portions.

LA TOUCHE ITALIENNE

1		concombre, pelé et épépiné
3 gousses		ail
(1 c. à soupe)	15 ml	assaisonnement italien
3 branches		céleri, tranché
2		poivrons rouges, hachés
(2 c. à soupe)	30 ml	eau pure*
(garniture)		persil

Malaxez tous les ingrédients en ajoutant suffisamment d'eau pure pour obtenir la consistance désirée. Garnissez de persil et refroidissez pendant à peu près 1 heure.

Donne de 3 à 5 portions.

SAUCE AU TAHINI

3 gousses		ail
(8 oz)	225 g	tahini*, cru
(au goût)		assaisonnement Braggs Aminos*
(2 c. à soupe)	30 ml	eau pure*

Malaxez tous les ingrédients en ajoutant suffisamment d'eau pure pour obtenir une consistance liquide et homogène.

Variantes: vous pouvez ajouter du piquant à cette recette de base à l'aide de divers ingrédients: essayez les oignons, le poireau, les échalotes, la muscade, la cannelle ou le piment rouge séché.

Donne de 2 à 4 portions.

SAUCE VERTE

1		avocat (gros)
1		oignon (petit), coupé en quartiers
2 branches		céleri, coupé en tronçons de 5 cm (2 po)
(1/4 tasse)	65 ml	persil
(1/4 tasse)	65 ml	aneth
(1/4 tasse)	65 ml	basilic
(1/4 tasse)	65 ml	cresson
1		concombre, non pelé et coupé en quartiers
1 gousse		ail
(au goût)		assaisonnement Braggs Aminos*

Broyez tous les ingrédients dans un mélangeur (blender) en ajoutant suffisamment de jus de concombre pour obtenir la consistance désirée.

Donne de 3 à 5 portions.

SAUCE AU TOURNESOL ET AU POIVRON

(1 tasse)	250 ml	graines de tournesol, trempées de 3 à 5 heures
2-3 gousses		ail
(1/2 tasse)	125 ml	basilic, haché
(2-3 tasses)	500-750 ml	poivrons rouges, en morceaux
(2 c. à soupe)	30 ml	eau pure*

Malaxez les graines de tournesol, l'ail et le basilic avec suffisamment d'eau pour obtenir une consistance crémeuse, puis ajoutez le poivron rouge petit à petit jusqu'à obtenir une consistance lisse.

Donne de 2 à 4 portions.

DÉLICE AUX PACANES

(2 tasses)	500 ml	pacanes, trempées pendant 12 heures
2-3 gousses		ail
(1/4 tasse)	65 ml	oignons rouges, coupés en dés
(1/4 tasse)	65 ml	persil, grossièrement haché
(au goût)		assaisonnement Braggs Aminos*
(selon le besoin)		jus de concombre

Malaxez tous les ingrédients en ajoutant suffisamment de jus de concombre pour obtenir une consistance crémeuse.

Donne de 2 à 4 portions.

SAUCE AUX ÉPINARDS

1		avocat
(1/2 tasse)	125 ml	eau pure*
(1 tasse)	250 ml	feuilles d'épinards
(2 c. à soupe)	30 ml	eau pure*
1/2 botte		cresson
(1/8 c. à thé)	1 ml	gingembre frais
(1/8 c. à thé)	1 ml	varech*

Malaxez l'avocat et l'eau pure jusqu'à obtenir une consistance crémeuse. Ajoutez les autres ingrédients et malaxez de nouveau pour homogénéiser.

Donne de 3 à 5 portions.

CITRONNADE DE SANTÉ

		jus de 1/2 citron
(1/8 tasse)	35 ml	huile de noix
(2 oz)	60 g	flocons de gélose (agar-agar*)
(1 c. à soupe)	15 ml	eau pure*

Broyez tous les ingrédients au mélangeur (*blender*) jusqu'à la consistance désirée.

Donne de 2 à 4 portions.

SAUCE À L'AVOCAT ET AU POIVRON

1		avocat, pelé et dénoyauté
1		poivron jaune ou rose, haché fin
(1/2 c. à soupe)	8 ml	feuilles de coriandre, séchées
(1/4 tasse)	65 ml	eau pure*

Malaxez l'avocat et la coriandre dans l'eau pure pendant 30 secondes, à vitesse moyenne. Ajoutez le poivron (en réservant une poignée) et malaxez à nouveau. Incorporez le poivron réservé.

Donne de 3 à 5 portions.

SAUCES AUX AMANDES, AUX AVELINES ET AUX PIGNONS

(1/2-1 tasse)	65-125 ml	amandes, avelines et/ou pignons, germés
(3-4 oz)	90-120 ml	eau pure* pour chaque 65 ml (1/2 tasse) de germes
1 gousse		ail
(2 c. à soupe)	30 ml	au pure*
1		oignon vert
(1/8 c.c.)	1 ml	poudre de poivre de Cayenne cru
1 feuille		basilic, origan ou thym

Malaxez tous les ingrédients jusqu'à obtention d'une purée.

Donne de 2 à 4 portions.

SAUCE D'AUTOMNE AUX NOIX

(1 tasse)	250 ml	noix de Grenoble ou pacanes
(4 oz)	120 ml	eau pure*
1/2		poireau (moyen)
1 botte moyenne		menthe poivrée ou menthe verte
(2 c. à soupe)	30 ml	eau pure*

Malaxez tous les ingrédients à vitesse moyenne jusqu'à obtention d'une purée.

Donne de 2 à 4 portions.

PLATS PRINCIPAUX

PAIN AUX LENTILLES

(1 tasse)	250 ml	farine de graines de sésame et de tournesol*
(2-4 c. à soupe)	30-60 ml	eau pure*
(2 tasses)	500 ml	lentilles rouges germées
1-2		carottes, râpées
(1/2-1 tasse)	125-250 ml	céleri, haché
(1/2-1 tasse)	125-250 ml	poivron rouge, haché
(1/4 tasse)	65 ml	eau pure*

Mélangez la farine de graines avec de l'eau pour obtenir une pâte, puis réservez.

Hachez les lentilles au mélangeur (blender). Ajoutez les carottes, le céleri et le poivron rouge, et malaxez à vitesse moyenne jusqu'à obtention d'une consistance crémeuse. Incorporez les lentilles dans le mélange, formez en pain et servez.

Donne 6 portions.

ASPERGES AUX CHAMPIGNONS SHAKTI

Mélange d'asperges

(1 lb)	500 g	asperges
(2 c. à soupe)	30 ml	huile de pépins de raisins
(1/2 tasse)	125 ml	oignons, hachés fins
(2 tasses)		champignons shakti,
	500 ml	coupés en tranches

Sauce

(1/4 tasse)	65 ml	eau pure*
(1 c. à soupe)	15 ml	jus de lime
(1 c. à soupe)	15 ml	assaisonnement Braggs Aminos*
(1/2 c. à soupe)		(facultatif)
	8 ml	arrow-root

Placez les asperges, l'huile de pépins de raisin, les oignons et les champignons dans un bol. Malaxez les ingrédients de la sauce pendant 1 minute et versez sur les asperges.

Donne 4 portions.

PÂTÉ AUX PIGNONS

(3 tasses)	750 ml	pignons
(1/2 tasse)	125 ml	oignon rouge, haché
(1/2 tasse)	125 ml	céleri, haché
(4 oz)	120 g	flocons de gélose (agar-agar*)
(1 1/2 tasse)	375 ml	poivron rouge, haché
(au goût)		assaisonnement Braggs Aminos*
(2 c. à soupe)	30 ml	eau pure*

Mélangez tous les ingrédients, faites-en de petits pâtés et servez.

Donne 4 portions.

CHOUCROUTE ROSE

4	choux rouges
2	pommes, coupées en quartiers, avec les cœurs enlevés
3	bandes wakamé*

Retirez les premières feuilles des choux, rincez et réservez. Hachez finement les deux premiers choux, puis broyez grossièrement les deux autres au mélangeur (blender). Mélangez le chou haché et le chou broyé et déposez le tout dans un pot de faïence. Placez les pommes sur le chou, pressez et couvrez de wakamé. Couvrez la surface interne du pot resté découvert avec les feuilles de chou réservées.

Nettoyez les côtés du pot pour éviter toute contamination et scellez en déposant un sac de plastique rempli d'eau (et bien fermé) par-dessus le contenu. Recouvrez d'une serviette et laissez fermenter pendant 3 à 5 jours dans un endroit frais et sombre. Après la fermentation, débarrassez-vous de la couche supérieure de feuilles de chou, retirez la wakamé et servez-la à part. Retirez et jetez les pommes, puis transvidez la choucroute dans un autre contenant que vous pourrez réfrigérer pendant une période pouvant aller jusqu'à 2 mois.

Donne de 16 à 24 portions.

SENSATION AU SÉSAME

1		carotte, tranchée
4		oignons verts, tranchés
2 branches		céleri, haché
(1 tasse)	250 ml	graines de sésame décortiquées
(1 tasse)	250 ml	tahini* cru
(2 c. à thé)	10 ml	jus de citron
(1/2 c. à thé)	3 ml	aneth, séché
(1 c. à thé)	5 ml	basilic, séché
(1/4 tasse)	65 ml	persil, haché
(1/2 tasse)	125 ml	choucroute crue
(au goût)		assaisonnement Braggs Aminos*
(1/4 tasse)	65 ml	eau pure*

Formez un pâté crémeux avec tous les ingrédients et placez dans un moule. Servez avec des légumes frais.

Donne 6 portions.

HUMMUS MAISON

1		patate douce (grosse)
(3 tasses)		pois chiches, germés
2 gousses		ail (grosses)
(1 c. à thé)	750 ml	ongan
(1/2 c. à thé)		poudre de poivre de Cayenne cru
(1 c. à thé)	5 ml	paprika
(au goût)	3 ml	assaisonnement Braggs Aminos*
(au besoin)	5 ml	eau pure*

Formez un pâté crémeux avec tous les ingrédients et placez dans un moule. Servez avec des légumes frais.

Donne 6 portions.

CHOU-FLEUR AU CARI

1		chou-fleur, coupé en bouchées
1		oignon (gros), haché
(1/3 tasse)	85 ml	amandes crues, entières
(2 c. à soupe)	30 ml	huile de pépins de raisins
(1 c. à thé)	5 ml	gingembre, haché
(1/2-1 c. à thé)	3-5 ml	cumIn
(1/2 c. à thé)	3 ml	curcuma
(1/2 c. à thé)	3 ml	assaisonnement Braggs Aminos*
(1/4 tasse)	65 ml	eau pure*

Mélangez tous les ingrédients, décorez avec des fleurs comestibles et servez.

Donne 6 portions.

QUINOA GERMÉ AVEC OIGNONS VERTS ET CHAMPIGNONS REIKI

(1/2 tasse)	125 ml	quinoa germé
3		oignons verts (moyens), hachés
(1 c. à soupe)	15 ml	huile de noix
(1.c. à thé)	5 ml	estragon
(1 tasse)	250 ml	champignons reiki, tranchés
(1 tasse)	250 ml	eau pure*, chaude

Mélangez tous les ingrédients et laissez reposer pendant 10 minutes avant de servir.

Donne 4 portions.

PATATES DOUCES ET RUTABAGA

1		rutabaga (moyen), haché fin
1		patate douce (grosse), hachée fin (ou 2 petites)
(1 c. à thé)	5 ml	estragon
(1 tasse)	250 ml	eau pure*, chaude
(4 c. à soupe)	60 ml	assaisonnement Braggs Aminos*

Combinez tous les ingrédients et laissez reposer pendant 20 minutes avant de servir.

Donne 4 portions.

PAIN AU CHOU-FLEUR

(1 tasse)	250 ml	amandes décortiquées et séchées (trempées dans 500 ml [2 tasses] d'eau pure* pendant 6 heures)
(1 1/2 tasse)	375 ml	chou-fleur, râpé
4-5		champignons reiki, râpés
1/2 branche		céleri, haché
1/4		oignon vert, coupé en dés
1 gousse		ail, écrasé
(1/2 c. à thé)	3 ml	basilic, séché
(1/2 c. à thé)	3 ml	sauge séchée, moulue

Moulez les amandes le plus finement possible. Mélangez tous les ingrédients et formez en pain. Servez sur des feuilles de laitue, avec une salade ou avec une soupe.

Donne 6 portions.

PAIN DE GERMES

(1 tasse)	250 ml	germes de luzerne
(1 tasse)	250 ml	germes de lentilles
(1 tasse)	250 ml	germes de haricots mung
(1/2 tasse)	125 ml	germes de chou
(1 tasse)	250 ml	amandes crues écalées, hachées
1 branche		céleri, coupé en dés
1		oignon vert, coupé en dés
1/2		poivron rouge, coupé en dés
(au goût)		assaisonnement Braggs Aminos*
(au besoin)		eau pure*

Placez les ingrédients dans un bol et mélangez. Moulez en pain en ajoutant suffisamment d'eau pure pour que l'ensemble tienne bien, et servez sur des feuilles de romaine.

Donne 6 portions.

REPAS « GUACAMOLE »

de 2 à 4		avocats, pelés et dénoyautés
1		poivron rouge, haché
1		oignon vert, haché
1 gousse		ail, écrasé
(1/2 tasse)	65 ml	pousses de moutarde ou d'oignon (au choix)
(1/4 c. à thé)	1,5 ml	poudre de poivre de Cayenne cru

Écrasez l'avocat, mélangez avec les autres ingrédients et servez avec de la salade.

Donne de 4 à 8 portions.

PILAF À LA KACHA

(2 1/2 tasses)	625 ml	eau pure*
(2 c. à soupe)	30 ml	assaisonnement Braggs Aminos*
(2 tasses)	500 ml	kacha (semoule) de sarrasin
	125 ml	germé
(1/2 tasse)	125 ml	céleri, coupé en dés
(1/2 tasse)	125 ml	pois frais
(1/2 tasse)	125 ml	carottes, coupées en dés
(1/2 tasse)	125 ml	oignon, coupé en dés
(1/2 tasse)		courgette (zucchini), coupée en dés
(au besoin)		cresson, haché (pour garnir)

Chauffez l'eau à 43 °C (110 °F) et mettez-y l'assaisonnement Braggs Aminos et la kacha germée. Ajoutez les légumes et laissezles absorber le liquide. Aérez à la fourchette et garnissez avec le cresson.

Donne 4 portions.

HUMMUS AVEC PITAS À L'ÉPEAUTRE

(4 tasses)	1 l	pois chiches
(1/2 tasse)	125 ml	tahini* cru
6 à 8 gousses		ail (grosses)
(au besoin)		eau pure*
(au goût)		jus de citron
(au goût)		assaisonnement Braggs Aminos*
(au goût)		poudre de poivre de Cayenne cru
6		pitas à l'épeautre (que l'on trouve dans les boutiques d'aliments naturels)

Malaxez les pois chiches jusqu'à obtention d'une consistance lisse. Ajoutez le tahini et l'ail, puis recommencez en ajoutant de l'eau pure pour obtenir une consistance crémeuse. Ajoutez du jus de citron, du Braggs Aminos* et du poivre de Cayenne au goût. Servez avec les pitas à l'épeautre, des germinations et du concombre ou d'autres légumes râpés. Gardez les restes au réfrigérateur, dans un contenant bien scellé.

Donne 6 portions.

PÂTÉ AUX LENTILLES

2		poivrons rouges (moyens)
(2 c. à soupe)	30 ml	eau pure*
(1 1/2 tasse)	375 ml	lentilles germées
(3 tasses)	750 ml	eau pure* chaude
(1 c. à soupe)	15 ml	huile de sésame cru
1 branche		céleri, haché
1		oignon (moyen), haché
(1 c. à thé)	5 ml	thym
(1 c. à thé)	5 ml	cannelle
(1/4 c. à thé)	1,5 ml	clous de girofle, hachés finement
(1/4 tasse)	65 ml	tamari*
1		fond de tarte standard (recette dans la section des desserts)

Réduisez les poivrons en purée et faites une pâte avec de l'eau pure. Mélangez tous les autres ingrédients. Versez le tout dans le fond de tarte et laissez reposer pendant 1 heure avant de servir.

Donne 6 portions.

PAIN AUX LENTILLES

(1 tasse)	250 ml	farine de graines de sésame et de tournesol*
(au besoin)		eau pure*
(2 tasses)	500 ml	lentilles rouges, germées
1 ou 2		carottes, bien râpées
(1/2 tasse)	125 ml	poivron rouge, haché
(1/2 tasse)	125 ml	fenouil, haché

Mélangez la farine de graines avec quelques cuillerées d'eau pure pour former une pâte lisse, puis réservez.

Hachez les lentilles au mélangeur (*blender*). Ajoutez les légumes et malaxez à nouveau, à vitesse moyenne, jusqu'à obtention d'une consistance crémeuse. Placez dans un bol avec le mélange de farine et mélangez bien, puis formez en pain.

Donne 4 portions.

PÂTES VERTES DE SARRASIN

(1/2 tasse)	125 ml	persil italien
2 gousses ail		
(3 tasses)	750 ml	basilic
(2 c. à soupe)	30 ml	eau pure*
(1/4 tasse)	65 ml	huile de noix
(16 tasses)	4 l	«pâtes» de sarrasin (voir note)

Faites une sauce en malaxant le persil, l'ail et le basilic avec de l'eau et de l'huile, et versez sur les pâtes.

Note: comme pâtes, utilisez les tiges de pousses vertes de sarrasin dont vous aurez retiré les fleurs.

Donne 4 portions.

PAIN AUX GRAINES ET AUX LÉGUMES

(1 tasse)	250 ml	farine de graines de tournesol*
(1 tasse)	250 ml	farine d'amandes*
(1 tasse)	250 ml	farine de graines de sésame*
(1/2 tasse)	125 ml	eau pure*
4 ou 5		champignons reiki, coupés en dés
(1/2 tasse)	125 ml	persil, coupé en dés
3 branches		céleri, coupé en dés
2 gousses		ail, coupé en dés
(1 c. à soupe)	15 ml	assaisonnement Braggs Aminos*
(1 c. à thé)	5 ml	basilic

Mélangez bien tous les ingrédients, formez en pain et refroidissez toute la nuit.

Donne 6 portions.

POUSSES DE POIS CHICHES ÉPICÉES

(3 tasses)	750 ml	pois chiches, germés
(4-6 c. à soupe)	60-90 ml	huile de pépins de raisins
(1/4 tasse)	65 ml	persil, haché
(1/4 tasse)	65 ml	oignon, haché
(1 c. à soupe)	15 ml	paprika
(1 c. à thé)	5 ml	herbes, mélangées

Écrasez les pois chiches avec de l'huile (au mélangeur, dans un mortier, ou à l'aide d'un presse-purée), et placez dans un bol. Ajoutez les autres ingrédients et mélangez bien.

Donne 4 portions.

ROULEAUX AU TOURNESOL

1		poivron rouge
(2 1/2 tasses)	625 ml	germinations de graines de tournesol d'un jour
(1 c. à thé)	5 ml	assaisonnement Braggs Aminos*
(à volonté)		épeautre* ou dulse*
(2 c. à soupe)	30 ml	eau pure*
(1 tasse)	250 ml	germinations de luzerne
1		courgette (zucchini) ou courge jaune (petite), coupée en dés
(1/4 tasse)	65 ml	céleri, coupé en dés
(1/4 tasse)	65 ml	oignon vert, coupé en dés
6 feuilles		nori*

Malaxez le poivron vert jusqu'à ce qu'il soit liquéfié. Ajoutez les germinations de tournesol, le jus de citron et l'assaisonnement Braggs Aminos*, et malaxez à vitesse moyenne jusqu'à consistance lisse. Versez dans un bol, ajoutez tous les autres ingrédients, excepté le nori, et mélangez bien. Placez une petite quantité de ce mélange sur chaque feuille de nori et roulez pour former un cylindre. Scellez les cylindres avec un peu d'eau, en aplatissant les bouts. Placez les rouleaux sur un plateau de service et entourez de verdure.

Donne de 6 à 12 portions.

CASSEROLE AU BLÉ

(2 tasses)	500 ml	germinations de blé
(1/4 tasse)	65 ml	graines de sésame sèches, décortiquées (trempées dans 500 ml [2 tasses] d'eau pure* pendant 6 heures)
(1 tasse)	250 ml	germinations de tournesol
(1 tasse)	250 ml	noix de Grenoble crues, écalées (trempées dans 500 ml [2 tasses] d'eau pure* pendant 6 heures)
1		courgette (zucchini), râpée
1 branche		céleri, coupé en dés
(1 c. à thé)	5 ml	persil, haché
(1 c. à thé)	5 ml	assaisonnement Braggs Aminos*
(2 c. à soupe)	30 ml	eau pure*

Malaxez les germinations de blé, les graines de sésame, les germinations de tournesol et les noix jusqu'à consistance farineuse, et mettez dans un bol. Ajoutez tous les autres ingrédients et mélangez bien, puis moulez dans un plat creux.

Donne 6 portions.

DESSERTS

Veuillez noter que les combinaisons alimentaires présentées dans certaines des recettes qui suivent ne sont pas toujours parfaites.

FOND DE TARTE STANDARD

(1 tasse)	250 ml	amandes crues
(1/2 tasse)	125 ml	dates, figues et raisins, mélangés
(1 c. à thé)	5 ml	cannelle
(1 c. à soupe)	15 ml	eau pure*

Hachez les amandes grossièrement dans un mélangeur (*blender*). Ajoutez tous les autres ingrédients et malaxez de nouveau. Pressez le mélange dans une assiette à tarte de 25 cm (10 po).

Donne 1 fond de tarte.

TARTE À L'IGNAME

(1 tasse)	250 ml	dattes, dénoyautées
(2 tasses)	500 ml	noix de Grenoble
1		fond de tarte standard
		(recette au début de cette section)
6		ignames (moyennes) ou
		patates douces
(1/2 tasse)	125 ml	graines de tournesol
(2 c. à soupe)	30 ml	eau pure*
(1/2 c. à thé)	3 ml	poudre cinq épices
(2 c. à soupe)	30 ml	poudre de psyllium*
(1 c. à thé)	5m!	feuilles de coriandre
(garniture)		pignons

Passez la moitié des dattes avec les noix de Grenoble et quelques cuillerées d'eau au mélangeur (*blender*), pressez le mélange dans le fond de tarte et réservez.

Pelez les ignames et coupez-les en tranches, puis réduisez-les en purée dans un appareil à jus, en ajoutant en alternance les noix et les dattes. Ajoutez tous les ingrédients restants et mélangez bien. Pressez le tout dans le fond de tarte, garnissez de pignons et refroidissez.

Donne 1 tarte.

TARTE AUX FRUITS ORGANIQUES FRAIS

(3 tasses)	750 ml	fruits, coupés en tranches (au choix)
		fond de tarte standard (recette au début de cette section)
(1 tasse)	250 ml	jus de pomme
(1 c. à soupe)	15 ml	poudre d' agar-agar* (dissoute dans 65 ml [1/4 tasse] d'eau pure*)
(3 c. à soupe)	45 ml	flocons d'agar-agar*
(1/2 c. à thé)	3 ml	cannelle
(1 c. à thé)	5 ml	vanille

Mettez les fruits dans le fond de tarte. Chauffez le jus de pomme et les flocons d'agar-agar à 43 °C (110 °F) pendant 15 minutes et mélangez en incorporant la vanille et la cannelle. Versez ce mélange sur les fruits et refroidissez jusqu'à obtention d'une consistance ferme.

Donne 1 tarte.

TARTE AUX FRUITS SECS

(1/4 tasse)	65 ml	raisins de Corinthe
(1/2 tasse)	125 ml	papaye, séchée, coupée et non sucrée
(1/2 tasse)	125 ml	raisins secs
(1/2 tasse)	125 ml	figues, séchées (sans queue)
(au besoin)		eau pure*
1 poire,		cœur enlevé
1		pomme, cœur enlevé
(1 c. à soupe)	15 ml	jus de citron
(1 c. à soupe)	15 ml	assaisonnement pour tarte à la citrouille
(1/4 c. à thé)	1,5 ml	clou de girofle, moulu
(1/8 c. à thé)	1 ml	muscade
(2 c. à soupe)	30 ml	graines de lin, moulues
1		fond de tarte standard (recette au début de cette section)

Faites tremper les raisins de Corinthe, la papaye, les raisins secs et les figues dans l'eau pure* pendant plusieurs heures pour les amollir, puis égouttez.

Coupez la poire et la pomme en morceaux et mettez-les dans le mélangeur (*blender*), avec les fruits trempés et égouttés. Ajoutez le jus de citron, les assaisonnements et les graines de lin, et malaxez à vitesse moyenne pendant 1 minute. Pressez dans le fond de tarte et refroidissez.

Donne 1 tarte.

TARTE À LA CITROUILLE SANS CUISSON

(3 tasses)	750 ml	citrouille, en purée
(3 c. à soupe)	45 ml	flocons d'agar-agar*
(1/2 c. à thé)	3 ml	cannelle
(1/2 c. à thé)	3 ml	macis
(1/4 c. à thé)	1,5 ml	clous de girofle, moulus
(1/2 tasse)	125 ml	patate douce, en purée
(1/2 tasse)	125 ml	courge Hubbard, en purée
1		fond de tarte standard
		(recette au début de cette section)

Placez la citrouille, l'agar-agar et les épices dans une casserole et chauffez à 43 °C (110 °F), en brassant jusqu'à dissolution de tous les flocons. Placez le mélange dans le mélangeur (*blender*) et malaxez jusqu'à consistance lisse. Ajoutez les épices, la patate douce et la courge, et mélangez. Versez dans le fond de tarte et refroidissez pendant au moins 2 heures.

Donne 1 tarte.

COUPES À L'AVOCAT

1		avocat (mûr), pelé et dénoyauté
4		pommes, coupées en quartiers,
(2 c. à soupe)	30 ml	cœurs enlevés
(1/4 tasse)	65 ml	jus de citron
		eau pure*

Malaxez les ingrédients jusqu'à obtention d'une consistance lisse. Versez dans des coupes à dessert et servez immédiatement.

Donne 4 portions.

GÂTEAU AUX CAROTTES
DE LA VIEILLE EUROPE

(1 tasse)	250 ml	figues noires (de la variété Mission) (trempées dans 125 ml [1/2 tasse] d'eau pure* pendant 1 heure)
(1/2 tasse)	125 ml	eau pure*
(2/3 tasse)	170 ml	raisins secs (trempés dans 125 ml [1/2 tasse] d'eau pure* pendant 1 heure)
(1/3 tasse)	85 ml	dattes, dénoyautées (trempées dans 125 ml [1/2 tasse] d'eau pure* pendant 1 heure)
(2/3 tasse)	170 ml	pignons
(1 tasse)	250 ml	noix de Grenoble, en morceaux
(4 tasses)	1 l	carottes, finement râpées
(1 tasse)	250 ml	noix de coco, râpée
(1 c. à thé)	5 ml	cannelle moulue
(1/2 c. à thé)	3 ml	gingembre moulu
(1/2 c. à thé)	3 ml	clou de girofle, moulu

Égouttez les fruits et passez-les dans l'appareil à jus. Placez dans un grand bol et incorporez les autres ingrédients en pétrissant jusqu'à ce que le tout soit bien mélangé. Moulez à la forme désirée sur un plateau de service et décorez avec des noix ou des fleurs comestibles.

Donne 12 portions.

CRÈME AUX POMMES ET AUX NOIX

1		pomme, pelée, cœur enlevé et finement hachée
(2 tasses)	500 ml	pommes, séchées (trempées dans 1 litre [4 tasses] d'eau pure* pendant 6 heures, ou toute la nuit)
(1 tasse)	250 ml	noix de Grenoble crues, écalées (trempées dans 500 ml [2 tasses] d'eau pure* pendant 6 heures, ou toute la nuit)
4 gouttes		stévia liquide*
(au goût)		cannelle

Réservez un peu d'eau de trempage des pommes et ajoutez-la aux fruits et aux noix que vous malaxerez jusqu'à ce que vous obteniez une consistance crémeuse. Incorporez le stévia et la cannelle au goût.

Donne 6 portions.

DESSERT AUX FRUITS EXOTIQUES

(2 tasses)	500 ml	farine d'amandes moulues
(1 tasse)	250 ml	avelines, finement moulues
(1/2 tasse)	125 ml	eau pure*
1		mangue, hachée
1		papaye, hachée
1		orange, hachée
1		mandarine, hachée

Malaxez les amandes, les avelines et l'eau pure à vitesse moyenne jusqu'à obtention d'une consistance crémeuse. Placez le mélange dans le fond d'une assiette à tarte. Mélangez les fruits et placez par-dessus le mélange de noix.

Donne 6 portions.

BÂTONNETS DE BANANE GLACÉS AU CAROUBE

(10 c. à soupe)	150 ml	poudre de caroube crue
(5-10 c. à soupe)	75-150 ml	eau pure*
	4	bananes (fermes), pelées
	4	bâtonnets à « Pop Sicle »

Mélangez la poudre de caroube à l'eau et chauffez à 43 °C (110 °F) en brassant jusqu'à dissolution complète. Piquez un bâtonnet dans chaque banane et trempez dans le mélange au caroube. Enveloppez chaque banane trempée dans un papier ciré et placez au congélateur pour la nuit, ou jusqu'à congélation.

Donne 4 portions.

DESSERT AU CAROUBE

	1	papaye hawaïenne, pelée et épépinée
(1 tasse)	250 ml	jus de carottes frais
(2 c. à soupe)	30 ml	30 ml poudre de caroube

Malaxez tous les ingrédients à vitesse moyenne. Versez le mélange dans 2 ou 3 coupes à dessert. Laissez refroidir au réfrigérateur pendant 2 heures avant de servir.

Donne de 2 à 3 portions.

BARRES AUX AMANDES

(1/4 tasse)	65 ml	sirop d'érable
(2 c. à soupe)	30 ml	arrow-root
(2 tasses)	500 ml	amandes, trempées et germées

Mélangez le sirop d'érable et l'arrow-root pour obtenir une pâte épaisse. Passez les amandes germées au mélangeur (blender) pour les réduire en miettes. Ajoutez les amandes au mélange de sirop, formez des barres et déposez sur du papier parchemin. Placez au congélateur pendant au moins 1 heure avant de servir.

Donne de 6 à 8 barres.

TARTE À LA CRÈME DE BANANE SUR FOND DE NOIX DE COCO

(4 c. à soupe)	60 ml	flocons d'agar-agar*
(1/4 tasse)	65 ml	eau pure*
(3 tasses)	750 ml	noix de coco, râpée
8		dattes (de la,variété Majool), hachées
6		bananes, congelées

Faites fondre l'agar-agar dans l'eau, puis ajoutez la noix de coco et les dattes et mélangez soigneusement. Formez une abaisse avec le mélange au fond d'une assiette à tarte en verre, puis refroidissez au réfrigérateur pendant 1 heure.

Malaxez les bananes jusqu'à obtention d'une consistance crémeuse, puis versez dans l'abaisse et servez.

Donne 1 tarte.

FUDGE

(4 tasses)	1 l	épeautre germé
(5 c. à soupe)	75 ml	poudre de caroube
5 gouttes		stévia* liquide
(2 c. à soupe)	30 ml	eau pure*

Déshydratez l'épeautre germé pendant 24 heures, puis réduisez-le en farine. Ajoutez la poudre de caroube, le stévia et l'eau, et mélangez à fond, puis étendez le mélange dans un plat peu profond.

Donne 6 portions.

JUS ET BOISSONS

Toutes les boissons qui suivent sont des combinaisons de jus. Sauf exception, les mesures indiquées représentent la quantité de jus tirée de la liquéfaction d'un ingrédient à l'aide d'un extracteur. (La quantité de liquide contenue dans chaque fruit ou légume pouvant varier, il est impossible de préciser la quantité exacte de fruits ou de légumes nécessaire pour obtenir une mesure donnée.) Et rappelez-vous que pour en tirer le maximum de nutriments, d'oxygène et d'enzymes, vous devez boire ces jus immédiatement après les avoir préparés.

(Voir l'information concernant l'extraction des jus au chapitre 9)

JUS DE FRUITS

(4 oz)	125 ml	jus de fruits (au choix)
(8 oz)	250 ml	eau pure*

Combinez les ingrédients et remuez.

Note: à cause de l'hybridation, les fruits d'aujourd'hui contiennent une quantité de fructose (sucre) exagérément élevée. Les jus de fruits doivent donc être consommés avec modération, et toujours dilués.

Donne 1 portion.

JUS DE VERDURE VIVANTE

(1 oz)	30 ml	jus de menthe verte ou de menthe poivrée
(3 oz)	90 ml	jus d'anis
(4 oz)	125 ml	jus de céleri
(4 oz)	125 ml	jus de panais

Combinez tous les ingrédients et remuez bien.

Donne 1 portion.

JUS VERT À LA HIPPOCRATE

(4 oz)	125 ml	jus de pousses de tournesol
(2 oz)	60 ml	jus de pousses de sarrasin
(6 oz)	185 ml	jus de concombre
(6 oz)	185 ml	jus de céleri

Combinez tous les ingrédients.

Donne 1 portion.

PURE BOISSON VERTE

(7 1/2 oz)	225 ml	jus de pousses de tournesol
(3 1/2 oz)	105 ml	jus de pousses de sarrasin
(4 oz)	125 ml	jus de pousses de trèfle

Combinez tous les ingrédients.

Donne 1 portion.

JUS DE PUISSANCE

(4 oz)	125 ml	jus de jeunes pousses mélangées
(1 oz)	30 ml	jus de thym
(1 oz)	30 ml	jus d'origan
(1/8 oz)	4ml	jus d'ail
(10 oz)	300 ml	jus de romaine

Combinez tous les ingrédients.

Donne 1 portion.

COCKTAIL D'HERBES

(1 oz)	30 ml	jus de marjolaine
(1 oz)	30 ml	jus de coriandre
(1 oz)	30 ml	jus de thym
(1 oz)	30 ml	jus de gaulthérie (wintergreen)
(12 oz)	375 ml	jus de concombre

Combinez tous les ingrédients.

Donne 1 portion.

BOISSON AUX HERBES SAUVAGES

(2 oz)	60 ml	jus de chénopode blanc (ou chou gras)
(2 oz)	60 ml	jus de carotte sauvage
(2 oz)	60 ml	jus de menthe
(5 oz)	150 ml	jus de fenouil
(5 oz)	150 ml	jus de céleri

Combinez tous les ingrédients.

Note : il peut arriver que du chénopode blanc et de la carotte sauvage poussent spontanément dans votre jardin ou que vous en trouviez dans la forêt voisine.

Donne 1 portion.

BOISSON RICHE

(5 oz)	150 ml	jus de germinations de haricots mung
(2 oz)	60 ml	jus de haricot azuki
(9 oz)	285 ml	jus de courge d'automne

Combinez tous les ingrédients.

Donne 1 portion.

DÉLICE VIVANT

(2 oz)	60 ml	jus de betterave
(2 oz)	60 ml	jus de carotte
(2 oz)	60 ml	jus de céleri
(2 oz)	60 ml	jus de concombre
(1 oz)	30 ml	jus de persil
(1 oz)	30 ml	jus de cresson
(6 oz)	185 ml	jus de salade iceberg

Combinez tous les ingrédients.

Donne 1 portion.

JUS STANDARD DES BOUTIQUES D'ALIMENTS NATURELS

(4 oz)	125 ml	jus de carotte
(2 oz)	60 ml	jus de betterave
(4 oz)	125 ml	jus de céleri
(6 oz)	185 oz	jus de concombre

Combinez tous les ingrédients.

Donne 1 portion.

JUS ROYAL

(4 oz)	125 ml	jus de jicama*
(4 oz)	125 ml	jus de courge Hubbard
(4 oz)	125 ml	jus de patate douce
(3 oz)	90 ml	jus d'igname
(1 oz)	30 ml	jus de menthe

Combinez tous les ingrédients.

Donne 1 portion.

JUS DE MELON D'EAU (PASTÈQUE) COMPLET

(16 oz)	500 ml	jus de melon d'eau (pastèque) complet (écorce, graines et pulpe rouge)

Un excellent agent nettoyant pour les reins et la vessie, mais les personnes que le sucre dérange devront s'en abstenir.

Donne 1 portion.

JUS DE POMME ET RAISIN

(8 oz)	250 ml	jus de pomme
(8 oz)	250 ml	jus de raisin

Combinez tous les ingrédients.

Donne 1 portion.

DOUX MÉLANGE

(4 oz)	125 ml	jus de cantaloup, pulpe seulement
(4 oz)	125 ml	jus de melon au miel, pulpe seulement
(4 oz)	125 ml	jus de melon d'eau (pastèque), pulpe et écorce

Combinez tous les ingrédients.

Donne 1 portion.

PASSION D'ÉTÉ

(4 oz)	125 ml	jus de pêche
(4 oz)	125 ml	jus de poire
(4 oz)	125 ml	jus de pomme

Un excellent agent nettoyant pour les reins et la vessie, mais les personnes que le sucre dérange devront s'en abstenir.

Donne 1 portion.

BOISSON ITALIENNE

(8 oz)	250 ml	jus de courgette (zucchini)
(7 oz)	215 ml	jus de courge d'été jaune
(1 oz)	30 ml	jus d'ail

Combinez tous les ingrédients.

Donne 1 portion.

BOISSON VERTE DE BASE

(4 oz)	125 ml	jus de pousses de sarrasin
(4 oz)	125 ml	jus de pousses de tournesol
(4 oz)	125 ml	jus de pousses de luzerne
1		carotte, réduite en jus
1		oignon vert, réduit en jus
(2 c. à soupe)	30 ml	choucroute

Combinez tous les ingrédients.

Donne 1 portion.

BOISSON AMÉRICAIN

(3 oz)	90 ml	jus de luzerne germée
(3 oz)	90 ml	jus de haricot mung germé
(3 oz)	90 ml	jus de lentille germée
1 feuille		chou frisé, réduite en jus
(3 oz)	90 ml	jus de topinambour
(1 oz)	30 ml	jus de haricot vert
1		panais (moyen), réduit en jus
(1 oz)	30 ml	jus de fenouil

Combinez tous les ingrédients.

Donne 1 portion.

BOISSON SAUVAGE

(4 oz)	125 ml	jus de pousses de tournesol
(2 oz)	60 ml	jus de pousses de radis
(4 oz)	125 ml	jus de pousses de sarrasin
(8 oz)	250 ml	jus de chénopode blanc (ou chou gras)
1 branche		céleri, réduit en jus
1/2		courgette (zucchini) (petite), réduite en jus
1/2		poivron rouge, réduit en jus
1/2		betterave, réduite en jus

Combinez tous les ingrédients.

Donne 1 portion.

BOISSON AMÉRICAIN

(3 oz)	90 ml	jus d'asperge
4		carottes (moyennes),
1		réduites en jus
(3 oz)		radis, réduit en jus
(4 oz)	90 ml	jus d'épinard
1	125 ml	jus de cresson
		oignon vert, réduit en jus

Combinez tous les ingrédients.

Donne 1 portion.

TENTATION TROPICALE

1		papaye hawaïenne, pelée et épépinée
2		mangues Hayden, pelées et dénoyautées
(1 lb)	500 g	ananas (mûr), pelé, cœur enlevé
2		kiwis, pelés

Passez tous les ingrédients au mélangeur (*blender*) pendant 1 minute, ou jusqu'à liquéfaction complète.

Donne de 3 à 4 portions.

LAIT VÉGÉTAL

(2 tasses)	500 ml	amandes crues, trempées et pelées
(1/2 c. à thé)	3 ml	vanille, non alcoolisée
(3 tasses)	750 ml	eau pure*

Passez tous les ingrédients au mélangeur (blender) pendant 2 minutes, ou jusqu'à liquéfaction complète. Filtrez à l'aide d'une passoire.

Donne 2 portions.

BOISSON FRAPPÉE À LA BANANE

1 1/2		banane, congelée
(1 1/2 tasse)	375 ml	eau pure*
1 ou 2 gouttes		stévia liquide*

Passez tous les ingrédients au mélangeur (*blender*) pendant 1 minute, ou jusqu'à liquéfaction complète.

Donne 1 portion.

LAIT AUX TROIS CÉRÉALES

(1 tasse)	250 ml	avoine, germée
(1 tasse)	250 ml	épeautre*, germé
(1 tasse)	250 ml	kamut*, germé
(6 tasses)	1,5 l	eau pure

Passez tous les ingrédients au mélangeur (blender) pendant 3 minutes, ou jusqu'à liquéfaction complète. Filtrez à l'aide d'une passoire et servez.

Donne de 4 à 6 portions.

MENUS D'UNE SEMAINE

Dimanche

Petit-déjeuner :	pure boisson verte
	et/ou pain grillé aux céréales germées
Déjeuner :	salade en feuilles à l'avocat
	pain italien entier
Dîner :	crème de courge musquée
	asperges aux champignons shakti
	tarte aux fruits organiques frais

Lundi

Petit-déjeuner :	jus de verdure vivante et/ou graines de teff germées
Déjeuner :	craque-pain au seigle essénien
	fausse salade de thon
Dîner :	soupe aux graines
	pâté aux pignons
	tarte à l'igname

Mardi

Petit-déjeuner :	cocktail aux herbes
	et/ou quinoa germé
Déjeuner :	délice de céréales
	poivrons farcis
Dîner :	soupe à l'orge
	pain au chou-fleur
	crème aux pommes et aux noix

Mercredi

Petit-déjeuner : jus royal
et/ou gruau de maïs germé

Déjeuner : craquelin espagnol
salade de maïs et de champignons

Dîner : soupe d'automne
sensation au sésame
coupes à l'avocat

Jeudi

Petit-déjeuner : jus de puissance
et/ou amarante germée

Déjeuner : pain multigrain mince
salade de brocoli et chou-fleur

Dîner : soupe aux légumes
repas « guacamole »
gâteau aux carottes de la vieille Europe

Vendredi

Petit-déjeuner : boisson italienne
et/ou pain grillé aux céréales germées

Déjeuner : délice de céréales
salade de courge et de patate douce

Dîner : soupe d'automne
casserole au blé
bâtonnet de banane glacé à la caroube

Samedi

Petit-déjeuner : délice vivant
et/ou sarrasin germé

Déjeuner : craque-pain au seigle essénien
salade « repas complet »

Dîner : soupe au céleri cru
pâtes vertes de sarrasin
dessert aux fruits exotiques

ÉPILOGUE

Pour l'industrie alimentaire, le vingtième siècle a été celui de l'innovation. La révolution alimentaire nous a projetés à toute vitesse dans un univers hautement technologique, avec les promesses d'une qualité garantie par l'État, de bas prix et d'une abondance générale des approvisionnements, sous une forme pratique et rapide à utiliser. Maintenant, en ce début du nouveau millénaire, nous nous rendons compte que nous nous sommes trompés et que nous nous sommes aventurés sur une route qui nous a coûté notre vitalité, notre bonne santé et notre longévité. Heureusement, une proportion grandissante de la population montre qu'elle est prête à admettre les erreurs du passé et à prendre une nouvelle direction, celle du végétarisme aux aliments vivants.

Le succès du régime de vie aux aliments vivants a été largement démontré au cours des dernières décennies, et les preuves de sa capacité de restaurer la santé et l'énergie du corps humain continuent d'affluer vers l'Institut Hippocrate, jour après jour. Vous connaissez maintenant le secret de ce succès. Vous possédez toute l'information et les connaissances nécessaires, vous savez que le monde scientifique approuve ce régime et, avec le programme détaillé dans ce livre, vous êtes parfaitement équipé pour vous lancer dans l'aventure. Au fur et à mesure que vous éliminerez les aliments toxiques et vos habitudes négatives, et que vous adopterez un régime d'aliments vivants, vous sentirez chaque cellule de votre corps se charger de l'oxygène, des enzymes et de l'électricité contenus dans ces aliments. En augmentant le niveau d'énergie de chacune des cellules de votre corps, vous augmenterez votre capacité d'utiliser tout le potentiel dont vous disposez et de vivre une vie pleine et entière.

GLOSSAIRE
DES INGREDIENTS

Vous trouverez la plupart de ces ingrédients dans les boutiques d'aliments naturels ou les marchés de type asiatique.

azuki (ou adzuki): petits haricots rouge foncé connus pour la qualité de leurs protéines et leurs bienfaits pour la santé des organes rénaux.

agar-agar: légume de mer incolore et insipide, habituellement transformé en bâtonnets ou en flocons par cryodessication et utilisé comme de la gélatine.

amarante: céréale des Aztèques favorisant le renforcement des os.

aramé: légume de mer noir et mince, à saveur douce.

Braggs Aminos: protéine liquide complète (non fermentée) qui peut avantageusement remplacer le sel ou la sauce soja.

dulse: légume des océans nordiques fortement minéralisé.

épeautre: forme de blé primitif.

jicama: racine comestible au goût sucré.

kamut: forme de blé primitif.

varech: légume de mer riche en calcium, souvent vendu en poudre ou en capsules.

kombu: légume de mer épais, riche en protéines et en minéraux.

farine (d'amandes, de graines de sésame ou de graines de tournesol): produit de graines ou de céréales moulues sans eau, ressemblant à du café moulu.

miso: pâte salée, épaisse et tartinable, constituée de fèves de soja vieillies ou parfois de céréales, utilisée comme assaisonnement ou comme base de soupe.

nori: légume de mer sec habituellement vendu en feuilles et couramment utilisé dans le sushi japonais.

psyllium: graine qui produit un gel médicinal en se gonflant d'humidité et qui favorise le bon fonctionnement de l'intestin.

poudre de psyllium: graines de psyllium réduites en poudre pour en faciliter la digestion.

eau pure: eau distillée ou purifiée par osmose inversée.

quinoa: céréale sud-américaine riche en protéines.

sauce aux graines: sauce obtenue en mélangeant 500 ml (2 tasses) de graines moulues (de tournesol ou de citrouille, par exemple) et 250 ml (1 tasse) d'eau.

stévia: succédané du sucre tiré d'une herbe et vendu en poudre ou en liquide.

tamari: sauce non sucrée résultant de la fermentation naturelle du soja et ne contenant aucun blé.

tahini: graines de sésame écrasées et réduites en sauce épaisse et lisse.

tempeh: aliment fabriqué à partir de fèves soja et parfois de céréales.

wakamé: légume de mer nutritif.

Addenda

TÉMOIGNAGE DE MONICA PÉLOQUIN

C'est après avoir souffert pendant des années de maladie nerveuse, que Monica Péloquin a découvert les vertus d'une meilleure hygiène de vie. Pour commencer, elle est devenue végétarienne, en découvrant le pouvoir vivifiant des germinations qui regorgent d'oxygène. Depuis 10 ans, l'Institut Hippocrate est au cœur de sa vie tant professionnelle, en tant que porte-parole, que personnelle, puisqu'elle a suivi la cure de 21 jours, ce qui lui a permis de comprendre que la nourriture vivante constitue la meilleure source alimentaire possible. Cette nourriture crue et biologique est riche en enzymes, c'est le cas, par exemple, du jus d'herbe de blé, des algues, des salades de légumes.

À l'alimentation, elle a joint trois types d'exercices : l'aérobic, pour stimuler la circulation de l'énergie, le bon fonctionnement de son métabolisme et des exercices de relaxation et de musculation contrôlée. Puis, comme le dit l'adage, un esprit sain dans un corps sain, elle a réussi à évacuer les mauvaises pensées et croyances qui influent sur le physique. En résumé, Monica est d'avis que de pratiquer l'écoute active de soi et des autres sans critiquer, de méditer, de reprogrammer son mental, d'avoir une saine alimentation et de faire de l'exercice sont les clés du succès... Vive l'Institut Hippocrate !

TÉMOIGNAGE D'ANDRÉE COUTURE

Aux prises avec de sérieux problèmes de digestion, de diabète, d'hypoglycémie et de fatigue, Andrée Couture a consulté médecins, naturopathes qui tous lui ont conseillé une meilleure alimentation sans toutefois pouvoir en faire plus pour elle.

À l'Institut Hippocrate pourtant elle a recouvré la santé en se conformant point par point à la cure prescrite. Son régime alimentaire a été totalement recomposé, mais elle s'est également arrêtée à son style de vie en faisant ressortir ses forces et en éliminant ses faiblesses tant sur le plan émotionnel que physique, psychologique et spirituel. Devenue enceinte, elle fait suivre l'évolution de sa grossesse par l'Institut ; on lui explique ce qu'il faut modifier dans son régime alimentaire à chaque résultat de test. Un an après avoir commencé sa cure, Andrée Couture est remise sur pied et fière d'avoir pris sa destinée en main.

TÉMOIGNAGE DE JACQUES CUSIN, DE PARIS, FRANCE

Je réside à Paris, en France, et c'est là que je me suis retrouvé, un jour, complètement épuisé et affolé. J'ai suivi les conseils de plusieurs médecins, mais sans que ma condition ne s'améliore. Enfin, j'ai consulté le Dr Christian Shaller, en Suisse, qui m'a dit qu'aucun médicament ou herbage ne pouvait à lui seul me ramener à la santé et qui m'a recommandé l'Institut Hippocrate. J'ai pris rendez-vous et je suis allé suivre le programme de 3 semaines, après quoi je me suis senti tout ragaillardi et en bonne voie de guérison. Je m'en tiens à ce régime de vie depuis plusieurs années maintenant et je communique mon message de vie saine à tous mes concitoyens d'Europe. Le programme Hippocrate ne ressemble à rien d'autre dans le monde entier, et je ne peux que souhaiter que toutes les personnes ayant un sérieux désir d'être bien dans leur peau acceptent d'effectuer les changements importants qui s'imposent dans leur vie.

TÉMOIGNAGE DE FREEJOY SCHALLER, DE GENÈVE, SUISSE

Dans les années 70, j'étais à la recherche du meilleur mode de vie possible et, après avoir dirigé des travaux d'envergure dans les domaines psychologique et spirituel, mon équipe et moi en sommes finalement venus à la conclusion que le comportement alimentaire était à la base de tout le reste. Nous avions entendu dire que les plus grands spécialistes en matière d'aliments vivants étaient les dirigeants invités du centre Humelgarten au Danemark, le plus ancien centre d'aliments vivants du genre. Nous avons donc appelé Brian et l'avons invité à venir au centre de santé que nous étions en train de créer en Suisse. Non seulement il nous a apporté le programme qui devait changer toute notre vie, mais il a formé tout notre personnel pour nous permettre de changer la vie de milliers d'autres personnes par la suite. Il n'y a pas de meilleur régime au monde et toute personne adhérant aux principes des enzymes fraîches et des aliments riches en nutriments organiques améliore sa vie de bien des façons. De toute évidence, nous avons aidé des personnes à vaincre le cancer, les maladies cardiaques, le diabète, l'asthme et la sclérose en plaques. Lorsqu'on le nourrit bien, le corps sait se guérir.

RESSOURCES

De nombreux sites Web donnent de l'information sur les aliments crus, biologiques et végétaliens. Par exemple, les noms de fournisseurs, de restaurants, de marchés d'alimentation, de planteurs-cultivateurs indépendants et de coopératives alimentaires figurent dans Internet. La liste ci-dessous n'est pas exhaustive. Pour les répertoires les plus récents, veuillez utiliser le moteur de recherche de votre choix et tapez : « restaurants alimentation crue » ; « ressources sur l'alimentation vivante » ou « livraison de jus d'herbe de blé ».

DOOR TO DOOR ORGANICS
www.doortodoororganics.com

Door to Door Organics est une entreprise située sur la côte est des États-Unis. Depuis 1996, elle livre, à domicile et dans les bureaux, des produits biologiques frais de la ferme. Elle assure la livraison dans neuf États américains et dans le district fédéral de Columbia. L'une de leurs spécialités est l'herbe de blé (tant vivante que coupée).

GREENPEOPLE
www.greenpeople.com

Le site GreenPeople s'annonce comme le plus vaste répertoire du monde de produits écologiques et holistiques de soins de santé. C'est le supermarché par excellence pour faire ses achats. On y retrouve de tout : des aliments biologiques végétaliens ; des vêtements écologiques et des produits de nettoyage exempts de produits chimiques.

LOCALHARVEST
www.localharvest.com

Le site LocalHarvest possède un moteur de recherche qui vous servira à trouver des fermes biologiques locales, ainsi que des marchés, épiceries et restaurants offrant des aliments biologiques dans votre région. Les listes sont même présentées par catégories, notamment, par types particuliers de légumes ou de produits biologiques d'hygiène et de beauté. Un calendrier d'événements tient au courant des occasions spéciales, comme une rencontre de gens se réunissant pour célébrer le mode de vie biologique.

NATURAL FOOD NETWORK
www.naturalfoodnet.com

Le répertoire des aliments certifiés biologiques de ce site vous aidera à trouver des fournisseurs d'aliments biologiques partout en Amérique du Nord. De nouveaux témoignages et des données de recherche sur les aliments naturels font régulièrement l'objet d'articles ou de chroniques.

PINES INTERNATIONAL
www.wheatgrass.com

Pine International cultive et distribue de l'herbe de blé fraîche et produits connexes.

RAW FOOD LIFE
www.rawfoodlife.com

Vous trouverez de bons renseignements au sujet de l'alimentation crue sur ce site, de même que les résultats d'études sur les dangers associés aux aliments cuits.

SOYSTACHE
www.soystache.com

Ce site répertorie des douzaines de restaurants spécialisés en alimentation crue, de partout en Amérique du Nord et offre les liens vers ces sites.

SUPERMARKETCOOP
www.supermarketcoop.com

Le site SuperMarketCoop est l'hôte de coopératives communautaires rurales, qui offrent d'autres options santé, variant des choix types que l'on trouve dans les chaînes de supermarchés. Un répertoire de Coopératives permet de trouver des agriculteurs qui desservent les États-Unis et le Mexique.

VEGDINING.COM
www.vegdining.com

Le site VegDining.com se veut un guide en ligne de restaurants végétariens. Il permet de trouver des restaurants appropriés partout dans le monde.

VEGETARIAN RESOURCE GROUP

www.vrg.org

Le site Web Vegetarian Resource Group offre un peu de tout, des recettes aux répertoires de restaurants et de points de ventes d'aliments naturels.

AUTRES SITES WEB DES PLUS PRATIQUES

www.fredericpatenaude.com
www.howtogoraw.com
www.livingnutrition.com
www.rawfoodnews.com

BONNES ADRESSES AU QUÉBEC

LA FERME POUSSE-MENU, distributeur de pousses et de germinations, 514-486-2345

DISTRIBUTION TERRA-BELLA, livraison à domicile de fruits et légumes bio, 514-240-8026

JULIE BARRETTE, livraison de produits biologiques, Joliette et environs, 450-889-8680, monpanierbio.com.

LUC LONGUÉPÉE, L'Îlot Naturel, Germinations aux Îles de la Madeleine : 418-937-2603

VOTRE ÉPICERIE À DOMICILE, Madame Huguette Gagnon (pousses, grains à germer, germoirs, produits ménagers biodégradables, etc.) à Montréal 514-342-8301 et à Ste-Adèle 450-229-4941.

SUPERMARCHÉ AVRIL, aliments et produits naturels, chemin du Tremblay, Longueuil, 450-448-5515

TAU, marché d'aliments naturels. Montréal, Brossard et Laval

RACHELLE-BÉRY, épicerie santé, comptoir de produits biologiques et pousses

FERME JARDIN BETHEL, pousses et germinations, 514-237-6581, livraison à partir de St-Hilaire

LES JARDINS DE MARIE-CLAIRE, à St-Eustache, 450-623-2364, herbe de blé, pousses et ail bio, fruits et légumes en saison

CLUB ORGANIC, 4341 Frontenac, Montréal, 514-899-1526. Aliments biologiques, mets préparés, pousses, grains à germer, noix en vrac. Ateliers de germinations et jeunes pousses sur terreau

CROC LA VIE, Mélanie Laframboise, alimentation vivante, germinations, boîte à lunch, mets préparés, 611 Fournier, St-Jérôme, 450-569-9863

CRUDESSENCE, restaurant, traiteur et cours d'alimentation crue, 105 rue Rachel ouest, Montréal 514-271-0333

RESTAURANT AUX VIVRES, 4631 boul. St-Laurent, Montréal, 514-842-3479

RESTAURANT BONNYS, gastronomie internationale végétarienne biologique, 1748 Notre-Dame ouest, Montréal, mets pour emporter 514-931-4136, www.bonnys.ca

CENTRE ÉCO-SANTÉ, 5811 Christophe-Colomb, Montréal. Magasin de produits naturels, clinique et centre de formation en santé 514-271-7124.

EDITH VACHON, 514-766-6207, hydrothérapie du côlon, iridologue, masso-thérapeute, naturopathe

ALEXANDRA DALAKIAN, 514-887-0203, hydrothérapie du colon, alimentation vivante, coach santé, www.madesignersante.com

PRODUITS BIOPRO, pour annuler les effets électromagnétiques nocifs des cellulaires, téléphones sans fil, ordinateurs, etc., Monica Péloquin 514-288-0449

SAUNA INFRA ROUGE ET CHAMBRE HYPERBARE, Carlo Mambro, www.saunaxpert. com, 514-891-8115

ECOQUEST, pour assainir l'air et l'eau. Monica Péloquin, 514-288-0449

Ionisateur pour éliminer les métaux lourds et les toxines du corps par les pieds. Monica Péloquin, 514-288-0449

DR MICHEL DEMERS, dentiste holistique 450-445-3368

DR. FRANÇOIS-GUY DORÉ, médecin holistique privé, Montréal, 514-277-1141

DR YVES COMEAU, médecine holistique intégrée 514-303-4029

CHRISTIAN LIMOGES, clinique et école de naturopathie, 514-389-3026

MARLENE BOUDREAULT N. D., 450-672-3568

SYLVAIN TRUDEL, acupuncteur, aqua chi, 514-529-8090

COLOMBE GAUVIN, lecture de sang vivant, 450-224-0003, www.cliniquepreventive.com

JEAN MATHIEU, produits Nikken 514-781-6383

JALINIS.COM, Denis Letendre, distributeur d'extracteur à jus, déshydrateur, littérature crudivore 1-866-525-4647 ou 514-898-8273

Cet ouvrage,
composé en Minion Pro,
a été achevé d'imprimer sur les presses
d'imprimerie Transcontinental Métrolitho,
en mars deux mille dix
pour le compte
de Marcel Broquet Éditeur.